凝煉知識品味閱讀

倫理帝國主義

研究倫理審查委員會與社會科學

Zachary M. Schrag 著

戴伯芬 蕭光志 審訂

楊道淵 申宇辰 李青 馮靜 譯

五南圖書出版公司 印行

Ethical Imperialism

Institutional Review Boards and the Social Sciences,
1965-2009

Zachary M. Schrag

推薦序一
學術帝國主義下的「自我殖民」

作為一個以發展華人自主社會科學作為終身志業的學者，看到這本《倫理帝國主義》，心中實在是感慨萬端。最早在臺灣提倡華人本土心理學的楊國樞教授，在一篇題為〈學院生活的探索〉的文章中，將學者的研究型態分為「安土型」與「游牧型」兩類：所謂「安土重遷」型的學者，在研究課題的選擇上所表現的特色是從一而終。他們往往選定一個或兩個題目後，便從此心無旁騖，指定住這一、兩個題目研究下去，鞠躬盡瘁，終身不渝；而「游牧型」的學者，往往「見異思遷，常常喜歡更換研究的課題，好比是逐水草而居的游牧民族，不停地由一個園地轉到另一個園地。」

楊先生認為：一個學者「年輕時不妨多作一些游牧式的研究活動，以擴展自己的接觸面，吸收多種研究園地中的理論、觀念及方法，好為日後的研究扎下廣闊的基礎；但是壯年之後，就必須選定目標」，從事「安土型」的深耕研究。

這個說法聽起來十分理想，我們在臺灣所看到的現實是：絕大多數的學者年輕的時候搞「游牧型」研究，一旦有權力指導博、碩士生作學位論文，大多是依然故我，教他們套用西方既有的研究典範，以獲取學位作為最終目的。學生的學位論文如果有機會出版，教授則掛名成為共同作者。這種「掛名式」的論文，出版得再多，也依然是蜉蝣無根，無法成為「安土型」的研究。

在〈以學術作為志業〉一文中，德國社會學大師韋伯（Max Weber, 1864-1920）認為：一個真正的學者，一定要有「知識的誠篤」（intellectural integrity），對解決他所認定的重大學術問題，能持之以恆的追究到底。這跟《中庸》上所說的：「至誠無息，不息則久，久則徵，徵則悠遠，悠遠則博厚，博厚則高明」是相通的。我在最近即將出版的《儒家文化系統的主體辯證》一書中指出：用這種精神所完成的社會科學研究，必然可以彰顯：研究者、被研究者、研究社群，乃至於其文化傳統的四重主體性。不幸的是：在臺灣的社會科學界，我們卻很少看到學者從事這種「安土深耕」型的研究，結果雖然累積下許多實徵研究資料，其內容卻是支離破碎，無足稱道。

臺灣學術界經過半個多世紀的「自我殖民」，不但沒有顯現出任何自我反省的能力，現在更是變本加厲，連美國式的倫理審查也不加思考地整套移植過來。這本《倫理帝國主義》的作者Schrag很詳實地指出：IRB的制度設計者並沒有仔細考量：不同學門的研究者與參與者之間有全然不同的關係，熱衷推動制訂規範的官員，大多是公共衛生研究者或出身自公衛領域，他們通常將社會科學家排除在外，單單基於醫學研究的考量，訂下十分嚴苛的倫理準則，要求各領域的研究者「一體遵照」，而沾沾自喜。

作為美國學術殖民地的臺灣，不僅美國的研究範式照搬照套，美國的IRB全盤移植，連制訂倫理準則的程序，也幾乎是全面複製！近年來，臺灣社會科學界流行腦神經造影（FMRI）的實徵研究，大家拉幫結派，向科技部申請大筆研究經費，製造「輕、薄、短、小」的研究論文，一篇文章往往有幾個人或十幾個人掛名，文章一旦在國外期刊上刊出，便互相引用，彼此拉抬，以製造聲勢。為了因應這些人的需求，國科會（目前為「科技部」）某些公衛出身的官僚，也全力強推IRB，整得社會科學界叫苦連天，苦不堪言。

這本《倫理帝國主義》的中譯本問世，可以讓我們清楚看出：如果華人社會科學界不懂得什麼叫做「解決問題取向」的研究，不知道如何追求學術研究的主體性，而只會亦步亦趨地跟著美國「學步」，即使拿IRB來套住自己，終究只會治絲益棼，作繭自縛，不可能會有任何前途。

黃光國

於臺灣大學心理系

推薦序二

本書以歷史學家的觀點，記述了美國「機構倫理審查委員會」（Institutional Review Board, IRB）自1965到2009年的發展歷程，內容包括美國之研究倫理審查制度的設立、機構倫理審查委員會的形成、國家倫理委員會的運作、研究相關國家法令的建立、貝爾蒙特報告（Belmont Report）的誕生，以及許多社會科學研究者對於IRB審查制度所帶來影響提出之種種反思、批判、抵抗、修正制度所做之努力與協商。作者的觀點主要指出以「生物醫學與心理學研究」為基礎所建立的受試者或研究參與者保護機制（包括倫理審查與IRB制度法令等），其發展過程中，社會科學領域專家的參與原本就太薄弱，而所發展出來的倫理審查制度是把用於生物醫學及心理學研究的模式，建構成國家制度與法令，然後一體適用於其他人文與社會科學領域之研究（包括歷史學、人類學、政治學、社會學、地理學等），這於是形成了扞格與衝突，也限制了學術研究自由與尊嚴等等許多怨言與爭議。正如作者在序言指出「生物醫學人體研究要求不得傷害研究對象，如果嚴格按此規範執行，將阻礙我對他人言行誠信的堅持，有違歷史學者的最高職責。這有如迫使我臣服於番邦暴君或承認旭日西升。照章行事容易，但止不住我的怒火！」

本書作者以其歷史學者的獨特視野與批判觀點，對於美國研究倫理審查制度的發展歷史、主要組織、機制、事件、文獻與人物進行研究與紀錄，特別反應出部分美國社會科學領域學者們對於IRB審查制度的批評與修正論述。儘管書中許多論點頗具爭議性（筆者亦有多處不完全認同），但實有其參考價值，有助於研究機構與研究人員、研究倫理委員會及審查委員、規範與政策制訂者，從更寬廣、多元之觀點來思考如何從制度面與倫理審查過程，來促進學術研究並保護研究參與者。

當代研究倫理與倫理審查制度之發展，自紐倫堡大審算起，業已超過半個世紀。而西方發展出來之研究倫理審查制度也早已成為國際性的規範與制度，我國生醫領域研究之研究倫理審查制度發展亦超過三十年，近十年來之法律、規章、審查與評鑑制度更是發展齊備，達歐美先進國家水準。而人文社會領域研究之倫理審查，也在2009年國科會推動「人類行為研究倫理與人體研究倫理治理架構建置」計畫起，開始在國內各大專院校蓬勃發展。然而，我國在推動此人文社會科學研究之倫理審查制度過程，正如本書所記述之美國歷史，也遭遇到許多社會科學領域學者不同看法，持贊成或反對意見者皆有。科技部對於有關「人類研究」之人文社會科學領域研究計畫案之經費支助申請，也逐漸開始建議或要求必須同時送研究倫理委員會之審查，國內各大專院校之師生逐漸在學習與調適因應中。本書所呼籲：不應將「生醫研究領域倫理審查模式」生硬地套用於「人社研究領域倫理審查模式」道理乃值得特別注意。相信本書在戴伯芬教授團隊之翻譯與推薦下出版，可以為當前我國學術研究倫理審查制度之發展提供可貴的參考論點，幫助我國相關決策者發展更適切的人文社會研究倫理審查機制，乃特此為序推薦。

臺大醫學院醫學教育暨生醫倫理學科暨研究所教授
臺大醫院醫學研究部主治醫師
臺灣大學生醫倫理中心主任
臺大醫院研究倫理委員會主任委員
蔡甫昌

推薦序三
由臺灣經驗反思倫理帝國主義

在臺灣全面推廣研究倫理制度與規約的時刻，戴伯芬教授適時地翻譯了這本當代最重要站在社會學科立場的反思巨著，的確是亂世中的暮鼓晨鐘，值得臺灣的學術政客好好反省。尤其這些人在推動研究倫理政策時，自身如何對民間社會負責？以及如何善盡永續學術發展的責任？這些人以移植國外不適切的典章制度來鞏固自身的名位，能不慚愧嗎？尤其文崇一教授早在1970年代就提出，立足臺灣社會脈絡發展人文社會學科理論的觀點，以臺灣主體性的研究態度與方法提出理論，回饋臺灣社會的知識分子良知與責任。

本書非常清楚地呈現研究倫理審查，原本只針對會對人體產生嚴重侵犯和影響的生物醫學以及行為科學研究，可惜在當代人文社會素養普遍不足的臺灣，並沒有能力區分行為科學研究以及人文社會學科研究的不同，因此產生對社會學科研究諸多刁難，許多原住民研究的人文社會學者無法再順利進行研究。可是會造成嚴重空間恐慌症的大腦核磁共振研究，卻任由具有政治影響力的認知心理學的教育主事官員，明定納入符合簡易審查的範圍，並輔以國家預算補助大開方便之門，這是荒謬的政治凌駕專業的表現，也當然有嚴重違反研究倫理的疑慮。當在臺灣政治上的濫權成為道德墮落以及欺世盜名的常態，本書以美國的脈絡，清楚地呼籲「解除衛生管理人員對社會科學的監督權力」，清楚地告知世人，以目前衛生管理人員所持的典範，要強暴社會科學研究是不智、而且反智的惡質法律。

其實研究倫理是建立在高度的研究者自覺的責任反思，和更積極地營造社會對該學科的認同以及信賴關係之上，是一個在當代具有巨大實踐力量和社會價值在形塑的樞紐，其中自覺性的不要逾越分寸，是所有主事者必要的操守與美德。這其中跟人的專業背景沒有關係，更重要的是是否有費心瞭解其中的內涵，例如曾參與撰寫貝爾蒙特報告（Belmont Report）而後對生物醫學研究倫理和臨床倫理具有領航貢獻的前加州大學舊金山分校校長Albert Jonsen，本身就是個神學家而非醫師，其所提出四主題在邏輯上循序漸進的臨床倫理決策思維模式，將生命倫理學基本原則與臨床判斷做了緊密的連結，也進一步釐清了當代機構臨床倫理委員會與研究倫理委員會的關係，可是當提到社會學科的倫理審查時，本書清楚地呈現他和許多知名領導人的含蓄態度。可是，任何事務一旦進入官僚法規體制之後，這本書清除地呈現這些法規如何形成無遠弗居而不知節制的慣性，透過主事官員慾望以及績效的投射，知名社會學家韋伯所擔心的現代理性牢籠在此展露無疑，生物醫學開始殖民社會科學，乃至於人文學科，透過研究倫理的審查，要求只能有符合生物醫學的思維、探索，乃至於證據產生的方式，文化帝國主義於焉誕生，大家只能在原子化的極端個人主義實證典範中學習如何思維、如何溝通、如何做研究，乃至於如何發展社會關係。如此狹隘之道德無限上綱的舉措，稱之文化帝國主義當之無愧！

對照本書所呈現，應用醫藥衛生導向的研究倫理審查機制對於社會學科研究造成的帝國殖民效果，可是結合臨床倫理反思的研究倫理發展，卻在醫療衛生界促成了解殖以及醫患平權的積極效益。舉例來說，不論是醫院中的研究倫理委員會或是臨床倫理委員會，都積極促進跨領域進而包括人文社會法律學科的委員，來避免醫界專業獨斷的盲點，並由此反思帶動了病人為中心並積極參與醫療決策的機制，尤其晚近更促成了醫師科學家與具備被研究身分的患者，形成了病患為中心的效益研究模式，可說是醫病平權以及夥伴關係的完全落實。換言之，研究倫理的思維最終要回饋專業核心內涵的轉變，反思的成果強化了賦權病患的去中心化專業角色轉型，結果不只在臨床的角色共同開創了患者乃至於家屬知交共同決策的空間，研究本身也可由以患者經驗為主的問題意識出發，以共同探索的方式進行，而在後基因體以及智慧健康科技昂揚的年代，期待獲得更為豐富的成果。

可是由醫療帝國來到社會學科的倫理審查制度，基本上就與多元研究以及認識論典範並存的社會學科領域內涵格格不入，而來到臺灣又有威權統治政治體制與民主社會轉型不符的困境，不僅造成文化帝國主義的效益加成，更讓臺灣的人文社會學術研究發展陷入盲目服膺威權體制的死胡同。其實在榮總實習就躬逢其會見證到彭汪嘉康院士等提升國內癌症治療專業人才素質的努力，學成歸國之後又有機會得彭汪院士指派，與郭英調和林志六兩位成為我國生醫研究法案起草小組的成員，當時閱讀原文法規就曾與郭英調對於支持性的倫理原則，可能威權取向得國內機構文化導向過度著重法規管理，而失去共同成長有效溝通的趨勢感到擔憂。所幸，晚近在各醫院臨床倫理委員會制度不彰的前提下，研究倫理制度迭經反思而後與生物醫學界總算差強人意，可是組織文化的議題也讓臺灣成為與中國並列，醫病糾紛演變有極大自覺需要改善的地方。而在臨床組織文化都呈現困境的環境中，強勢的研究倫理立法，尤其是涵蓋人文社會學科研究，的確是以一套同質性需求高的實證典範來要求充滿異質性的社會科學，甚至涵蓋人文學科，實屬不當。戴伯芬教授於此關鍵時刻，出版此書，的確對我國人文社會學科的研究倫理發展，提出非常重要的提醒，尤其晚近美國NIH已經對於歷史研究和品質管制機制等等，提出不需要經過研究倫理審查的修正意見，如何打破以研究倫理為名的文化帝國主義，是臺灣人文社會科學界當務之急！

屏東基督教醫院講座教授兼生命倫理暨社會醫學中心主任

蔡篤堅

推薦序四
倫理審查有助於保護被研究者嗎？

自從科技部開始將人體研究法擴大適用到非生物醫學的「人類研究」，要求凡接受科技部補助之計畫送交研究倫理審查後，便引起國內社會科學界普遍的質疑和不滿。學界對這項措施的批評包括外行審內行、干預學術自由、審查標準不明、官僚形式主義、鼓勵欺騙造假、不當收費與資源錯置、及不利弱勢族群研究等。然而這些問題其實並不是臺灣所獨有，從本書和相關文獻的回顧可以知道，西方國家從1960年代開始發展倫理審查制度以來，社會科學的倫理審查便經常受到類似的質疑與批判。在今日全球學術出版的要求與壓力下，這套西方發展出來的倫理觀念與審查制度，被移植到非西方社會時所產生的問題就更多了。

社會科學的倫理審查經常被質疑缺乏專業性，審查委員如果對研究對象或研究取徑不夠熟悉，所給的審查意見很容易脫離現實而不可行。尤其有些領域的研究者較少，同行願意擔任審查的人不多時，外行審內行的問題就會更為嚴重。以身心障礙研究為例，各種障礙類別的差異性極大，不同障別和障礙程度在不同議題上會碰到的問題也大不相同。「知情同意」是倫理審查中的重要項目，然而究竟什麼樣的知情同意才能保障身心障礙者的最大權益？我們如何判斷心智障礙者是否能夠理解研究計畫的目的、研究意義以及可能對受訪者帶來的非預期效應？心智障礙者是否比其他人更容易因為壓力或易受影響而同意研究？知情同意背後是非常西方個人主義中心的思維，當研究對象缺乏自主能力，或無法進行知情同意或保護自身權益時，究竟誰才是最適合被告知研究內容與進行代理同意的人？此外，視覺障礙者如果不懂點字，如何閱讀和簽署同意書？如果是透過口語告知研究目的與內容，簽名時需要第三方見證人嗎？這些只是障礙研究經常會碰到的一小部分問題，但是並沒有放諸四海皆準的簡單答案。也因此經常會有計畫申請人抱怨，不同審查者給予意見不同以至於無所適從。

「維護研究參與者權益」是倫理審查另一個主要項目。臺灣計畫常見的制式寫法，包括對研究參與者以無記名編碼方式進行調查、資料完善保存且只有研究相關人員可以使用等，都是些研究法入門書常會提到的標準程序。然而所有人都心知肚明，真正的問題在於如何確保研究者會依照計畫書執行。如果倫理審查不可能確保計畫不流於形式，便可能只是在鼓勵研究者説謊造假、虛應故事的「作文比賽」而已。此外，目前倫理審查多會要求計畫主持人具備研究倫理訓練背景，在過去一年內受過若干小時的研究倫理訓練時數，並提出證明文件。然而這些研習課程對很多人只是累積時數、浪費時間的活動。因此，許多研究者將線上課程交由助理代為完成，或參加受訓簽到後就離開，等到結束前考試時才回來。有些訓練單位還會提供考題答案，公然舞弊，使得整個倫理制度完全喪失倫理精神。

許多研究者都知道這些問題的存在，但對於倫理審查制度是否應該廢止，還是能夠加以修正改進，正、反雙方則抱持不同的看法。倫理審查的目的原本應該是，鼓勵研究者思考研究中的倫理課題，並檢視原來可能自以為是的預設。避免有些研究者因過於專注研究計畫，以至於高估研究的好處，或低估研究可能風險。這些問題如果能夠早點發現，便可以減少後來可能碰到的麻煩。倘若研究過程中出現原先未預料到的問題時，倫理審查機構也應能提供諮詢與協助，而非只是做初期的形式審查而已。設計不當或考慮不周的研究固然是對被研究者的傷害和剝削，可是倫理審查過嚴或者後續追蹤過於繁瑣時，則會導致研究者事先自我篩選以及研究議題的限縮。換句話説，過於保守或嚴格的審查不僅無助於保護被研究者權益，反而可能造成弱勢族群受到主流研究的忽略或排除而更加噤聲。因此，倫理審查應該是個對話過程，以證據為基礎來取代一般性臆測，如此才能有助於研究者倫理態度與敏感度的養成，以及達到保護被研究者的目的。

高雄醫學大學醫學社會學與社會工作學系教授兼系主任
邱大昕

推薦序五

關於人體研究倫理委員會（IRB）還有甚麼沒有被敘說的嗎？自從2009年在當時的國科會人文司的主導下開始推動倫理審查制度，至少在我所處的大學裡，我就參加了專業學會（人類學學會）、區域研究倫理中心（中國醫藥學院大學）、大學本身所舉行的說明會、討論會等等，我聽到了自己的專業、其他學科（以社會科學為主）從業人員的說法，有的從自身的經驗開始，有的從比較大的原則出發，有的單純表示不解和憂慮。有時候討論會成了大家批評、指責不知在哪裡的官僚體系與作為，更多的時候討論會變成是非常精彩有著多層次的對於人類學、社會科學理論、方法論、學科任務等的辯論。人類學界對於IRB建制的討論具現在人類學學會刊物《人類學視界》第六期（2011年）。

然而當與會者就自己學科自我搜尋（soul-searching）時，我們都知道我們這些從業人員以及我們的學科都是被檢驗的對象，我們的自我搜尋大致上只能是防衛性的。任何學科被檢驗從來不是一件壞事，社會科學並不缺乏自我批評的傳統，人類學甚至擅長殺掉典範（slaying paradigms）（人類學者Eric Wolf用語）。這些說明會、討論會令與會者不安的是，倫理審查制度假設學科內部無法產生符合研究參與者（human subjects）保護的共同規範（common rule），因此要由外部，特別是行政體系，來制定一套準則和體系。對我來說，任何一個體系被建立起來去檢驗、指導、規範人們的思考研究活動，若不是太天真就是太妄為。

這或許就是Zachary M. Schrag將其書名取為Ethical Imperialism的原因吧！Schrag的用意不只是在說明用生物醫學模式管理社會科學的不當，他更提醒人體研究倫理委員會（IRB）的建立，意味著當代主要研究經費提供者——國家官僚體系——可以制定準則讓所有的研究都服膺同一套準則，最後甚至連沒有拿到政府研究經費的研究都要事先經過IRB的審查。於是在這本詳細描述美國IRB建立的歷史考察，雖然有時略顯瑣碎，對於讀者頗為難以消化，Schrag不僅記載了這個過程裡IRB不尊重學科的差異性，不願意理解社會科學的所謂知情同意可能是研究者和研究參與者共同努力出來的；他花了更大的力氣說明「權力早已從研究者轉移到聯邦監督者，被夾在中間的大學無論做甚麼，都必須避免來自聯邦的連續打擊」（頁151）。於是，Schrag記載1970年代美國知名政治學者Ithiel de Sola Pool帶領社會科學家抵擋IRB對社會科學研究不合理、不公平的箝制時的豪語：「大學教授不是大學的員工；他們就是大學」（頁115），如今讀來有如來自歷史的跫音，如果不是已經成為只是歷史的話。

對於目前處於IRB建立初期的臺灣，對於也參與過多次諮詢、討論會議的學科從業人員而言，Schrag所描述的歷史過程，所記載的美國社會科學對抗的論述，非常熟悉的重新出現在臺灣，雖然是縮小和簡單的版本。那麼我們讀Schrag這本書的收穫應該就在於能夠掌握IRB的起源地經歷了那些爭論和變遷，對於贊成或反對或沒意見的人，這本書提供了各方的說法。當我看到這些林林總總的贊成或反對的說法，不禁讓我想到我在諮詢會、討論會裡聽到的臺灣學者意見，有太多類似的呼籲。特別是在2009年國科會剛剛啓動倫理審查制度建構時，臺灣學者對於IRB整個規則的來龍去脈還不是很熟悉的狀況下，竟然就可以指出許多IRB的根本問題，也許正好說明了IRB的架構違反了學界（特別是社會科學）的基本慣行與信仰。而我們不要輕易的將學界堅持的基本慣行與信仰，例如：學術獨立、學術自律等，視為學界自我保護的反射動作。其實我們對於這些基本慣行與信仰，恰恰好應該是持續放在社會脈絡裡辯論而不是如同IRB所強調的事先審查。

當前美國社會科學界對於IRB的態度如Schrag所說擺盪於妥協、修正、抵抗的光譜，例如：某種宿命論漫延在社會科學界，「想要改變規則是浪費時間，畢竟那已經花費了多年的工夫。」又例如：某種犬儒主義的觀點也在流行，「學者願意接受審查過程，僅僅是因為順從比抵抗容易」，「而且IRB的要求通常很容易做到」，是否也某種程度的可以讓IRB建立初期的臺灣研究者有所警覺？也就是說，若是當IRB的運作變成只是採取最小的干預與審查，成為臺灣許多大大小小形式主義的其中一種，我們也將之視為研究執行時最小的干擾，我們是否也可以藉著這本書提出的美國社會科學的感言：尊重IRB，讓他們覺得在做一些重要的事，大學裡可以相安無事，然而其實「為了IRB，我不得不改變我的研究。」而警覺到從外律變成自律的真正效果？同時美國被認為是比臺灣更具有學術獨立傳統的國家，美國社會科學的掙扎與自白不也是這本書可以提供IRB建立初期臺灣的鏡子？

最後，為什麼這樣一本討論（美國）學術界人體研究倫理委員會（IRB）歷史的書也值得社會大眾的重視？Schrag結論的一句話可以作為參考：「人們若不鑑古知今，則可能被誘導而創造他們需要的事實。缺乏對社會科學與人文科學的IRB起源的認真調查，政策的制定者和擁護者們很容易接受那些消除疑慮卻誤導的做法」（頁209）。我不認為IRB的起源是想要去影響甚至箝制學術獨立、學術自由，它的出發點來自於其所宣示的保護研究參與者免於傷害的「善意」，然而它的走向與效果卻不能只以「善意」的出發點來衡量。一個非常簡單的問答題，如果不是國家官僚體系掌握了研究資源的分配，它如何能讓研究者妥協、順從這種大到可以改變研究，小到只變成形式主義的IRB審查？這個方式有何倫理可言？國家官僚體系若自許為倫理主要（如果不是唯一）的審查者，非預期所意料限縮了獨立、另類、批判研究的後果（暫時相信它的「善意」），那由誰來審查它的作為？社會大眾是在公民與國家權力、義務關係的議題下，值得閱讀這本書。

中央研究院民族學研究所副研究員

容邵武

審定序
敲響臺灣人文社會科學的IRB戰鼓

2007年，為了醫學院的需要，輔仁大學成立醫學倫理暨人體試驗審查委員會，需要一位社科背景委員，大概是新進菜鳥，被系主任推薦進入輔大人體研究倫理委員會（IRB）。這個新設的委員會除了一般開會之外，還要到各醫院受訓、蒐集訓練點數，受訓一天之後還要考試，考試通過後才可以拿到完整的學分數。臺北榮總的考題最為經典，事先會發考古題，拿到考題時有點傻眼，有一百多題選擇題，考的是人體研究法法規細節，像是收案之後多久之內要審查、違反不同的規定要罰多少錢之類的題目。想用常識來考真的要靠運氣，考試沒過關不僅丟臉，受訓的千元學費是由學校支付，對不起學校。考試不是難事，但大學教授重溫過去升學的聯考情境，記誦考題取分，實在太過荒謬。那天最後一場的主講者因應觀眾要求，問完問題之後就提前結束演講，主講者告訴大家題目很簡單，並警告在場受訓人員不可以代考或舞弊。舉目一望，榮總演講廳內百位白袍醫師、護理人員，大家放下忙碌的工作，一整天聽課、考試，就是為了這8學分的認證。

五年內，我在臺北幾所公、私立醫院以及臺大、師大上過無數的訓練課程，目的就是為了滿足擔任IRB委員必要的受訓時數，慢慢發現了所謂「專家」，來來去去就是那些人，來自受試者保護協會、IRB醫師群、中研院法律所；授課內容不外乎是受試者知情同意、人體研究法法條，再賣弄一下貝爾蒙特報告、赫爾新基宣言。有陣子不管到哪受訓聽到的都是受試者保護協會人員、醫院的醫師、中研院法律所某位教授的相同演講。一直到北榮受訓，講義背後發現了臺灣受試者保護協會刊登的這則廣告：「做研究，您專業，IRB，我內行」，宣稱可以「持續輔導到取得人體研究委員會許可文件」，我才意會到IRB真的是一筆好生意，一場受訓課程就有數十萬入帳，不僅講師賺錢、醫院也發小財，以倫理之名的訓練偷走了醫護人員拯救生命的寶貴時間，甚至出現代訓、代考、舞弊、代審的不倫理怪象。

這套生物醫學的倫理審查制度在國科會人文司的主導下開始入侵人文社會科學，99-100年度以「人類行為研究倫理與人體研究倫理治理架構建置計畫」，在北（臺大）、中（中國醫藥學院）、南（成大）設立區域研究倫理中心，先頒布101年度起涉及人類研究之非生物醫學類專題研究計畫第一期試辦方案，採取自願送審方式進行，102年第二期試辦方案採取鼓勵送審、學術審查人建議送審，並修訂專題研究計畫作業要點第11點，要求103年度起涉及人類研究之非生物醫學類的專題研究計畫必須比照生物醫學，事先送研究倫理審查，但不做成計畫准駁之決定（戴伯芬，2013）。

人文社會科學也要推動IRB制度讓我感到荒誕不已，在高教工會提出IRB實行可能造成干預學術自由之疑慮，可惜並沒有得到工會同仁的回應，他們認為這應該是學會而非工會業務。社會學會在2013年年會緊急辦了一場論壇，但是大多數同仁對此議題仍十分陌生。我寄信給已經依科技部要求建立研究倫理守則的9個學會理事長，請他們關注科技部專題事先、強制送審的問題，不過只有翻譯學會理事長回覆已將我寄去的文章〈保護或規訓？研究倫理與學術自由的兩難〉，轉給科技部的學門召集人，其他皆石沈大海。為了更瞭解醫學界的IRB運作方式，我在2014年接受了陽明大學IRB的邀請，擔任委員。

2014年9月，陽明、輔大的IRB陸續接受教育部的評鑑，從迎接委員、報告、受訪以及參與IRB審查會議，再次看到類似高教評鑑委員的行徑，只是這回換了另外一批IRB專家以及實習的IRB評鑑委員。為了應付評鑑委員的意見，當天陽明IRB一直開會到晚上7、8點，回應一堆無聊意見，像是開會之前沒有宣讀利益迴避原則，或者一般審查的委員投票程序不對，不可一次發出所有案件的選票以免委員簽完之後先行離去。榮總大醫師為了回應無關痛癢的評鑑意見犧牲寶貴時間，一起討論回應，或許也算是一種人力資源的浪費。隨後在輔大又再經歷了一次IRB的評鑑，只是這回我沒被抽到約談，回答作為非專業委員的意見是否得到重視之類的問題。兩次大學IRB評鑑的心得是評鑑作為學術治理機制已經從校、系所向下延伸到個人研究，而來大學評鑑的委員與訓練上課的委員是重複性極高的一群人，他們以專家身分游走於不同學術治理的場域。

我決定要趕快展開第二次行動，以免人文社會科學真的被納入生物醫學的IRB治理架構。在第一次阻擋IRB失敗之後，這次採取兩個策略，一是先在臺灣連署資源運籌平臺建立「反對目前違反大學自治的人文社會學倫理治理與審查」聯署行動，最後共獲得10個團體、262位個人聯署。在輔大心理學系劉兆明教授參與討論之後，確定主要訴求包含：

第一、教育部與科技部應立即檢討現行推動中的倫理審查制度之流弊，調查學界的反應，並據以更改方向，而不是根據行政命令強硬推行到底。

第二、科技部應尊重人文社會科學各學門的獨特性，考慮在專題研究計畫申請審查中增加研究倫理審查項目，依據自律原則，要求計畫主持人提具受試者保護的原則；再輔以他律原則，由計畫審查委員一併進行倫理審查。

第三、各大學在大學自治的原則下建立研究倫理委員會，除了受理人類受試者的保護之「人類研究倫理」外，應一併受理其他出版研究的「學術倫理」議題，並成為受試者得以申訴與申請傷害賠償的管道。

第四、各專業學會宜鼓勵所屬成員探討倫理議題、蒐集相關案例、建立研究倫理守則、推動研究倫理教育與訓練工作，以供未來研究者思考、反省與遵循。

第五、政府相關部會亦應盡速成立研究受試者申訴與求償管道，並建立完整的法律機制，以協助受試者勇於申訴並獲得合理的賠償。

其次，透過個人網絡找到了臺灣社會學學會王宏仁與魯貴顯、臺灣應用心理學會劉兆明、文化研究學會殷寶寧、臺灣民族誌影像學會林文玲、社會工作教育協會古允文、女學會（後來以書面表示）等學會理事長以及臺灣人類學會代表劉紹華，於2014年12月19日聯袂拜訪新上任的人文司長蕭高彥以及高教司長黃雯玲，表達人文社會科學反對納入既有生物醫學的IRB審查的疑慮，科技部製造了個別研究者申請計畫時的送審需求，而高教司則用評鑑制度引導大學複製生醫的IRB制度架構。蕭司長十分重視學會的意見，旋即邀我們參與1月8日的諮詢會議。相對的，高教司黃雯玲司長則打出教育部最擅長的太極拳，推給科技部與大學自治。這次行動之後，應用心理學會理事長劉兆明教授提議各學會組成「人文社科專業研究倫理行動聯盟」，以利之後的論述與行動，並推劉兆明教授為召集人。

人文社會學界也開始出現研究倫理的議題討論，2015年3月8日文化研究學會辦了一場「學術倫理的灰色地帶」，主題雖然不是針對倫理審查，但是直接挑戰師生掛名出版的倫理問題；科技與社會年會3月27日辦了一場「人類研究倫理審查制度的爭議」，更出現擁護與反對人文社會科學倫理審查學者之間的針鋒相對。但是，大多數人文社會學界還是不清楚IRB的運作，又無法回應要如何保護受試者的議題。

為了延續學界對於研究倫理審查議題的關注，在中研院社會所蕭新煌所長的支持下，4月23日由臺灣社會學會與中研院社會所合辦了「2015臺灣學術研究倫理審查制度的變異與檢討工作坊」，除了廣邀人文社會學者表達倫理審查的實務困難之外，也廣泛蒐集各國經驗，瞭解不同國家的作法，在由蕭新煌所長主持的圓桌論壇上，再次由臺灣應用心理學會劉兆明、女學會楊巧玲、人類學會劉紹華、文化研究學會殷寶寧、臺灣社會工作教育學會古允文、臺灣科技與社會研究學會理事長陳瑞麟與我，分別表達對於人文社會科學納入研究倫理審查的關切，最後獲得人文司蕭高彥司長承諾，考慮將人類研究與人體研究的倫理審查進行區分，讓人類研究免於IRB審查衍生的爭議與問題，同時他也再次重申計畫通過之後才需要送計畫審查（會議記錄可以參考臺灣社會學會通訊第82期）。

人文社會科學這次的集體行動在短時間即取得有效的行動成果，人類研究已經從人體研究分開，科技部計畫在複審通知時才需要送IRB，倫理審查過與不過也不會影響到科技部計畫的執行與否。整個人文社會科學研究倫理審查變得單純許多，研究者不需要再花大錢承擔人文司長鄧育仁所謂的「申請科技部計畫的風險」。對於人文社科的研究者而言，目前的研究倫理審查只不過如本書作者施拉格（Schrag）所看到的紙上作業罷了，過程繁瑣，但不至於影響研究進行。

但是，對我而言反而衍生了更多倫理困惑。研究倫理審查的紙上作業通常是助理而不是計畫主持人在做，送審費用所費不貲，但是由科技部計畫而非申請人出錢。人文社會科學界反對研究倫理審查的集體行動表面上是成功了，但是學術圈的弱勢者依舊困在不合宜且無意義的倫理審查表格之中，這是我們要傳遞給年輕世代的研究倫理教育嗎？由科技部計畫付費而實際上卻是由全體納稅人買單，真的反映研究資源分配的公平性嗎？或者只不過是妥協而繼續豢養IRB的利益團體？只要想想申請科技部計畫不需付費，但是送倫理審查需付萬元審查費，就會知道倫理審查制度收費的不合理，更不用說在臺灣文人相輕的學術環境中可能引發的露西法效應（Lucifer effect）。[i]

[i] 露西法效應是由史丹佛心理學家Philip Zimbardo提出來的，透過監獄試驗，他將學生分為獄卒與囚犯，發現在特定情境或環境中，會激發學生人性中的惡，引起扮演獄卒學生對於囚犯學生的虐囚行為，這個研究也是違反研究倫理的經典個案。

回歸初衷，更重要的是我們真的盡到受試者保護之責了嗎？即使計畫事先審查過關，也不保證執行過程或執行之後不會傷害受試者，如果仔細閱讀人體研究法，可以發現受試者受損害的申訴或求償機制並不完備（戴伯芬，2014）。人文社科的倫理審查結果不影響專題研究計畫補助，如果不通過，那麼國家為什麼要支持不倫理的研究計畫？研究過程中有許多不可知或不可預測的結果，信任研究者本於專業自律的良心，但同時也要對違反研究倫理者施以嚴厲的懲罰，不應因其身分貴為部長或院長而形成差別待遇。

作為大學教師，更應該教導學生避免研究過程中，無心造成的受試者傷害。劉兆明老師和我決定在輔大開設「解碼研究：人文社會科學研究倫理經典分析」的研究所課程，並獲得教育部倫理課程發展計畫的支持。課程中，我們和楊道淵、申宇辰、馮靜以及李青四位研究生製作了一系列研究倫理經典個案，如「塔斯基吉梅毒試驗」、「史丹佛監獄實驗」、「口吃研究」、「人猿混種實驗」以及「我當黑幫老大的一天」等五支經典案例的動漫短片，上傳YouTube供人點閱，同時一起翻完本書。我們深信倫理教育比倫理審查來得重要，而翻譯與出版本書是我們實踐倫理教育工作的一部分。特別感謝黃光國、蔡甫昌、蔡篤堅、邱大昕以及容邵武等學界先進以及好友為本書寫序，希望研究倫理審查可以形成一個持續討論的公共議題，來達成保護受試者的目的。

個人始終相信倫理不是治理，也不是審查，只不過找回良心而已。

參考文獻

劉紀蕙、朱元鴻主持（2015）〈學術倫理的灰色地帶〉公開論壇，《文化研究雙月報》149期，2015年3月30日，http://csat.org.tw/journal/ShowForum.asp?Period=149&F_ID=202。

戴伯芬(2013)〈保護或規訓？研究倫理與學術自由假兩難〉，《跨界：大學與社會參與》http://interlocution.weebly.com/35413355423554222727review--forum。

戴伯芬（2014）〈倫理或治理？再論大學倫理治理架構與研究倫理審查制度〉，《跨界：大學與社會參與》http://interlocution.weebly.com/35413355423554222727review--forum。

戴伯芬（2015）〈回應研究倫查制度改革：兼論研究倫理的責任〉，《臺灣社會學會通訊》，82期，頁16-20。

戴伯芬

序

訪談他人的生活與工作的時候，我需要拿到正式許可嗎？這是我在2000年夏天面臨到的問題。當時我得到國家科學基金會（National Science Foundation, NSF）的計畫資助，支持我對華盛頓地鐵歷史的研究。資助的要求是如果研究涉及「研究參與者」（human subjects），就必須通過研究倫理審查委員會（Institutional Review Board, IRB）的審查。由於人類課題的定義包含了我所採用的口述歷史訪談，因此我就從當時所就讀的哥倫比亞大學IRB拿到許可。2006年計畫結束，我出版了《偉大的社會地鐵：華盛頓地鐵史》（*The Great Social Subway: A History of the Washington Metro*）。同時，我應聘任教於喬治梅森大學，在新進教師研習會上受到嚴厲警告，人類研究必須通過倫理審查；而後為了一系列有關鎮暴歷史的訪談，即使我不太情願也不得不送喬治梅森的IRB進行審查。二校的倫理審查都不難通過，完成強制的線上訓練、填一些表格，過些時間就可獲得許可；這最多讓我花幾小時做文書，讓計畫延個幾週。

傷害雖小，屈辱事大。哥倫比亞大學要求年度報告需依性別、種族表列每位受訪者，將傑出的建築師、工程師、政治家們化約為表單上的代碼後，再要求我推測這些我只在電話中溝通的人是甚麼種族。而喬治梅森則堅持要求預繳訪談問卷提綱，儘管我一再解釋道：訪談問題因人而異，問卷提綱是毫無意義的。然而二校的訓練與行政皆要求我信奉一套為醫學研究精心打造的倫理規範，生物醫學人體研究要求不得傷害研究對象，如果嚴格按此規範執行，將阻礙我對他人言行誠信的堅持，有違歷史學者的最高職責。這有如迫使我臣服於番邦暴君或承認旭日西升。照章行事容易，但止不住我的怒火！

單是憤怒不足以讓我寫一本書，我的好奇也促成了此書。從喬治梅森的行政人員及倫理審查委員口中，我得知他們信賴來自各方的指導與約束，包括政府單位、非政府網路論壇、研討會及付費顧問；我看到遍布全國的一群人都被說服相信人文社科的研究需要被設限。這個制度完全背離美國大學核心的學術自由精神，我根本無法想像它是怎麼蹦出來的。歷史學者最愛這種謎題了，IRB的歷史，恰出於我對它愛恨交織的感覺。

我無法否定自己對於現行系統的挫折感（我的觀點發表在我的「倫理審查部落格」www.institutionalreviewblog.com），但我盡力以開放的心態面對此案，也隨研究進展放棄了一些成見。最初我曾預測制定現行人類研究規範的官員完全忽視非生物醫學研究將受到的衝擊，後來我也一再因這些人頻繁膚淺的掩飾、狡辯感到驚奇。希望對此議題有興趣的所有人，不論何種身分，也會同感訝異。

我也深信，知識就是力量，以我自身來說，力量意指遵行喬治梅森大學政策的同時迴避IRB的監督。在我的地鐵及鎮暴研究案提請IRB審查時，以為計畫符合口述歷史的定義，但2007年初，我得知聯邦的人類研究保護室（Office for Human Research Protection, OHRP）本身執行過口述歷史訪談；詢問他們是否有IRB許可，得到的答案是：未送倫理審查，因為他們的活動是「非系統性的調查，亦未企圖對一般性知識有所貢獻，此口述歷史活動只為保存一些個人記憶；因此不受制於IRB。」人類研究保護室跟我為此書而做的訪談好像沒什麼差別，我的計畫也可說是「只為保存一些個人記憶」而不用送IRB；此外，人類研究保護室與我都訪談了制訂現行規章的部分人，他們沒有一個反對我們不送IRB。

人類研究保護室官員本身與以其名義行事的大學行政人員，所作所為的落差，正象徵了訪談、調查與觀察研究規範的一團混亂。雖然我對如何逃脫這混亂有自己的一套，我更希望大家能清楚地瞭解是怎麼陷進此泥淖的，希望大家因此而受益。

我做的第一件事是，2005年3月寫下IRB對口述歷史控管的11頁備忘錄，由之發展成這本書，得力於各方學者與親友持續的鼓勵與指教。支持始於自家——喬治梅森大學歷史與藝術史系，系主任Jack Censer（後升任院長）告訴我，新任助理教授質疑學校政策是好事。歷史學者的典範——Roy Rosenzweig說服我，我的質疑對整個學界都很重要；他在過世前為我早期的草稿做了精闢的評論，遺憾的是我沒能送他完成的作品。其他喬治梅森的歷史與藝術史學者都是我的良師益友。而Rob Townsend，美國歷史學會（American Historical Association,AHA）副理事長，在我努力透過口述歷史抽絲剝繭聯邦政策的過程中有很大的作用。

除了喬治梅森，也有許多肯定者提出善意建言，尤其是Philip Hamburger、Jack Katz、Jonathan Knight、Roger Launius、John Mueller、Don Ritchie、Carl Schneider、Linda Shopes及Simon Whitney。Steve Burt鞭策我寫得更好、想得更深，助我將思緒化為可讀的文字。我也特別感謝在我倫理審查部落格留言的所有人，以及2007年底那些回應人類研究保護室電話訪問的人。政策史學刊（Journal of Policy History）三位匿名審稿人以及編輯Donald Critchlow為我的部分內容提供了良善的回應，完成了論文《語談如何成為人類議題研究：社會科學的聯邦規範，1965-1991》（*How Talking Became Human Subjects Research: The Federal Regulation of the Social Sciences*, 1965-1991），政策史學刊21 No.1（2009）3-37，Donald Critchlow及劍橋大學出版社；經許可後，該文部分改寫融入第2、5、6章中。

為回答所有這些同仁的提問，我得到檔案管理人、研究人員及決策者的幫助，包括Mark Frankel、Lucinda Glenn、David Hays、Richard Mandel、Silvia Mejia、Michael Murphy、Nora Murphy以及所有同意接受訪談的人和附註所標記的人。人類研究保護室的網站及衛生與公眾服務部（Department of Health and Human Services, HHS）的自由資訊室（Freedom of Information Office）是非常棒的資料來源。在研究進行中，Tony Lee和Gail Saliterman提供了住宿及陪伴。

在選擇該寫幾篇論文還是一整本書的關鍵時刻，約翰霍普金斯大學出版社的Bob Brugger鼓勵我選後者，他和Courtney Bond、Kathleen Capels、Juliana McCarthy、Josh Tong、兩位匿名讀者以及其餘的Hopkins的團隊，都源源不絕挹注勇氣、智慧與文采。EdIndex的Anne Holmes製作了索引，經費則來自喬治梅森歷史與藝術史系。

最後，感謝我美好的家族，Rebecca Tushnet督促我誠信不欺、言而有據、條理清晰；Elizabeth Alexander、Rohda Bernard、Bob Fenichel、Lisa Lerman、Sam Lerman、David Schrag、Lala Schrag、Sarah Schrag、Eve Tushnet及Mark Tushnet給我啓發，甚至有時還幫我帶孩子；還有沒得我同意就提出千百個疑問的Lenard Schrag和Nora Schrag。

謹將本書獻給家父Philip Schrag及先母Emily Femichel，他們將我養育成重視探索、倫理、自由及必要時可以提出異見的人。

目 錄
CONTENTS

導　論

2004年11月18日，杭特大學（Hunter University）告訴Bernadette McCauley教授停止所有的研究，她正被調查。用一封寄到她家與辦公室的信，有兩位教授警告她，她已經讓整個紐約市立大學陷入風險中，她的行動將提報給聯邦政府。[1]McCauley究竟犯了什麼滔天大罪？她從四位在華盛頓高地長大的修女獲得電話號碼，她們對歷史系學生提出研究鄰里的建議。McCauley認爲她只不過是安排臨時的對話。[2]然而，對於杭特大學的人類研究參與者保護委員會而言，McCauley與四位修女之間的互動可能是「包含人類受試者的研究」，因爲沒有通過計畫執行的許可，McCauley已經犯了嚴重的學術大罪。委員會不僅開始調查McCauley與修女的互動，也調查她研究一本書而使用的文獻。McCauley認爲這一切實在太過荒謬，她僱了一位律師來抵抗壓力。但是當被告知她的工作具有風險，她給了委員會想要的資訊；六個月之後，結論是她的工作根本不需要審查。[3]

McCauley的個案很極端，但是展現了研究倫理審查委員會（Institutional Review Boards, IRBs），像杭特大學委員會的權力，可以運用於全美國的每一位想要做訪問、調查或觀察人群的學者，或者訓練學生去做訪問、調查或觀察人群的學者。在1990年晚期，愈來愈多的IRBs宣告對於人文與社會科學有道德與法律權力。想要進行調查或訪問人們的研究者首先要完成研究倫理的訓練課程，然後遞交他們的研究計畫大綱做事前審查，之後接受IRBs研究策略的修正。

研究者如果不從，可能喪失研究經費，或者學生會被取消授予的學位。

大多數的社會科學計畫可以順利通過IRB審查，但是也有一部分計畫並非如此。自從1970年代開始，特別是1990年代中期之後，IRBs告訴許多學者，他們只能在特殊條件下發問，使得研究滯礙難行。這些研究者對於眼前的阻礙滿腔憤怒，但是他們不是唯一的失敗者。我們難以衡量由於倫理審查造成的研究損失，社會減少了專書與論文，較少有學者想要與他人互動。結果，我們不瞭解賭場如何對待他們的員工，醫生如何對待他們的病患；我們對於立法委員和脫衣舞孃的日常工作所知甚少，也不瞭解同志摩門教徒或者愛滋的行動者；我們不知爲何有些人會變成音樂教育家，或者其他人成爲炸彈客。[4]我們有更多的大學部學生或研究生會從與他人談話的學術生涯中撤退。對於任何認定學術價值者，IRBs值得關注。

所有學術研究都有明示或暗示的要求，包含同儕的認可。學者的專業本質是在特定的規則下執行研究。學者抄襲或造假可能不算犯罪或民事侵權行爲，但是如被發現可能受到處罰，甚至丟掉工作。在一個一般性層次，學者爲了出版論文或專書，必須通過同儕審查，才能升等或贏得學術補助。

但是人類受試者控制，讓IRBs強加兩方面的審查。第一，他們一開始進行調查就抑制學者，而不是信任學者循規蹈矩，只懲罰違規者，就像抄襲或造假個案。IRB系統找出預測有害的所有計畫。對於口述歷史學者，民族誌學者和其他學者，一開始並不知道他們會遇到誰、問什麼問題，這種預測是不可能的。第二，研究者出版或被控訴研究的不當行爲，一般都是由同領域的專家來判斷。IRBs不是社會科學或人文的單一學門組成，他們沒有來自於該學門的成員，不熟習倫理與方法。這些異常現象可追溯到IRBs的起源是爲了回應醫學與心理學試驗中的濫用，以及由醫學與心理學的研究者與倫理學者持續主導的倫理審查。

這並非說IRB審查對於醫學與心理學研究就運作良好；即使在醫學與心理學的領域，研究者和實務工作者，包含一般支持研究倫理審查者，經常抱怨IRB的過度監督[5]，有些甚至質問整個體制的合法性。如Carl Schneider，是生物倫理主席委員會的成員，在2008年哀悼：

> IRB系統的要求是浪費資源，可能製造一個精神上的痛苦，是結構化來制定反覆無常、不明智的決策；它延誤、傷害和終止研究，那些研究可能拯救生命以及減輕痛苦；它建制化一種貧乏的倫理；它強加應被解放的教條主義；腐蝕美國憲法第一修正案（First Amendment）[i] 所護衛的價值；它愚弄正當過程的最實質原則；它是一個侵蝕民主問責、無法無天的企業。[6]

在這些抱怨之下，對於學者而言重要的是問今日的IRB系統是否有效地保護醫學與心理學試驗的受試者，同時允許需要的研究。但這並非本書的目的。

相對地，本書主要聚焦於IRB審查社會科學和人文學研究所引發的問題。即使名詞的使用也引發弔詭的問題。數十年來，IRB辯論的參與者已經討論了人類學、經濟學、教育學、地理學、歷史學、語言學、政治科學、心理學與社會學的學術專業學門分類。這些傾向贊成廣泛的IRB審查者喜歡用「行爲科學」來將各學門混在一起，晚近則用「社會、行爲與教育研究」（social, behavioral and educational research, SBER）。將這些不同專業學門視同大組織下的不同類型，認定他們受聯邦法律對於行爲科學研究的控管，在每一所大學中接受

---

[i] 簡稱第一修正案，禁止美國國會制訂任何法律以確立國教；妨礙宗教信仰自由；剝奪言論自由；侵犯新聞自由與集會自由；干擾或禁止向政府請願的權利。

單一的SBER的IRB管理。相對的，IRBs的批評者傾向於區分行爲科學和社會科學，主要的理由在於前者有賴於實驗室或課堂試驗（主要多在心理學、教育學和行爲經濟學的研究），而完全不同於依賴在眞實世界中訪談、觀察以及偶爾干預的學門。這樣的區分有政治的後果，例如：調查研究，如果是社會科學而非行爲科學，則不一定包含在聯邦人類受試者法律的範疇中。

討論這些受試者並無中立的方法，這本書籍保存原本社會科學的名詞，像是人類學、地理學、歷史學、政治科學和社會學，而提出IRB疏漏人文學（如民俗學）和新聞學的議題，與環繞社會科學的議題相近。爲此，本書偶爾會使用社會科學的字眼來做爲複雜的「社會科學、人文學和新聞學」的簡稱。相反地，心理學是一個行爲科學的用語，這種敘述並不包含心理學的IRB監督的任何歷史深度，考慮這個故事可能對於社會科學的IRB監督會離題太遠。

這個區分部分是組織的。心理學者在聯邦政府的衛生機構和形塑IRB政策的不同委員會長期採取妥協的立場，他們缺乏檯面上的發言位置。社會科學相對地在門外咆哮。即使到了今日，人類受試者研究仍爲醫療與心理學研究的核心，在與調查者分享一般方法論，很容易要求研究者履行IRB。這是在IRB管理的社會科學中經常缺少的一般性理由。

更重要是倫理上與方法上的區分。在許多心理學和教育的研究，如同在醫學中的研究，以下的假設對於IRB系統而言一般是眞實的：

1. 研究者比他們的受試者本身更知道受試者的條件；
2. 研究者開始研究之前即已提出詳細之研究程序，欲測試何種假設，以何種步驟驗證該假設；
3. 研究者執行的實驗是設計用以改變受試者的身體或行爲的狀態，而不僅僅是透過談話、回覆與觀察來蒐集資料；
4. 研究者有不傷害受試者的責任。

在社會科學與人文學的許多研究中，這些假設並不存在，社會科學研究者經常辨識出他們有興趣的主題或社區，而沒有特別的假設或程序，他們研究的對象經常比剛到社區的研究者知道更多互動的結果。雖然有些社會科學家想要改變他們研究對象的生活，而許多僅滿足於談話與觀察。每一個專業的社會科學學門有本身的研究倫理守則，這些守則並不經常包含醫學倫理的基本前提，包含不傷害受試者的責任。

社會科學與人文學的學者以不同的方式反對IRB規則，像Mc-Cauley深思熟慮地挑戰IRBs的人很少。大多數人默認，填填表格、完成倫理教育訓練，等待IRB核准，有些人是自願服從，在過程中尋求從擔任倫理研究的學者與行政人員回饋之機會，其他人則是不情不願地，只是畏懼IRB的權力。另一類學者忽略他們的IRBs，不是因爲不清楚大學的遊戲規則，就是因爲他們蔑視IRB，懷疑IRB想要爭取（受試者權益）的意願。其他人限縮自己的研究計畫爲公開可用的文獻或資料庫，來避免IRB審查。有些學者回到專業組織而形成對IRB控制的對抗。

有些學者用他們的專業來分析IRB監督的問題。法律學者研究法律原則[7]，人類學者研究權力關係[8]，傳播學者研究修辭學[9]。相較之下，這本書研探抗爭的歷史。今日的政府官員、大學行政人員與學者對十年前寫下的法律和報告，提出具有爭議的解釋，而未理解法案發展的背景。IRB對於社會科學監督的歷史，先前的說法是基於臆測、眼前的資料，而非文獻研究。

有些學者，特別是支持IRB審查者，相信規範的發展是爲了因應社會科學研究的問題。例如：CITI方案，是IRB廣泛使用的一個訓練方案，說道：「保護人類受試者的發展是由生物醫學和行爲科學的醜聞驅動的。」[10]這或許是基於Robert Broadhead未受支持的1984年宣示：「IRB被賦予責任是因爲生物醫學與社會科學研究中擴大的違反倫理之歷史。」[11]Laura Stark低估醜聞的重要性，但仍說：「從一開始，人類受試者保護即想要規範社會與行爲科學研究者。」[12]Eleanor

Singer和Felice Levine，他們瞭解現在的規範是：「建立在生物醫學的模式之上」，雖然假想健康教育服務1974年的規定部分是由Laud Humphreys的茶室交易與Stanely Milgram的電擊試驗等具爭議的研究引發的。[13]

其他的學者，為現在不一致的法規與指導原則感到氣餒，意識到他們被應用到非生物醫學研究的困難重重，而指出法規包含社會科學的謬誤。Murry Max宣稱調查和研究納入規範「幾乎是後來添加的。」[14]Rena Lederman寫道：「是聯邦守則意外出現的。」[15]Robert Kerr發現規範的「原始目的是保護受試者免於生物醫學課程中類似塔斯克吉的濫用。」[16]「伊利諾白皮書」，一份近來對於IRB審查的批評，描述規範出現是「回應特別的歷史事件與醫學發展，」而非對於社會科學的關注。[17]

由於對今日體制源起的說法影響到學者的日常工作，知道他們多麼精確會有助益。但是，當2003年的報告注意到「在社會、行為和經濟科學研究中沒有人類參與者保護的詳實歷史。」雖然在報告中聯邦規範歷史的章節提供了勉可容忍的概述，其作者承認「我們無法粉飾這裡缺乏詳實的歷史。」[18]

這本書試圖提供那段歷史，基於先前未被記錄的草稿與素材，以及已出版的資料來源，不論嘲諷與否的口述歷史，質問：

· 聯邦官員為什麼決定規範社會科學？
· 他們如何決定現在納入聯邦法規的內容？
· 政府如何看待在公共場合基於調查、訪問和觀察行為的研究？
· 大學如何應用聯邦法律、規定以及指導原則到執行研究的教員與學生身上？
· 學者如何個別地與集體地回應倫理審查？

為了回答這些問題，本書追溯形成今日人類受試者體制的三個交錯的故事。第一個故事是爭論在不同的聯邦體系下所要求的研究倫理守則，不同學門執行的研究倫理。人類學者、社會學者、歷史學者、民俗學者和其他長期認爲研究包含活生生的受試者，可能會加諸超過一般研究的倫理負擔（如引用研究的資源來源）。自從1960年中葉，這些學者已經就研究義務的眞正本質爭論不休，不同學門的學者對於研究者與研究參與者之間的關係有全然不同的結論。但是倫理學者指控立法者未注意到其間的差異，只單單基於醫學與心理學的倫理守則行事。

第二個故事是法律的故事，聯邦立法規範IRB可以做與應該做什麼。在此，也是由醫學與心理學設定議題。人類受試者議會聽證會幾乎完全關注醫學研究，造成聯邦法規要求IRB審查只能針對「生物醫學和行爲研究」，而不是社會科學或人文研究。將法律轉譯爲規範的官員，大多數本身是公共衛生研究者或是公衛機構的受僱者。他們爲醫學試驗設計規範，但是大都主張這些規範也可適用於社會科學。

第三個故事是大學和大學IRB對法律與規範的應用。在一開始，IRB就想要與聯邦立法者保持曖昧的關係，一方面，聯邦政府相信地方委員會可以做對的事；另一方面，聯邦政府又不時發表違反大學及其IRB期望的指導原則。聯邦政府也透過停權、威脅停權或控管聯邦資金，愈來愈加強規範。聯邦資金是每一所研究型大學的資金來源，結果IRBs的網絡既非全然獨立，也不是與聯邦規範合作，造成IRBs與規範都無法對於研究濫權負責。受到批評時，IRBs與聯邦立法者相互歸咎，而不是爲他們的決策負責。

這本書強調這三則故事中的第二則：公共政策，特別是聯邦政府層級的政策。今日，聯邦官員吹噓規範中提供的「彈性」，並指責大學行政人員的濫權，沒有充分活用彈性。這樣的論點忽略了聯邦長期以來對於大學的干預，特別是在1970與1980年的立法者扮演吹哨角色，威脅大學如果不依章行事而自行採取彈性通融作法，會損失聯邦補助的上百萬美元經費。大學回過頭來對於社會科學者強加更嚴苛，且經常不適用的規則。社會科學組織不得不勸告他們的會員，若不抵抗就臣服。相對的，在1980與1990年初，聯邦政府對於法規詮釋較鬆，而大學給予教員相當的自由。但是其他國家—特別是澳洲、加拿大和英國，以美國政策爲模型，即使學者遠在天邊，也受到美國首府華盛頓決策的影響，因爲美國聯邦政策決策者太有權力，本書將他們展現爲這個敘事中的關鍵行動者。

這段歷史不像IRB爭論雙方所期望的那麼單純。倫理學者、聯邦官員和大學行政者對造成社會科學的傷害提出關切，特別是未受保證的隱私權侵犯。他們也瞭解社會科學家的反對，想要限制不需要、累贅的審查。因此社會研究的規範不僅只是意外事件。

另外一方面，規則應用於社會科學時，審慎程度遠不如在生物醫學與心理學研究中指導原則的發展。在1970年代，醫學試驗變成國家爭論的主題，有國會舉行的冗長聽證會，涵蓋「生物醫學與行爲科學」的新聯邦法，之前曾辦的聽證會與特別組織的委員會協議。雖然目標在規範醫學專業，醫生以及生醫研究學者一直足夠強勢，確保政策形成的每一步都先諮詢他們。同時做爲見證人、委員會成員和官員本身，這些研究者確定他們關心的議題會被聽見；心理學者，雖然在其中是低階的參與者，也占有一席之地。

相反地，社會科學家缺乏政治權力，經常是政策的目標而非締造者。立法者花很少時間調查社會科學的實務，而依賴於一般性與假設性的個案。訪談、調查與觀察方法的關鍵問題只由聯邦官員祕密討論，社會科學家被排除，規範本身是匆促形成的。到1979年，規範的可用性才確實受到公共辯論的影響，檢視更新問題爲時已晚。社會科學人類受試者規範中跑龍套的失敗者（Rosencrantz與Guildenstern）[ii]，在主要行動的邊緣，他們絆了一跤而出局，被主要人物忽視，註定有不好的結果。

大部分的立法者並未問社會科學是否需要規範，或者什麼樣的

---

ii 兩位是莎士比亞名劇哈姆雷特中的人物，為哈姆雷特的大學同學，奉令執行暗殺哈姆雷特，最後以失敗告終。

規範對於社會科學研究的參與者比較好；他們只問了一個窄猛的問題：爲生物醫學研究發展的政策如何適用到社會科學。IRB系統的創造者尋求可以應用到讓聯邦機構資助的所有研究。在找尋共同性時，他們也用生物醫學借來的字眼，框限社會科學的爭論，包含生物醫學對於科學、研究與受試者的定義；他們忽略了不同研究類型的差異。爲了簡化行事，立法者強迫社會科學研究套入一個不合適的生物醫學模式；他們有時保證對於社會科學特殊的政策近在咫尺；有時會推卸責任，保證有其他人會修正問題，提供足夠的彈性；但是他們對於社會科學研究提出的問題不當一回事，也不會眞的設計一個系統去解決那些問題。

爲何立法者行爲如此惡劣就是一個困難的問題。決策者本身反覆宣稱會投入心力來關注社會科學研究，但事實上不然，很難對於他們的解釋寄予厚望；似乎他們只是結合好意與不情不願地考慮行動的所有後果。IRB系統最有力的形塑者有一個共同興趣，研究參與者的權力與福祉，特別是醫學研究；爲保護參與者，他們寫出適用於研究盡可能多的規則，以備有一天需要控制社會科學家。他們眞正關心的經常是覆蓋所有醫學與心理學研究，這意味著使用概括性的語言，涵蓋他們沒有特別興趣管理的活動。

1978年4月，倫理學者Albert Johnsen知道這個問題，使用倫理帝國主義這個字眼來描述某個領域的規則強加到另外一個學門。他警告「我認爲倫理中的外行人正經歷帝國主義。」「他們執行帝國主義，建構規則並冷酷地施行，你知道不論去到哪，會設定自己的遊戲規則。我們現在應該看待規則有不同意義，以一種情境觀點或者是從一種典範情境出發。」[19]這是一個精緻的預言，只要記得歷史學者John Seeley的宣稱，英國過去「以心靈植入的方式，已經征服了半個世界的人」；聯邦決策者也只是不經意地寫下這些管理社會科學的規則。[20]今日，結合無知與權力——高達聯邦層級的強權——IRB再次揚威全國。許多委員會做出理解不足的、任意的決策而對於嚴格倫理沾沾自喜。

即使是社會科學中的IRB支持者都知道委員會與大學的行政人員經常犯錯；問題是這些操作錯誤或設計瑕疵所造成的失常是否機構所固有，要回答這個問題需要追溯IRB從1960年代開始到現在的歷史。

CHAPTER 1

倫理與委員會

社會科學的學術規則並不是單一的，是由一系列鬆散定義的觀點，研究人類的思想、語言和行動。雖然在今天，許多社會科學規則仍追溯到19世紀一些思想家遺留的產物，但到了20世紀初期，在方法上與制度上分枝散葉。在20世紀中期，學門共用與差異形成了一系列倫理討論。在許多個案中，不同的學門面臨共同的挑戰，經常會出現共同的回應。但是學術社群的分離使得大家的「倫理守則」大相逕庭，更不同於醫學研究者的守則。

社會科學家們對倫理的討論基本沒有形成後來的規範，規範是由醫學、心理學研究者以及那些不在乎、不瞭解社會科學的人所設計的。然而，沒有被採取的路徑更值得受到關注。就像那些爲醫學實驗建立倫理制度的研究者和官員們一樣，社會科學家們也開始他們的討論，強調社會科學應該注意贊助關係、欺瞞和機密性。如果制定規則的人想要探究社會科學的倫理議題，在70年代早期有大量材料可以閱讀。

然而，制定了IRBs政策的人只侷限於醫學和心理學研究，基本上沒有花時間仔細思考他們的政策會給那些做調查、訪談和觀察的研究者們帶來什麼影響，雖然他們制定的規則涵蓋了社會科學領域，但實際上那些規則與社會科學的倫理關係很微弱。

社會科學的倫理

雖然從人類起源時就開始觀察他人的行爲，但是我們所知道的社會科學是「啓蒙（Enlightenment）的產物」。在自然科學家（例如：Francis Bacon 和 Isaac Newton）成就的鼓舞下，在蘇格蘭、法國和其他地方的思想家們希望利用觀察和數據去瞭解歷史、政治以及行爲。[1] 直到1890年，美國人和歐洲人稱社會科學是由一系列實踐組成的，這些在今天可能會被認爲是「哲學、社會理論、歷史和自然科學方法的大雜燴。」[2] 大多數學門立基於美國社會科學學會（American Social Science Association, ASSA）[3]，且伴隨著更多的致力於社會改革的功利主義。

但從1880年開始，受德國教育的美國學者開始更狹義地定義他們的研究方法，建立更專業的組織。在1884到1905年期間，美國歷史學會、美國經濟學學會（American Economic Association, AEA）、美國政治科學學會（American Political Science Association, APSA）和美國社會學學會（American Sociological Association, ASA）都擴大了對更多專業領域的資助。人類學家需要一個更廣闊的視角：1895年，一位人類學家聲稱他的學門雄心壯志要「調查人類這個物種的整個生命過程，記錄物種的先天發展趨勢和人類有史以來的變遷；不僅如此，人類學家們更大膽的目標，是讓人類學知識的大樹枝繁葉茂。」[4] 由於對物質研究的傾向性——蒐集文物和測量頭蓋骨——人類學者歸類爲美國科學促進會（American Association for the Advancement of Science, AAAS）的前瞻性科學，他們今天仍舊在這個協會的部門。[5] 但是他們已足夠專業而希望有自己的專業協會。在1902年討論過後，他們建立了美國人類學學會（American Association of Anthropology, AAA），將其定義爲一個具有廣泛包容性的組織[6]。

制度上的分化反映了明顯的思維差異。例如：歷史學家和政治學家過去曾經都在美國歷史學會，因研究目的不同而分開。歷史學家研究過去，而政治學家研究形成今日政策的規則和模型。在1993年，政治學家建立了美國政治學科學學會，標誌著這個學科從歷史領域中獨立出來。[7] 美國社會科學學會同樣在1905年從美國經濟學學會中獨立出來。[8] 人類學家在1941年分裂，有一群人成立了應用人類學會。正如其名，這個學會不僅希望能獲得人類互動的相關知識，更要應用這些知識，對政府和商業部門的管理者有所貢獻。在1950年代，社群成員從其他人類學家那裡獨立出來，稱爲「社會科學家」。[9]

雖然有時心理學也被貼上社會科學的標籤，但是必須強調的是心理學有自己的獨特歷史。19世紀晚期至20世紀初期的心理學家使用一些技術去解決不同的問題，許多心理學家都認爲他們的學科使用實驗方法，包含從物理學借鑑來的精確測量[10]。這種實驗取向疏離了那些在1892年幫助建立國家心理衛生學會（National Institute of Mental Health, NIMH）的哲學家，他們在1900年離開學會加入了新的美國心理學學會（American Psychological Association, APA）；留下的心理學家以模仿物理科學的方法來支撐他們的學科地位。[11]

從某種程度上來說，人類學、經濟學、民俗學以及政治學、心理學和社會學都試圖去解釋人類的行爲，學者一直試圖重組學科。1949年，美國芝加哥大學的心理學家James Grier Miller成立了行爲科學學會，努力結合生物的和社會的方法。20世紀50年代Miller繼續宣傳行爲科學的概念，創立了以行爲科學命名的刊物，同時他擔任國家科學院（National Academy of Sciences, NSA）行爲科學的主席。這種研究人類行爲的方法模仿生物學，Miller希望可以將行爲量化，發展出可以檢驗的假設。[12] 福特基金會認可這種方法，並創造了行爲科學分支，但這個名詞的意思已經因地而異。[13]

其他學者反對行爲科學的標籤，認爲學科的界限會限制哪些問題應該提出、問題應該如何回答。社會學家和人類學家也都加入了心理學行爲科學的運動中，但歷史學家和政治學家仍保持一定距離。例如：在1955年，政治學家Arthur Macmahon表明當物理學家「探索令人懷疑的宇宙簡單性時」，社會學家更需要「面對多元性」。[14] 1963年，社會學家Charles Bolton反對將心理學和社會學連結，他認爲心理學的興趣在於個體和生理上的變化，遠離社會學者的團體、社會互動以及集體行爲的研究。[15]

儘管歷史在變化，社會科學確實在20世紀中期借鑒了一些需要關注的倫理議題，尤其是關心贊助、欺騙和機密性。政府贊助的問題是最老的議題，人類學家一直很擔心他們的研究會被用於未來的帝國統治。這個議題從1919年開始出現，當時Franz Boas譴責了四位人類學家，因爲他們「用科學的身分爲他們的間諜活動做僞裝」。在二戰期間，學者曾經樂於爲戰爭服務，雖然後來的學者曾經質疑過他們在戰時的倫理問題，但在當時無論學界內、外都未引起爭論。[16]在20世紀50年代初期的中情局（Central Intelligence Agency, CIA）用人類學作爲他們工作人員的身分掩護，也眞有一些人類學家爲這個機構工作。在其他情況下，中情局藉由前述的組織去轉移資金，儘管這些社會科學家並沒有他們所需要的知識。[17]

在60年代，政府贊助重新成爲主要的倫理問題，這次並不僅僅侷限於人類學家。1965年，智利媒體報導了美國政府贊助拉丁美洲的社會科學研究，這些資助帶有某些不法的目的——可能是智利內部的政變。當眞相大白後，發現實際上是美國軍隊計畫在三、四年間花數百萬元支持卡米洛特工程（Project Camelot）。這個計畫並不是要推翻當地政府，而是要資助一些社會科學，這些社會科學也許可以幫助現存的政府避免共產黨的叛亂。[18] 沒有人譴責這個項目中積極參與間諜活動的學者，但是許多批評表示如果這個項目繼續進行，其中的學者就必須犧牲理智和正直來達成美國軍隊的目的。同樣的擔心在幾年之後的越南戰爭中顯現，國防部和中情局官員尋找不同亞洲國家的學術觀點。在1970年，反戰活動者揭露美國政府僱用人類學家在泰國進行鎮壓叛亂活動，開始了新一輪的指控。[19] 那時，國會的成員在越南戰爭事件上受挫，他們限制國防部資助與軍隊經營沒有直接關聯的社會科學計畫。[20] 在這些計畫中，社會科學家很難去調適他們的雙重角色，一方面他們是致力於中立地追求知識的學者，但另一方面他們也是希望民主政治進一步發展的公民。[21]

關於泰國卡米洛特工程的爭論引發了對間諜僞裝成學者的擔憂。而另一個爭論關心的是相反的事情：學者僞裝成其他身分，或者學者在眞實的研究目的上欺騙大衆。這個爭論主要集中於心理學的欺瞞實驗，在60年代Stanley Milgram最著名的欺瞞實驗。這個研究謊告受試者電擊其他研究參與者。一想到給陌生人造成了痛苦，有些受試者就會感到不安、流汗、發抖和結巴。但是在後續的調查中，84%的受試者都告訴Milgram他們很高興能參加這個實驗，但是有些仍舊憤怒地抱怨Milgram或者他大學的校長；Milgram也面對了其他心理學家的批評。[22]

社會學研究很少用這樣煞費苦心的騙局，但偶爾他們還是要隱瞞或撒謊。1952年，一群芝加哥大學的法律學教授說服了一個聯邦法官讓他們祕密地記錄了六個陪審團的審議，當他們展示研究成果時，憤怒的參議院舉行了聽證會，最終國會認定記錄陪審團的行爲有罪。更普遍的案例是有一些人明顯是研究者，但是他們不認爲自己是研究者。在50和60年代，一些社會學家和人類學家假裝成其他身分——比如精神病人、神祕宗教者、應募入伍的飛行員或者是酗酒者——爲了融入並觀察他們所僞裝的這個群體：比如精神健康中心、宗教群體、軍隊訓練處或者匿名戒酒互助會。[23] 在其他情況下，研究者可以自由地坦承他們是在做研究，但他們還是沒有眞實地說出自己在研究什麼議題。例如：Pierre van den Berghe告訴南美當局他計畫要研究國家的經濟，但他眞正感興趣的是種族隔離。[24]

社會學家對這種工作的倫理是有爭議的。在1967和1968年的一次公開交流活動中，耶魯大學的Kai Erikson和伊利諾伊大學的Norman Denzin對於某個議題有不同的看法，即研究者的這種形象掩飾（figurative masks）是否和人們生活中的許多掩飾有本質上的區別。Erikson認爲「一個社會學家爲了進入他本來沒有資格進入的私人領域，故意歪曲他的身分或者故意不如實描述研究，是不道德的」；Denzin不這樣認爲，但他也不認爲這是專業人士的特權。[25] 對於人類學家來說，這種欺騙更少被關注，許多人看起來以及表現得與他們的研究對象很不同，僞裝是不可能的。[26]

第三個爭議是學者對他們所研究的個體或群體的名字和身分要保密。在20世紀早期，匿名的價值是假設的。例如：在1938年有一系列給早期社會學研究者的說明，解釋「研究者很少探聽被調查者的個人私密事情……只有以下情況是合理的：出於科學研究目的、材料是保密的、當個體訪問出現在文章或專題論文裡時是匿名的。」[27] 直到40年代，社會學家和人類學家才發明了假名的方式。[28]

承諾保密比表達內容容易得多。1958年，Arthur Vidich 和 Joseph Bensman發表了「大社會裡的小城鎭」，文章來自Vidich做田野研究的一個社區，這個社區離康奈爾大學不遠。這個計畫的主持人曾經承諾在文章中不會有個體被辨認出來，Vidich和Bensman在指稱個體時也確實用了假名。但是，他們後來解釋，「我們相信不討論領導者就無法討論領導力，不提政治家無法討論政治，不說教育者無法討論教育，沒有牧師也無法討論宗教。」[29] 結果，有一些熟悉這個城鎭的人讀到最後可以根據文中的角色（例如：校長）輕易地認出個體，可能有一些貶抑的資訊。因爲這個計畫發展了幾年，某些研究者發表的聲明或聲稱的政策被研究團隊的其他人拒絕了，無論Vidich是否違背了當初的承諾，整個計畫依舊很含糊。但是有幾個學者——包括計畫的主持人——感覺他們做的不好。[30]

在其他地方，研究者隱瞞城鎭和人們的名字，只是爲了看其他人如何揭露他們。作爲一個人類學家，Harold Orlans在1967年說到「學術專家揭祕匿名城鎮和作者是一種娛樂，揭露匿名社區的名字對於書的評論者來說是標準形式。」[31]一個比較典型的例子就是人類學家Oscar Lewis的書《桑切斯（Sánchez）的孩子們》，這本書根據對墨西哥城一戶貧窮人家的訪談逐字稿寫成。雖然Lewis竭盡所能掩蓋了被採訪者的資訊，但是當這本書的西班牙翻譯本出版後，還是有一家新聞報紙媒體聲稱在調查了27天後找到了這家人（幸運的是報紙沒有登出這家人的名字）。[32]

1967年，Lee Rainwater和David Pittman質疑社會學家「自動假設我們為受訪者維護了隱私」，他們指出研究者在被司法傳喚時易受責難。[33] 這種擔心在1972年出現，當時政治學家Samuel Popkin選擇不向陪審團公開他的資料。美國政治科學學會稱讚他的原則立場，然後與其他社會科學組織聯合研究保密問題。研究團隊發現「社會科學的調查者明顯習慣性地承諾保密，但並不總是明白這些承諾在法律、倫理和其他情況下意味著什麼意義。」此結果呼籲學者為研究發展出更好的準則，應包含機密性在內，國會和州的立法機關要通過法律以保護研究資料免於被傳喚。[34]

對於機密性、贊助以及欺騙的擔憂反映了社會科學家希望與他人誠實地相處，並且能遵守他們的承諾。從某種程度上來說，這些擔憂與醫學倫理的擔憂是相似的。在1953年發起針對社會科學家的「明確倫理守則」活動中，Joseph Fichter和William Kolb指出了一種危險的現象，即社會科學家的行為像納粹醫生一樣——他們在對眞理的狂熱追求中濫用了個體的權利。[35] 但是社會科學家也小心地將他們的實踐與醫學分開來。首先，有一些人質疑知情同意的必要性，這個醫學條款直到聯邦強制要求才被人類學家採用。[36] 正如人類學家Margaret Mead在1969年爭論：「在集體中……自願參與」與知情同意相比是一個更合適的標準。[37] 對社會學者來說，他們想知道對整個公司或學校取得知情同意意味著什麼。[38]

其次，許多社會科學家拒絕醫生所保證的不造成任何傷害；相反，即使會陷入令人不愉快的境地，他們也要擁護眞理。Fichter和Kolb曾呼籲社會科學家無論何時都要注意人們的感受，但即使這樣，他們也願意看到研究者報告黑幫和三K黨（Ku Klux Klan）徒的「所有活動細節」，其他研究者還有更多的目標。[39] Vidich爲他的工作辯護道：「一個人的寫作不可能達到每個讀者的預期，如果要做到，那麼寫作很快就淪落爲不誠實，那麼在社會科學裡可以談論的客觀性就會消失。」[40] 1967年，Rainwater和Pittman被同事問及報導窮人的行爲在倫理上是否可接受，這些窮人就是公共住宅裡的非裔美國居民。「如果一個人描述了全面的眞實行爲細節，但是這些行爲被公衆看成是不道德的、墮落的、不正常的和罪惡的，難道不會傷害了那些正好是我們研究想幫助的人嗎？」他們以令人不悅的眞相作答：

> 如果長久以來你一直相信真相能讓人更自由自主，那麼你就願意冒險：你發現的事實和你所做的解釋可能被某些人用來攻擊維持現狀的努力（rear guard action）。如果你不相信，而相信不同的情況下真理可能會或可能不會使人們自由，那麼你最好避免此類研究。我們覺得也許這樣比較好，因為在我們看來後續的發現可能會違反其他倫理標準，也沒什麼實際的行動方針；因此不值得為它浪費時間和金錢。

雖然他們希望這個原則主要應用於團體的研究，但是他們也預想到有關個體「公衆負責行爲」（publicly accountable behavior）的倫理批評。他們的確主張「我們學科的功能之一，同政治學、歷史學、經濟學、新聞學和知識分子整體所追求的一樣，就是進一步擴展社會中的公共責任，這個社會的複雜性使人很容易逃避自己的責任。」[41] Mead贊同：「研究者可能感覺揭露邪惡超越了他對科學的義務，他的科學由憤怒組成，這些憤怒來自他揭發的眞相。」[42] 社會學家Howard Becker表達的更簡潔：「一個好的研究……會讓人變得憤怒。」[43]

倫理守則

因爲有這些爭論，多個專業學會在1960年首次採用倫理聲明與倫理守則，或是擴修了1940年代採用之有缺陷的守則。1963年，應用人類學學會（Society for Applied Anthropology, SAA）刻意避免使用守則一詞，而採用「倫理聲明」一詞，認爲應用人類學家對人類同胞負有「人性尊嚴與社會福祉」的承諾，而：

> 當研究對人們生命、福祉、尊嚴以及他人的自尊會有不利影響之時，他（人類學家）不建議對研究對象採取任何行動，因為沒有足夠充分的規定可以確保影響降至最小、且從長遠來看，最終淨效果相對於未採取行動更有利。

但顯然此警示是適用於對研究者行爲的建議，而非研究本身。此聲明也警示了研究者「需特別謹愼地保護研究參與者，特別是在確信參與者沒有能力自我保護時。」[44]而在1974年，一份關於研究者對社群應盡職責規定的擴修版中，允許其社群「敬重其尊嚴、完整性與內部的多變性」，但也附註說「在爲某特定群體服務的同時，不太可能同時滿足群體內所有人的利益。」[45]

美國人類學學會聲明發得較遲。延續卡米洛特工程的爭議後，學會成員在1966年大會會議中探究人類學家與贊助方的公私關係。[46]這形成了1967年的「人類學研究問題的聲明」，引導美國大學與人類學家堅持「其教學、研究與公共服務的常態功能」的初衷；且「避免涉入祕密諜報活動，以及以人類學或人類學家名義來掩蓋此諜報活動。」這份聲明也訓誡人類學家須保護「被研究者與研究協助者的個人隱私」，且牢記科學中不應發生強迫、欺騙與隱瞞的行爲。[47]

在1971年泰國鎮暴研究爭議後，美國人類學學會在「專業責任原則」（Principles of Professional Responsibility）中發表了更徹底的聲明。由於對替政府祕密工作的擔心加劇，新的聲明宣示了更寬廣的理念，涵蓋更廣的工作範圍：

> 研究中，人類學家的首要責任在於研究對象。若出現了利益衝突，這些人要被擺在第一位。人類學家需要盡其一切所能來保護其生理、社會與心理幸福並重視其尊嚴與隱私……
>
> 參與者有權要求匿名。對這項權利的重視需要給予明確的承諾且沒有絲毫的違背。如此苛刻的要求適用在透過相機、錄音與其他設備蒐集資料時，也包含面對面訪談或參與觀察。被研究者應理解這些設備的功能，他們可以自由的拒絕，且若其應許，獲得的結果需要符合參與者福祉、尊嚴與隱私的權利……
>
> 預見整體研究的影響，以及研究發表後可能對社會大眾帶來的影響，也是研究者的義務所在。[48]

並非所有人類學家都認同社會科學絕不能造成傷害，荷蘭學者A. J. F. Köbben讚揚以擊敗二次大戰軸心國爲目標的美國人類學家，更爲謹慎的van den Berghe決定欺騙南非種族隔離政府。[49] 社會學家Myron Glazer發現守則純粹是「不切實際且不需要的，當傳播此訊息以舒緩困擾田野工作者的良心時，只會更進一步掩蓋什麼行爲才適當的爭論。」[50]

同一時間，美國社會學學會致力於發展自己的守則。1961年學會第一次任命專業倫理委員會，後續在1967年的委員會被授予起草研究倫理聲明的任務。1969年，該學會的理事會通過內容古怪而矛盾的守則。守則聲明「所有研究都要避免對研究參與者造成傷害」，然而聲明中接著說「若其遵守研究參與者的保證約定，社會學家沒有義務對個人或組織的不當行爲保守祕密」[51]守則也避免提到知情同意，也許是爲了納入從事觀測的研究者。[52]

對於政治科學家而言，更多的討論是關於如何劃分學者的角色界線，是在作爲客觀的觀察人員，還是作爲某一陣營的支持者，或是政治進程的參與者。1966年被揭祕的卡米洛特工程對中央情報局隱蔽贊助的指控，促使美國政治科學學會形成具有專業標準和職責的委員會。1968年夏天，在經過初步調查後，委員會發出一項報告，廣泛地解決了學者接受外部贊助與維護學術自由和完整性的問題——無論這種贊助來自於中央情報局、聯邦機構，或其他任何人，告誡政治學者「在有關他個人或是受訪者參與的陳訴中，應儘量避免任何欺騙或歪曲事實的行爲，也不要使用研究者身分參與情報工作。」除此之外，報告幾乎沒有提出對研究參與者的道德與義務。該報告提高了研究審查中有關知情同意書和保密協議的要求，但並沒有給出任何指導意見。[53]

歷史學者在相同的議題上鬥爭。自從Thucydides時代以來，歷史學者已訪談了近代事件中的目擊者，在1940年代他們開始使用新進適用的紀錄設備，紀錄與轉錄爲訪談文字稿，此操作流程即名爲口述歷史（oral history）。當大部分訪談計畫尚未有爭論時，William Manchester的經驗嚇到了一些歷史學者。Manchester選擇寫John F. Kennedy暗殺事件，訪談後，Robert與Jacqueline Kennedy要求改編且最後試圖阻擋Manchester的作品發表。此插曲突顯歷史學者欲述說之故事可能並非敘說者欲說之事。[54]回應此事，歷史學者Willa Baum提議，新創之口述歷史需要一份倫理準則來允諾「訪談者不可開拓與敘說者的關係、或對敘說者不利的訪談材料知識。」[55]但當學會確實於1968年11月採取了其第一版目標與指南聲明，卻未將負擔加諸於訪談者。只要訪談者與敘說者同意紀錄與抄本如何準備與使用，歷史學者並沒有為敘說者福祉擔當保全的特殊義務。[56] 然而於1975年，修訂提案增加了此義務，「訪談者應防範對於受訪者可能的社會傷害或利用，且應以尊重其人性尊嚴的方式進行訪談」，於1979年被採用。[57]

美國心理學學會採用了一項1953年的倫理準則，但其關注於臨床心理學學者的不當行為，而非研究者們。1970年，美國心理學學會決定將致力於研究之人增補至準則中。[58] 在規劃期第一版準則，學會拒絕了其所謂之「坐在安樂椅方式」（armchair approach），而容許委員會依其自身偏好之「研究取向」（research approach）擬定準則，將徵求學會成員「描述需做倫理決策的實際情境……連同實際決策之敘述，與作者對決策的倫理堅固性評斷」。[59] 現在學會依循相同的研究準則程式，最終接收了五千份會員所面臨的倫理情境挑戰之描述。在擬定一系列原則之提案後，學會的倫理委員會收到約兩百個團體與個人的回饋。只有在設計準則得到廣泛共識後，學會才採用。而後於1973年，學會發布了104頁的準則書，包含了諸多在創作準則期間蒐集之事件簡述。[60]

總之，1960與1970年代早期，對渴求考證與編纂學科中倫理的社會與行為科學研究者而言，是一個碩果累累的年代。但這並非指他們達到任何研究者應如何表現的共識。一份1975年，社會學者Paul Davidson Reynolds對二十四份美國與歐洲倫理準則的分析，發現「沒有一份原則或聲明同時出現於所有倫理準則中。」[61] 甚至於一個學科中，沒有準則能預測所有案例，或對於每份計畫之倫理有效性給予明確的答案。[62] 如社會學者Howard Becker指出，某些準則的模糊性，反映了缺乏什麼是、與什麼不是的可接受倫理之研究共識。[63] 對此共識缺乏的最佳闡述為，留下的可能是在美國歷史中社會科學研究中最有爭論性的工作。

茶室交易

1965年6月，34歲的Laud Humphreys於短暫而劇烈的牧師生涯後，就讀聖路易華盛頓大學的社會學博士班。身為一個未出櫃（且已婚）的同性戀者，他決定研究聖路易士的同志社群，而其指導教授Lee Rainwater，鼓勵其觀察所謂的茶室，即男性聚集以求快速、匿名的性交。[64] Humphreys接受了此建議，也接受了美國公共衛生局的分支——國家心理衛生學會的資助。[65]

1966年春天開始，Humphreys頻繁至聖路易士森林公園的公共廁所，且通常在不告知的前提下，觀察男性從事口交活動。他並非介紹自己身為社會學者，他認為公開身分會終止試圖觀察之活動，Humphreys將自己包裝為一名參與者。[66] 在其發表作品中，他聲稱自己僅擔任吹哨人的角色，在有陌生人接近時通報裡面的男人，但傳記作者總結Humphreys本身可能參與了性行為。[67]

為了從目擊男性中瞭解更多，Humphreys從十二名似乎願意跟他談論的男性身上揭露了所稱之「待在茶室中的真正用意」。他做了詳盡的訪談，但正是因為他們願意受訪，顯得他們不具茶室訪客的代表性，Humphreys設計了縝密的研究計畫，使其能訪談有更廣泛的樣本。他記錄了曾看到從事性交之男性的車牌號，之後告訴警方他參與一項「行銷研究」而獲取了這些車輛所有人的表單。[68] 接著增添此數百位男性姓名至社會健康計畫中被調查之群體內。在觀察這些男性後一年，且已「在打扮假冒非典型之人之後，小心的更換了（他的）外貌、打扮、與汽車」，Humphreys現今以調查計畫研究者的形象出現。他詢問這些人的婚姻、家庭、工作、與社交生活，包含他們在家裡的性生活，而他們的一系列回答，使Humphreys能總結出「像其他隔壁家鄰居，茶室性行為的參與者沒有固定的類型。」Humphreys自身理解其研究之風險。他責備另一名社會學者的碩士論文，包含同志酒吧與其主顧的名稱等。但他並未思考避開敏感的參與者之倫理需求。如事後所筆述：「我相信防止受訪者受到傷害是科學家的首要關注之事，然而我們並未藉由拒絕關注他們，來保護受侵犯的非典型群體。」[69]

但並非所有人皆同意。Humphreys於1970年1月首次發表了部分作品後，華盛頓郵報的專欄作家Nicholas von Hoffman控訴其「沒有資訊是足夠貴重到可藉由減損個人自由來獲得的，不論由誰執行皆然。」[70] 不久之後，Humphreys發表了完整研究——茶室交易：公共場所中不帶感情的性行為，受到了更大的關注，好惡參半。[71] Donald Warwick——有社會心理學的專業訓練，譴責Humphreys在其工作中使用了「欺騙、誤導、與操弄的方式」，儘管Warwick並未定義這些詞，且從Humphreys所說研究男人之事臆測。他接著爭論Humphreys的倫理觀，提供了納粹醫學實驗與虐殺的正當性。[72] Humphreys的指導教授，Irving Horowitz與Lee Rainwater為其辯護。他們拒絕「全部揭露的倫理」，寫道「如果假定調查者需對被調查者分享所有的知識，也假定了一種通用普遍性，少見於任何類型的研究，更少見於性行為偏差研究。」[73]

從此發表至今，IRB制度的擁護者，以茶室交易作為社會科學研究的IRB必要性的證據之一。但他們挑了個不好的範例，可從兩方面來說。第一，即便至今日，此種Humphreys所作之蓄意隱密與欺騙的社會研究相當稀少。在1965與1966年，正當Humphreys開始研究時，兩個頂尖社會學期刊發表了136篇實證性之研究著作（相對於方法學或理論性），其中幾乎三分之二依靠作者或其他研究者的訪談或調查。[74] 僅有6篇依賴於對任意參與者的觀察，大概也包含了研究者對其身分、與其工作特性相當開放的研究。隱密觀察的方式可能僅占據了數百份社會學研究計畫之一，且Humphreys的一些策略，如刻意變換外貌以不被曾相逢之人再相識，應屬殊例。因此最後應提倡防止的是Humphrey將隱密觀察、與誤導受訪者結合後的危害，委員會需審查所有社會科學家及他人間的互動。

第二，IRB系統建立在一個研究者的委員會有更好的判斷之前提構想上，相較於一、兩位因期待發現而研究參與者之人性視而不見的科學研究者。如同批評者所撰，此前提即使在醫學研究中也仍待商榷——研究者在某些最嚴重的計畫中，於專業同僚的清楚審視下，執行其工作。[75] 但溯往知今，IRBs委員會可能於諸多情況下產生干預，令研究者偏離學科中得到倫理共識之路。

茶室交易與之不同，儘管Humphreys並未得到IRB之批准，但他規劃其工作時偕同了論文委員會，一個傑出的社會學學者團體，其中部分成員曾發表過倫理研究之論文。[76] 他與Kai Erikson討論了工作，其事後堅決的反對誤導行爲之說。[77] 他也試圖依循研究所中所學，少之又少的倫理訓言。[78] 而當他完成了工作，Humphreys獲得了一等獎，且伴隨了快速的晉升與諸多的工作機會。[79] 那些將其工作視爲暴行之人面對的，並非單一個粗劣的研究者，而是整個學術領域中相當大的部分。如對Humphreys批判最不留餘地的Warwick所承認，當社會科學家們缺乏「評斷重大研究時完備而通用的倫理標準」，很難譴責一項計畫不具倫理。[80]

的確，批評者自身之間，對Humphreys負責的計畫設計中，哪一部分是否在虐待上越了界，看法不一。例如：Myron Glazer對Humphreys於茶室中的觀察並未提出抱怨，但覺得其欺騙式的訪談「使其爲他人做出不良示範，在缺乏深刻的自省下而仿效。」[81] 在讀完評估後，Humphreys自身也同意，雖然他自己在茶室中觀察中未生波瀾，但他不應在未道明身分與其計畫下訪談茶室參與者。[82] Humphreys研究中的問題並非源自缺乏監管，或違規者對倫理之藐視，而是源自其問題與方法的新穎性。歸諸於認眞看待對其之批評，Humphreys成爲致力於定義社會學倫理的最熱衷參與者。

最重要的是，茶室交易顯示了社會學研究所建之倫理問題，是如何易變而未解的。在1960年代中期倫理準則之爭論中，社會科學家展現了自身對找尋促進倫理研究之路的渴望。他們並未達到共識，但他們參與了朝氣蓬勃、而知識廣博的爭論。假以時日，每一項學科可能仍未同意一套規則，然可設想出最好的方法以訓練研究者，使之依循。若政策制定者期望加速此過程，他可以花費時間與資源來做社會科學的調查。但與之相反，他們僅僅是強加了一套爲醫學研究設計的系統。

IRBs的醫學起源

IRBs的成立是爲了回應醫學研究在1944年二戰後的擴張，國會通過了公共衛生服務法案（Public Health Service Act），使得國家衛生研究院（National Institutes of Health, NIH）及其上層機構公共衛生服務司（Public Health Service, PHS）也迅速擴大。在1947到1957年之間，國家衛生研究院的研究資助計畫從四百萬美金增長爲一億多美金，總預算也從1947年的八百萬美金增長爲1966年的十億美金。法律同樣授予國家衛生研究院開放其臨床中心（Clinical Center）的權力，這個中心是醫院，主要爲研究者提供受試者參與研究，有一些參與者甚至是沒有病的。[83]

醫學研究承諾會有長期的醫學進步，但是也有身體和倫理的風險。在第二次世界大戰結束時，美國人十分震驚地發現德國科學家和醫生在生理學和醫學試驗中傷害、謀殺了集中營的犯人，德國的科學家們是繼承了世界最好的科學傳統之一的人[84]。就連Jonas Salk的脊髓灰質炎疫苗——20世紀最偉大的公共醫學成果之一——都犯下了這樣的罪過：兒童被不成功的疫苗錯誤地感染了。因爲國家衛生研究院負責並保證疫苗的安全性，感染使得機構名譽受損，最高長官也因此被開除。機構後來由James Shannon負責掌管，他是對疫苗測試發出過警告爲數不多的官員之一。[85] 其他的不如Salk傑出的研究者似乎願意爲了科學犧牲人權。在1950年代的末期，一個研究者給一些精神殘疾的兒童餵食了B肝病毒。雖然他得到了家長的同意，辯稱這些兒童無論如何也會感染病毒，後來還是有很多人批評他把兒童當做豚鼠對待。[86] 在1963年，一個非常受人尊敬的癌症研究者利用國家衛生研究院的資助，把癌症細胞注入布魯克林猶太慢性病醫院的22個患者體內，他認爲程式是百分之百安全的，癌症不一定會困擾患者，他既沒有解釋這個研究也沒有獲得病患的同意。[87]

在1966年，哈佛醫學教授Henry Beecher在新英格蘭醫學期刊刊登了一篇很有影響力的文章，細數了這些以及20個其他的「不倫理或有倫理問題的研究案例」。除了這些例子，國家衛生研究院的主管Shannon有一個更大的困擾，即醫學研究正從一系列觀察轉換爲有潛在危險的藥物治療和手術實驗過程。[88] 1964年早期，就在Beecher的文章刊登之前，國家衛生研究院指派一個內部研究小組去調查臨床研究的倫理性。[89]

爲了找到一個保護系統，這個內部小組想到了國家衛生研究院自己的臨床中心（Clinical Center）。自從臨床中心在1953年開放以來，已經要求有風險的研究需要得到國家衛生研究院醫學審查會的通過。他們也要求寫出知情同意給參與研究的病人，這些病人也被認爲是「研究團隊的成員」。[90] 1965年，國家健康諮詢委員會（National Advisory Health Council, NAHC）（NIH的顧問董事會）建議由國家衛生研究院補貼的但屬於單位之外的研究計畫也需要一個相應的系統，1966年2月，衛生局局長William Stewart宣布公共衛生服務司「只有當研究者已經接受其機構的審查且保證在研究中保護了參與個體的權利和福祉時」[91] 才會給予研究資助。6月時修正爲被授予資助的機構要在公共衛生服務司登記保證書，提供「關於政策和程式清楚明確的資訊……爲了審查並確定包含研究參與者的研究計畫是否合適。」[92]

最開始宣布的要求明確地集中在醫學研究上——審查者的任務

之一就是決定「研究的潛在醫學價值」。[93] 但是國家衛生研究院的行爲科學部分也給心理學和精神病學提供資助，並支援一些被稱作社會科學的人類學和社會學研究。[94] 這些領域也包含在內嗎？正如Dael Wolfle（他是國家健康諮詢委員會的一員，一起編輯了1965年的建議）後來說的：「我們所建議的管理確實大部分都不是我們所期待的……這些管理延伸到了調查、問卷或者錄音這樣的研究中。這類研究不包含生物醫學研究有時會帶來的那些傷害，或者像那些確實侵犯了參與者的研究。」[95] 但是國家衛生研究院的主管James Shannon有他自己的想法。他後來回應道：「並不是把針頭扎入血管的科學家們帶來了麻煩，而是打探他人性生活的行爲科學家引起了騷亂。」[96]

實際上，心理學家確實研究他人的性生活，並且在國會層級都引發了騷亂。50年代晚期至60年代早期的某個時間點，國會議員Cornelius E. Gallagher 在辦公室辦公到深夜，他遇到了一個發狂的婦女，這個女人要求要見國會議員，任何一個都可以。他安撫了她的情緒並傾聽了她的故事，發現她的女兒，一個高中學生，已經申請了聯邦政府的辦事員職位。雖然這個職位原不需要安全調查，但是她的女兒還是接受了一個測謊調查，調查員自己本身就是個沒有接受過什麼訓練的21歲年輕人，這個調查要求知道這個女孩性生活的細節而且還譴責她的女同性戀關係。[97] Gallagher義憤塡膺地要追究到底，在1964年他說服衆議院政府行動計畫委員會（House Government Operations Committee）控制測謊儀在聯邦機構的使用。[98]

令Gallagher驚訝的是，針對測謊儀調查的公開評論引發數千人給他寫信，告訴他其他涉嫌侵犯隱私的聯邦行動。[99] Gallagher尤其關心的是心理學中人格測試的使用，例如：明尼蘇達多項人格測試（MMPI）在聯邦招聘上的應用。[100] 他很驚訝地發現聯邦招聘雇員時居然會問他們的性偏好以及宗教信仰，以作爲測試的一部分，這些他認爲都很不科學。在1965年的6月，Gallagher舉辦聽證會來調查他所謂的「一些侵犯隱私的事實」，包括「對聯邦雇員及應徵者的心理學測試、電子監聽、郵件檢查、窺探垃圾以及在政府建築裡的窺視孔、農場普查問卷以及在所得稅返還中、聯邦調查和僱傭檔中的隱私是否被適當保護。」[101] 這些主題（例如：聯邦竊聽）大部分都與學術研究無關。但是Gallagher的小組委員會確實看到三個調查與社會學家的工作有相似之處。

前兩個與聯邦政府調查問卷的合理使用有關。Gallagher的小組委員會很長時間都在質疑明尼蘇達多項人格測試，他們成功限制其在公務員委員會、州立部門和其他機構的使用。[102] 第二輪質疑包括農場普查，這個普查要求每個農民和家庭上報自己的收入，包括寄宿者和房客。當Gallagher指出這個系統要求房客也要上報其經濟情況給房東和雇主時，負責普查的官員承認了這個問題並承諾在未來能改進。[103] 雖然這兩個審查都和問卷有關，但是很明顯他們關注的是聯邦官員的行動而不是學術研究者。

Gallagher的小組委員會也看到了「人格測驗以及聯邦資助研究活動中的問卷使用」，尤其是涵蓋學校兒童的活動。[104] 這一系列的質疑有點涉及社會學者了，因爲這裡包含大學和學院而不是聯邦政府本身執行的研究。但是，又一次，小組委員會關注了人格測驗，而不是任何一個非心理學研究。同時，小組委員會請美國心理學學會的執行長爲他的專業辯護，但是沒有召集人類學家、歷史學家或者社會學家做同樣的事。

Gallagher的小組委員會只是很簡單地碰觸過非心理學研究，而且是以非正大光明的方法。Norman Cornish是委員會的首席調查員，他發現有時聯邦機構會給他們的行爲找藉口，「因爲他們在執行一些人類行爲的研究，他們只是出於科學目的，他們認爲這樣的藉口可以讓他們免於侵犯隱私的斥責。」普林斯頓的政治學家William Beaney是他的證人，他回答道：「我不認爲社會科學家有理由可以去做這些侵犯隱私的行爲。」但是他沒有定義社會科學是什麼（他可能指的是心理學），而且當需要提出具體建議時，Beaney認爲要限制對聯邦工作申請者和福利接受者問問題，而不是限制學者。[105] 國會議員Frank Horton表明他反對聯邦資助的研究向參與者虛僞地承諾他們對於隱私問題的回答會向研究者保密。[106]

然而IRB的政策發展還是與社會科學沒有直接關聯的。在1942年的一個法律中，任何公開問10個人以上相同問題的提案都由統計標準預算局負責審查，這個法案覆蓋面很廣，從納稅表格到聯邦僱傭申請。在描述有隱私問題的聯邦問卷類型時，預算局的Edward Crowder提到：「公共衛生服務司研究項目描述了人格和精神健康領域的研究，這些研究包括了個人的或者隱私的問題。」但是Crowder向小組委員會保證「個人或隱私的問題經常出現，但是參與者是完全自願的，我們認爲侵犯隱私的問題沒有出現過。」[107] 這看起來很合國會議員的意，他對這樣的研究沒什麼問題可問。

雖然如此，在調查將近結束時，Gallagher代表有三個成員的小組委員會給衛生局局長寫了以下內容：

> 我們最關心的就是人格測驗、調查以及聯邦政府資助的研究項目的使用情況。這些測驗、調查和問卷中有許多讓我們的公民回答隱私問題，這些問題涉及他們的家庭生活、性經驗、宗教觀點、個人價值觀和其他個人隱私問題……我們相信贊助研究的機構應該採取有效的政策和指導以確保個人隱私的保護是最重要的且測驗是非強制性的。

他強調了他希望看到「測驗、調查和問卷是絕對自願的」，如果測驗涉及到大學以下兒童時需要得到家長的同意，人格測驗所得的結果不會用於任何其他目的。除此以外，這封信沒有具體的給出任何應該採取的政策。[108]

我們可以看到，在接下來的幾年，公共衛生服務司（PHS）的官員們認爲Gallagher的信促進了機構審查社會科學的導入。但這一點看起來是值得懷疑的。首先，Gallagher的三人小組委員會幾乎沒什麼權力。舉例來說，他們甚至沒去促進立法。當機構帶頭去抵抗這個建議時，這個小組委員會沒有堅持自己的觀點。[109] 甚至當衛生局局長想按照Gallagher希望的那樣行動時，他本該起草處理人格研究的政策，這不正是他聽證會以及信件中的重點嗎？顯然，Gallagher更關心心理學。幾十年後，當他被問到關心的學術研究時，他提到了有爭議的Henry Murray和Arnold Hutschnecker的心理學研究。[110] 他的小組委員會沒有任何關於訪談、調查或者觀察研究話題的證據，而且他的信中也沒有提到這樣的研究，也沒有提到人類學、政治學或者社會學。Gallagher也沒有希望機構進行審查。正如他後來解釋的那樣：「我們沒有預見到一個全新的官僚結構會疊加在政府的資助和研究者之間，這個結構竭盡所能做他所希望做的事情，但是由此導致的後果不是預期的結果。」[111] 如果公共衛生服務司當初只是要更加嚴格地審查心理學研究，那麼Gallagher就不會不滿意了。

實際上，公共衛生服務司最初的回應是機構只審查那些Gallagher認為有潛在問題的方法。在1965年的11月，衛生局局長William Stewart向國會保證公共衛生服務司的「政策是一種擔保，它作為研究的指導手冊可保證含有人格測試、調查和問卷的參與都需要是自願的，在包含大學以下未成年人的研究中，必須尊重家長的責任和權利」。[112]

三個月之後，1966年的2月8日，公共衛生服務司頒布了二月行政命令（Policy and Procedure Order 129, PPO 129），其中規定任何資助的「包含研究參與者的臨床研究和調查」都需要：

> 經過主要研究者或者其機構委員會的項目指導的事先審查。這個審查可以做出以下獨立審查：(1)審查個體或研究所包含個體的權利和福祉；(2)審查知情同意方法是否合適；(3)審查調查中潛在的醫學利益和風險。[113]

這個政策遵循了國家健康諮詢委員會的建議，關注了潛在的醫學利益。國家衛生研究院也起草了一封信，當資助金申請人提交了可能有問題的申請計畫時，這封信會寄給申請人，提醒他們需要預先審查。

相比之下，其他兩封信強調了Gallagher所擔心的問題，但是沒有強調需要預先審查。其一，提案包括「人格測驗、調查或者問卷的管理」，要求信上要寫「受試者的權利和福祉需要被保證，例如：他們會如何拿到知情同意或者爲什麼這個例子中知情同意被認爲是不必要或者不需要的。」其二，包含「大學以下未成年人」的計畫，要求需要尊重家長和監護人的權利，也有知情同意的問題。這兩封信沒有要求人格研究或者包含兒童的研究需要審查委員會。[114] 因此，到了1966年的2月，公共衛生服務司的提案要控制醫學研究，醫學研究要與人格測驗使用、兒童研究的保護措施分離。但是很快他們就變成了一個單獨政策中的部分，暗示這是給所有社會科學家的。

結語

在60年代早期曾經有一些爭論，有些學者和官員就研究倫理的問題展開討論。他們檢驗的研究類型與病毒注射實驗和南美的反暴動研究是不同的。倫理守則從對眞理的奉獻變成眞理要屈居受試者的福祉之下。更多無所不包的具體關注點，從每一個農場工人的經濟情況的揭露到隱瞞整個城鎮的實例。爲了保證研究的倫理性，潛在的機制可能採取任何行動，從研究計畫的事先審查到接受倫理守則，再到出版對茶室交易的批評。

當這些爭論涉及到了某些形式的研究，很少有旁觀者能預測到這些最終會成爲一個單獨的政策。相反的是，最有希望的努力都傾注在一些具體問題上，比如人類學家和政府機構的關係，而不是試圖用單一工具就立刻解決所有問題。不過醫學研究的問題、國會的利益以及社會科學的倫理馬上就會被捲入。頒布政策的人沒有平等地看待每個領域的調查，而是混亂地關注醫學和心理學研究，這些學科的程式以及弊端都提示加強控制所有類型的研究。

CHAPTER 2

倫理審查的擴張

直至1966年夏天，社會科學與美國公共衛生服務司關於聯邦政府所要求的受資助之研究計畫需事前倫理審查的爭議，並無進展。然而之後10年，聯邦政府官員卻更廣泛地要求倫理審查，因此到1970年代早期，人類學者、社會學者和其他社會科學家，逐漸從大學行政管理單位得知他們的研究計畫需要得到倫理委員會批准。在大多數情況下，那些書寫新規則的人忽略了社會科學家的倫理規範與方法。尤其在1974年國會訂立國家研究法案時更是如此，直到今日，由聯邦規章管理IRBs。少數情況下，聯邦政府官員確實諮詢了社會科學家，如果收到社會科學家的回覆建議可以算是諮詢的話。直到1977年，他們開始了持續幾十年的模式——在缺乏社會科學家有意識的參與的情況下，爲社會科學家制定政策。而社會科學家也開始了他們自己的一套模式——爭論是否要在這個體系下工作，或者找方法避開它。

什麼是行爲科學？

IRB的第一輪擴張，發生在健康教育福利部（Department of Health, Education, and Welfare, DHEW），即美國國家衛生研究院和公共衛生服務司的前身。在1966到1971年之間，官員們擴大了機構審查的要求，從設計之初對醫學研究的機構審查，擴大到由部門資助的心理學、人類學和社會學研究，他們甚至鼓勵在大學接受部門資助的計畫中發起，而不是由衛生教育福利部發起。隨著這些政策的成形，社會科學家確實得到一些表達自己觀點的機會，大體來說，他們反對審查要求。但這方面的決策權仍在國家衛生研究院的醫學和心理學研究者手中，他們大都對社會科學家的抱怨置之不理。

兩名心理學家——國家衛生研究院研究資助部的Mordecai Gordon和國家心理衛生學會外部活動副主任Eli Rubinstein似乎在行爲研究政策形成之初特別有影響。在1971年的訪談中，Gordon引用Gallagher的調查研究，正好是影響倫理要求擴散的四個因素之一，Gordon自己的想法、國家衛生研究院同事的意見以及機構的信件，都在詢問是否衛生局長要將行爲科學包含在美國公共衛生服務司的政策中。儘管Gordon引用Gallagher的信件作爲「最有影響力」的因素，但單靠它並不能將政策轉向機構期望的對立面。更有可能的是，Gordon和Rubinstein樂於用Gallagher的信對他們予以認可。[1] 1966年，他們通過公共衛生服務司的二月行政命令，邁出了對社會科學施加機構審查的第一步。

在1966年6月，國家衛生研究院第一次公開提出社會科學的倫理審查議題，當時發起了一場倫理會議，匯集了人類學者、心理學者、社會學者和其他學者，他們當中很多人是國家衛生研究院中行爲科學研究部門的成員。集聚一堂的社會科學家承認這種潛在的危險，如心理傷害和侵犯隱私。但是，正如社會學家Gresham Sykes報告所提，即使是期望更明確道德標準的參與者，也對公共衛生服務司）提倡的應用於社會科學研究的新政策看法「極度保留」。美國社會學學會的前會長Sykes，清楚闡述了他們的保留意見，這迴響了數十年：

> 一種存在的危險是，有些機構對確保最嚴格可能的解釋過分熱衷，審查委員會可能是各種知識領域的代表，他們可能在某專業領域上無法做出合理的判斷，而學科的派系可能基於特殊利益的追求而破壞審查的目的。另一種存在的危險是，對於日益複雜而需要不斷討論的嚴重問題，審查委員會可能變成僅僅是走走流程，給出形式上而非實質的解決方案，實際的責任並不等同於在紙上的簽章。[2]

與公共衛生服務司提出問題的同一時間，人類學家Margaret Mead質疑這整個想法的荒謬：「人類學研究沒有研究參與者」，她寫道：「我們與報導人處在一種信任和相互包容的氛圍中工作。」[3]

在夏末與秋季，兩個社會科學機構提出質疑，皆強烈反對將1966年2月的政策應用到社會研究。美國社會學學會抱怨說：「行政機構在行爲科學大部分案例中，應用合理性的要求明顯太沉重和僵化。」它也警示：「地方委員會可能不適任，或持有偏見，有時也可能會壓迫到研究的萌芽與自由。」[4]同樣地，社會問題研究協會（Society for the Study of Social Problems）雖然贊同二月政策的精神，但也質疑當地審查委員會有無評估研究倫理的能力與公正性。如國家衛生研究院會議的參加者一樣，該協會的成員擔心，委員會對「政治和個人關切之事」過於敏感，而對「不同學科在問題、數據以及方法上的重要差異」過於遲鈍。它呼籲衛生局長Stewart考慮地方IRBs的替代方案，例如：由專家組成的國家審查小組。[5]

然而公共衛生服務司大都無視這些爭論。雖然他們與社會學家接觸，但是公共衛生服務司官員將事前審查擴展到非生物醫學研究時，似乎一開始就認定了心理學。[6] 1971年，政策心理學家Gordon在訪談中，提到他對社會心理學中性格測驗以及欺瞞實驗的關心，但未提人類學或社會學的研究。他提到來自心理學家和精神科醫生的正面和反面的回饋，但未與人類學者、社會學者或其他社會科學家聯繫。[7] 在1966年9月，Gordon確實暗示公共衛生服務司（PHS）可能「嘗試界定涉及研究參與者但對人們的權益和福祉沒有風險的研究種類」，可能包括「人類學或社會學田野研究：以觀察或訪談方式蒐集資料，且無參與者、其父母、監護人或負責機構所反對之流程。」[8] 政策不適用這些案例。但直到年底仍沒有出現這類豁免的案例可以讓這個議題浮上檯面。

相反地，在1966年12月12日，公共衛生服務司明確宣布：「所有涉及研究參與者的調查研究，包含了行爲和社會科學調查」將接受與醫學實驗相同的審查。這一消息也聲稱，只有最危險的研究計畫需要「徹底詳審」。相比之下：

> 在此情況下，沒有危害參與者個人風險的大部分社會和行為研究，不管調查研究被歸類為行為、社會、醫學或其他種類，關注的議題都是研究參與者參與的自願本質、維護從研究對象獲取資訊的隱私，以及保護研究對象免於研究倫理的傷害。例如：社會和行為科學經典的程式，不外乎對研究參與者特徵資訊的觀察或抽取，藉由對人格或背景之測驗、量表、問卷或調查來施行。在這類情況，最重要的倫理考量為自願參與、資料保密和適當使用調查結果。然而很多情況下，這樣的過程不需研究參與者完整的知情同意書，甚至知情的參與。[9]

衛生局長Stewart後來聲稱強調社會學者的關注，但沒有任何證據顯示有社會學家會同意他的說法。他還指出：「我們應該學習停止對參與者造成傷害的絕對保證，我們展現出關心、澄清相關的意圖。」[10]

儘管這一政策於1966年晚期起草，國會議員Henry Reuss（他曾爲Gallagher 1965年的信背書）委託人類學家Harold Orlans調查聯邦國家計畫中社會研究的使用。Orlan詢問了受訪者的看法，在這冗長問卷中有關1966年2月公共衛生服務司的事前審查要求以及7月的補充，有公共衛生服務司對人格測驗、量表或問卷施行時須做到知情同意的要求。Orlan的問卷發放給了大學和獨立研究機構中146位首屈一指的社會科學家。53份回應中有28份對公共衛生服務司的行動表達了非常清晰的意見。這些人中，只有5名心理學家、1名精神病學家和2名人類學家對該政策合理地支持。

相對的，有20個來自不同學門的受訪者表示反對，其中有些人的態度相當強烈。社會學家Alvin Gouldner憤道：「衛生局長的管控……試圖用對研究不具充分知識的人來監管研究。我對環繞著社會研究的官僚作風增加而感到遺憾，覺得這將扼殺研究的完整性和創造性。」[11] 政治科學研究者Alfred de Grazia預言：「這助長了一個無關乎個人權益，也無關乎研究自由的鬱悶糾結。」[12] 密西根大學社會研究所所長Rensis Likert也說道：「倫理議題是無法用直接立法或行政命令來有效解決的。」[13] 他和其他受訪者呼籲專業機構內持續的倫理討論，針對他們看來僅是偶然性的小倫理過失問題，給予研究者更好的教育。

Orlans並不認同。徵詢優秀學者的意見後，Orlans認爲這些觀點太天眞而加以反駁，認爲社會科學家已證明他們自己沒有能力在個人或整體上進行自我管理。他認爲，唯一的替代方案是由聯邦雇員或對等之委員會進行倫理審查，而後者不是冒犯性的，因而更加合適。他甚至聲稱：「我們普遍的受訪者……贊同衛生局長的方式。」[14] 事實上，他沒有找到任何經濟學者、歷史學者、政治學者或社會學者的同意，甚至他所接觸的心理學家也不全然與他在同一陣營。

最後的意見是對審查機構友善的——來自於1967年的行為研究隱私小組（Panel on Privacy in Behavioral Research）的報告，主席由心理學家Kenneth Clark擔任。該專案小組成立於1966年1月，某部分可以視為對Gallagher聽證會的回應。該小組接手了關於「經濟學、政治學、人類學、社會學及心理學」的隱私議題研究，即使十二名小組成員沒有一個有政治學或社會學背景。除Clark外，小組中包含一名心理學者和一名精神病理學者，反映這兩個領域的主導地位，也包含了人類學家Frederick P. Thieme——奧爾良質詢審查機構為其背書的人類學家之一。

經過大約一年的工作，小組報告提到：「大多數觸及私密領域的研究，執行的科學家都意識到實驗設計中牽涉到的倫理議題，且會確認受試者同意，並對從他們那取得的資料保密。」不過，當然小組人員也發現少數例外，因此他們建議按照國家衛生研究院的版本進行審查，呼籲科學家的研究計畫被其他科學家審查，「部分來自行為科學以外的學科，〔他們〕所表達的觀點，既非自身豁免的利益色彩，也不會受專屬學科特性所帶來的研究者盲點之影響。」

同時，專案小組也對粗暴的應用醫學倫理提出警告。在為知情同意想法背書的同時，建議「對傳統知情同意的概念做一些修改是必要的」，以允許欺瞞實驗和非干擾式觀察。而為了推廣隱私權想法，也將保密的普遍性目標區分開來。「隱私和自決的必要元素是讓一個人自己做出決定，依據其思想、感情和行動」，專案小組解釋道：「當一個人自由且完全同意將自我與他人分享給科學家、雇主或信用調查員時，不管被揭露資訊的質量或性質如何，都沒有侵犯到其隱私。」

小組也警告，「由於缺乏相對靈活性，立法並不能克服微妙而敏感的價值衝突所帶來的挑戰；既要對參與者提供最佳保護，又要兼顧研究效益，這無助於產生明智的決策。」相對地，建議「機構審查所使用的方法要由機構自己決定，在大學或其他組織的責任原則下，支持並鼓勵最大彈性方法的使用。不同機構有不同的內部結構和操作流程，並沒有通用的單一準則。」[15]

在這些脈絡下，國家衛生研究院的會議、專業組織的解決措施、對Orlans質詢的回應和隱私專案小組的建言，社會科學家對公共衛生服務司政策表達了或輕或重的保守態度。這些保守態度促使衛生局局長於1966年12月承認社會科學與醫學研究在風險水準和倫理方面的考量截然不同。但社會科學研究者未能阻止公共衛生服務司將倫理審查要求施加於他們的工作。他們反而只得到承諾，在未來某一天公共衛生服務司可能區分哪些研究類型適用於、哪些不適用於事前審查，如果一個機構不必要地阻礙研究，它將「表達……關注」。而公共衛生服務司並未信守承諾。

社會科學家也無法侷限公共衛生服務司計畫的審查。在1968年，衛生教育福利部的祕書長Wilbur Cohen加上一個重組機構，部分涉及將公共衛生服務司帶進部門的緊密控制之下。[16]但是這個洗牌也讓長期在公共衛生服務司的官員Wilbur Cohen成爲更資深的執行祕書，並負責整個衛生教育福利部的部門。[17]不久之後，Allen說服部門尋求「制式規範」，意味著公共衛生服務司的指導規則將貫徹整個衛生教育福利部。自此，規則也擴展到非健康機構，如教育辦公室（Office of Education）和社會安全局（Social Security Administration），官方「對於應用到非醫學的方案表達不同程度的關注。」[18]他們發現草案「是強烈醫學取向的，而非社會和行爲科學研究的處理方式。」但是，起草的委員會諮詢了一大堆醫學研究者，例如：美國醫學院校協會（American Association of Medical Colleges）和美國心理學學會，卻忽略了社會科學組織。1971年4月15日，雖然缺乏社會科學組織的參與，審查政策仍被應用到所有部門贊助的研究。[19]不久，一位審查委員會成員帶來「行爲和政治科學研究」的問題，部門代表堅持

「問卷執行程序一定要依部門的政策進行。」[20]

但部門也確實做了一些努力，調整政策來適用非醫學的研究。1971年夏天，它贊助一系列會議，讓更多非醫學科學家參與。[21] 1971年12月，他們促成了四月政策（April policy）——主題爲衛生教育福利部之參與者保護政策的制度指導，即衆所周知（由於封面顏色）的黃皮書（Yellow Book）。[22] 黃皮書盡可能避免了嚴格的醫學語言，例如：假想研究參與者現在是一位「病人、學生或客戶，」而不僅是一位病人。它列舉有關「不舒服、困擾和侵犯隱私」作爲非侵入性研究可能產生的後果。然而，它仍然想像政策下大多數研究作爲一些治療或培訓改進「已建制和接受的方法」，對多數社會研究來說並非如此。該檔案的最後幾頁引用了十一條道德規範或原則聲明，涵蓋了醫學、心理衛生、心理學和社會工作。這個新倫理準則是由人類學、口述歷史、政治科學所制定出來的，而社會學則被忽視了。[23]

因此，衛生官員對侵入性心理研究關注的結果，使公共衛生服務司建立IRB審查，對更廣泛的非生物醫學研究提出審查要求。當時，基於公共衛生服務司在衛生教育福利部的位置，這個要求擴展到了整個部門。所有都是在頂級社會科學家與學術組織的反對下完成的。當研究倫理上升到引起國會關注的程度，社會科學家們再次被排擠。

塔斯基吉梅毒研究和國家研究法案

1972年7月，記者Jean Heller報導了塔斯基吉梅毒研究（Tuskegee Syphilis Study）的新聞，公共衛生服務司在未提供任何治療情況下，對399名非洲裔美國人的梅毒影響進行了四十年的觀察研究。[24]「即使之後青黴素已變得普遍，使用可能有益或救助一些實驗研究對象，」Heller寫道：「他們未被給予藥物。」衛生教育福利部的官員拒絕爲此研究辯護，國會議員對此表示憤怒，議員William Proxmire

稱該研究是「一場道德與倫理的噩夢。」[25] 隔年，國會討論了幾項法案來規範醫學研究。

不管他們提議爲何，不同的提議者都將問題視爲醫學研究的問題，而非廣義的研究問題。議員Hubert Humphrey提出設立一個國家委員會來「審查所有涉及研究參與者，包含接受全部或部分聯邦資助的醫學研究計畫。」[26] 議員Jacob Javits告訴參議院，他擔心的事爲「精神外科、器官移植、基因控制，針對犯罪行爲實施的絕育手術、洗腦、心靈控制和思維擴展技術，甚至是生與死這樣的概念本身。」[27] 1973年2和3月，參議院聽證會先於衛生小組委員會，強調類似的藥物和治療的濫用。其中一個隱憂是衛生服務的提供在塔斯基吉研究中錯誤得離譜，或是政府資助支持不確定適合的節育個案。參議院的衛生小組委員會也強調：「在人類實驗場域中有諸多濫用。」[28] 這些濫用包括新藥品和醫學設備，以及外科手術方法的引進。在所有當中，參議院主要專注在醫學議題上。

然而，最後的法案是呼籲進一步專研和規範「生物醫學和行爲」的研究。行爲這個詞是如何以及爲何偷渡進去的，行爲意味著什麼？這仍舊是個謎。正如倫理學家Robert Veatch在衆議院委員會（House of Representatives committee）前所提之證詞，行爲研究狹義可以指「行爲學派心理學之研究」或廣義如「包括所有的社會科學調查在內的任何針對人類行爲的研究。」而他更傾向於後者，他認爲最重要的是要定義這個詞彙。他警告：「這種模糊性可能會帶來一場災難。」[29] 但國會無視這則警告；無論是法案或隨附之報告都未定義這個名詞。

觀察人士當時不同意這個意思是對的。1974年末，Emanuel Kay主張更廣泛的建構。他提到了1973年參議院中Jay Katz的證詞，Kay是耶魯大學法律系的一位醫生，同時也在一本人體實驗選集冊中擔任主編，其中包含了對社會研究的關注。在他的證言中，Katz認爲當前衛生教育福利部政策並未對這四個問題進行適當處理，這四個問題是：研究囚犯、兒童、IRBs淩駕醫藥治療的管轄權，及最後「其他學科的研究」，包括「心理學、社會學、法學、人類學和其他學科。」Katz指出，「欺瞞實驗和祕密觀察研究」違背了他對知情同意、自我決定和隱私權（Privacy Act）的想法。[30] Kay以Katz、Edward Kennedy和其他支持其理念的議員，提倡對框架監管範圍之必要性的想法。[31]

不過，Kay的解釋也帶來了一些問題。首先，Kay沒有使用「行爲研究」詞彙，而代以對「其他學門研究」的管理。議員們很顯然已經從Katz以外的其他來源獲得了他們的語言。其次，儘管議員Kennedy確實非常重視Katz，他和其他立法者未對Katz的社會科學闡述表示興趣。Kennedy在向衆議院呈現其法案時，稱讚Katz爲「也許是世界上人體實驗數一數二的權威」，但是當他列出「嚴重的醫學和倫理濫用」時，激起了他的擔憂，他對生物醫學事件感到震驚：塔斯基吉研究、在沒有父母同意的情況下對兩個十幾歲女孩的節育手術、廣泛使用的實驗性藥物與醫學設備，「和精神衛生局長在無適當的同儕審查且無實驗協議的情況下執行一種行爲療法，圖騰強化法（Tokem economies）。」[32]

對一種行爲療法，圖騰強化法的最後陳述爲「行爲」一詞提供了另一種解釋，出自於Sharland Trotter之言，他在美國心理學學會的時事通訊上報導此聽證會。Trotter並非瞎猜，而是簡單地詢問過了Kennedy的幕僚暨醫生Larry Horowitz之意。Horowitz告訴她，Kennedy已經增加了「以及行爲的」來回應「關於將研究僞裝爲治療——不論從精神外科到行爲療法——都是發生在如監獄和精神病院這種封閉機構的事」的證詞。的確，參議院的報告從未提及人類學或社會學反覆引用的「行爲控制」，以B. F. Skinner的研究爲例，「藉由使用正面和負面的賞罰和制約來矯正行爲。」[33] 1974年11月，參議院司法委員會出版了對於行爲療法的長篇報告，也建議國會應關注在「研究者可能完全控制研究對象個人福祉的行爲研究」上。[34] 儘管這是一個需要重點關注的問題，但它與大多數心理學家所做之研究相去甚遠，更不用說是社會科學家。正如Trotter所提：「證據的基礎……引用的濫用案例主要在臨床研究中，心理學整體來說符合法規。」[35]

隨著這些事情的發生，對塔斯基吉的公開以及國會的關注，促使衛生教育福利部的官員們思考以正式制度來取代部門指導方針。雖然他們認爲，1971年的黃皮書提供了所有必要的保護，但他們意識到國會成員和一般公衆想要的還不止一本小冊子。1972年8月，在塔斯基吉研究被披露的幾週之後，他們開始傳閱說明，如果有部門不想直接實施國會制定的制度，需要在《聯邦公報》（Federal Register）上發表正式的告示。[36] 國家衛生研究院內，監督國會的任務落到了Charles R. McCarthy手中，一位擁有哲學和政治學雙博士學位的前牧師，他在這兩個領域授課，直到1972年加入國家衛生研究院的立法工作。在參加了一些參議院的聽證會後，他警告要爲某些類別的研究立法。如衛生教育福利部沒有提出一些令人印象深刻的作法，國會可能建立一個獨立的機構來控制人體試驗。[37]

當他們討論如何改變國會時，衛生教育福利部的官員從來沒有確認他們爭論的規範是否只針對醫學研究或醫學和行爲研究，或者是醫學、行爲和社會研究的管理規定。在大多數情況下，他們的討論假定，任何法律規章的重點應該都是生物醫學研究。衛生教育福利部的醫學官員兩方都指稱醫學焦點，如1972年9月呼籲新規章的公告標題：「生物醫學研究和公共政策的需要。」[38]同樣，1973年1月，研究該問題的小組被命名爲生物醫學研究參與者保護之審查政策研究小組（Study Group for Review of Policies on Protection of Human Subjects in Biomedical Research），小組中有些成員來自部門內的衛生機構。[39]不知何時，精神病學和心理學也悄悄滲入。[40]

他們確實提到社會科學，國家衛生研究院的官員擔心過度規範。1973年9月，國家衛生研究院的記錄反對一項法案，基於堅持在研究參與者知情同意中「置入難以接受的行爲和社會科學研究限制。」[41]

國家衛生研究院制度關係分部的領導Donald Chalkley，抱怨：「通過強加於行爲和生物醫學的研究與服務，體系想要嚴格處理高風險醫學實驗獨特的問題，〔該法案〕將嚴重地阻礙心理學、社會學和教育的低風險研究，同時不必要地削弱了對臨床調查中潛在嚴重議題的關注。」[42]

對於衛生教育福利部內部的困惑，Chalkley 1973年10月起草的記錄是很好的說明：「大家普遍同意，雖然大部分醫學、心理學和社會研究的早期階段可以使用動物，但若新的診斷、治療、預防和康復技術需要證實對人類有效和安全的，人類依然是必要的研究參與者。」社會學家用小白鼠來測試他們的研究簡直是超乎想像的荒謬，此記錄假設研究目標爲治療，而治療在社會科學領域比在醫學研究領域少見。[43]

政策的懸而未決，破壞了早期發展適用於所有聯邦機構的政策之努力。1973年末，部分聯邦機構的代表就「一項保護研究參與者的聯邦政策達成共識。」但是，國家衛生研究院人口研究中心的行爲科學分部（Behavioral Sciences Branch of the NIH's Center for Population Research）的主管抱怨「檔案中的有些規定，若用於行爲科學研究，可能會因爲沒有清楚正當性而弄巧成拙。」[44]同樣的，計畫與評估部門的助理祕書也反對：「這些用來保護研究參與者以及促進科學發展的政策和規定，似乎在行爲科學調查中並不合適，尤其是對非制度化之常態研究參與者的大規模研究中。」[45]這項努力最終失敗。[46]

衛生教育福利部在1973年10月9日宣布規章，重點是要求重啓自1971年以來設置的IRB要求：「除非機構有關研究參與者的活動已經接受審查和批准，並將審查和批准證書提交給衛生教育福利部，否則衛生教育福利部不爲任何涉及研究參與者風險的活動資助或簽章。」該審查決定「研究參與者的權利和福祉得到足夠的保護，個體的風險超過對其潛在利益，或者超過所獲得知識的重要性，且知情同意是透過適當方式獲得的。」[47]

規章並沒有定義研究參與者，但是，他們建議將該政策應用於「具有風險的研究參與者」，定義爲「暴露於傷害可能性中的個體，包括生理、心理或社會上的傷害，當以研究參與者參與在任何研究、發展或相關活動中，遠離那些已建立和接受的方法而需要滿足的必要性需求。」這個定義未區分生物醫學、行爲和社會研究。兩百多條評論隨之而來，有些建議「將政策限制在生理風險（或者）區分生物醫學風險和行爲風險的不同。」[48] 衛生教育福利部內部的官員也表達了類似的觀點。1974年5月，計畫和評估助理祕書辦公室（Office of the Assistant Secretary for Planning and Evaluation）建議從規章中排除社會科學研究。[49] 規章出爐後不久，一份準備好的記錄最終注意到衛生教育福利部內部的有些機構急於知道「這些規章阻礙社會科學研究的程度」。[50]

該部門並沒有機會回應這些批評，因爲害怕國會將剝奪衛生教育福利部的權力，把保護研究參與者委託給一個新的、獨立的聯邦機構。[51] 正如McCarthy後來承認的，「由於議員Kennedy施加的時間壓力，通常衛生教育福利部澄清規章發布的要點，要麼被忽略、要麼就是給予極短的期限。結果就是一套不完善的規章。」[52] 衛生教育福利部官員Richard Tropp抱怨「在參議院立法最後期限的壓力下，即使衛生教育福利部部門間的分歧懸而未決，秘書長依然會公布規章。部門內理解，在規章的序文中也提到，將會進一步協商，擬定適合所有類型研究的共識規章。然而該問題的緊迫性在祕書辦公室裡被削弱，也沒有進一步的行動。」[53]

最終規章在1974年5月30日頒布，成爲聯邦規章準則（Code of Federal Regulations）45條46款，簡稱爲45 CFR 46。他們在主要任務上獲勝：說服國會同意由其部門繼續擁有研究的控制權。僅僅在新規頒布幾週後，國會通過了國家研究法案，授予衛生教育福利部長官建立IRBs規章的權力，即衛生教育福利部頒布的規章。[54]

兩項措施——一是立法，另一個是執行，大部分是互補的。但該法案與衛生教育福利部的提案在兩方面意見分歧。一方面在於衛生教育福利部的規章只適用於由部門資助或簽章之研究。[55] 相反，聯邦法案要求接受公共衛生服務司資助的機構需要由IRBs進行參與者的研究審查，而沒有接受公共衛生服務司資助的研究是否需要審查則未明訂。[56] 隨後的幾年，部門宣稱該規定要求IRB審查適用於所有由聯邦支持機構涉及研究參與者之研究（如國內每一所研究型大學），甚至包括未取得聯邦資助的研究計畫。正如國家衛生研究院的Chalkley所說：「這是某種『得寸進尺』之政策，通過聯邦資助取決於廣泛服膺政策或規章。」[57] 這個政策變得愈來愈普遍。不久之後，耶魯校長Kingman Brewster感歎類似的政策：

> 「現在我買了鈕扣，我就有權力設計外套」的方法。因此，如果我們要物理系獲得支援，打個比方，我們就需要符合藝術學校錄取女性、女性運動器材提供、女性及少數民族招聘等聯邦政策，不僅僅是聯邦資助的領域，而是蔓延全校。即使是出於善意，例如：「男女平等」，這也是違憲的。[58]

得寸進尺政策是有效的。任何接受衛生教育福利部研究資助的機構需要提交一份保證書，承諾遵守該部門的IRB政策。到1974年底，超過90%的登錄於衛生教育福利部的保證書承諾會審查所有的研究，無論是否獲得資助。[59]

第二個方面的歧見是關於研究參與者審查的種類。國會通過的法律範圍僅限於「生物醫學和行爲研究」。衛生教育福利部的規章則不同，適用於所有部門資助的「研究、發展、和涉及研究參與者的相關活動。」[60] 受影響的研究並非限制在生物醫學和行爲的範疇，發布的規章還明確展現了第三種類型，承認「該政策仍待考慮，需特別關注……關於社會科學研究的參與者。」[61]

細心的觀察者會發現其中的配合不當。曾主持衛生教育福利部研究參與者保護政策研究小組的Ronald Lamont-Havers，之前區分了參與者研究的四種類型：生物醫學、行爲和心理學、社會學、教育與訓練。[62] 考慮到這些領域的差異，他注意到國會法案的限制，假設也同樣適用該規章。1974年9月，他提出該政策「現在僅適用於生物醫學和行爲學研究」，並認爲部門手冊草案中有兩個部分「包含了『社會的』……和『社會科學』」是「錯誤的，因爲該政策只適用生物醫學和行爲研究。」[63] 但一名國家衛生研究院法律專員並不這麼認爲，他回應說：「各章節的參考文獻至少要保持內部一致，或與（該規章的）第46保持一致」，以此暗示規章與法條之間的差異。[64] 但這些爭論並沒有形成規章本身的重新檢視。1975年3月公布的技術性修訂案並未解決問題。[65]

受塔斯基吉醜聞的影響，並擔心國會加強監督或建立競爭的機構，衛生教育福利部倉促地公布了該規章，忽略了部門內與外部評論者關於此規章不適合社會科學的警告，且和國會及法律本身關注點產生了分歧。所擬之規章對社會研究的處置說明非常含糊，這一倉促之舉的後果很快就在全國的大學中被感受到了。

社會科學的早期IRB審查

由於公共衛生服務司對社會研究的資助相對較少，因此1966年的政策似乎並未產生以IRB審查這些研究的程序，更不用說關於IRBs審查的爭議。一份1968年公共衛生服務司的記錄解釋了其他更多的困惑：「我們受到質疑，來自醫學院校委員會質疑是否需要對心理學研究計畫進行審查，來自心理學方向的委員會，質疑人類學研究是否需要審查，其他人質疑示範型計畫是否需要審查。」[66] 對此的回應是這些研究計畫的確需要審查，但是該政策需要澄清「以避免從YMCA、PTA和旅行者資助協會（Traveler's Aid）獲得保證的必要性。」[67]

Laud Humphreys的研究給了那段時期困惑一些提示。做爲國家心理健康研究所（一個公共衛生服務機構）兩項獎學金的得主，他需要按照公共衛生服務司1966年的指令接受委員會的事前審查。但是似乎沒人意識到這一點，直到他進行論文答辯的時候，大學校長批評他，並提出可能因此撤銷他的學位。然而結束這次爭議的是一份部門助理的申明，說她該爲未提出合適表格而負責。[68] 這顯示新規章執行的隨便。

在1970年代初，對社會和行爲研究需要IRB審查的要求相對較少受到爭議。1971年2月，國家衛生研究院組織關係辦公室（NIF's Office of Institutional Research）的Mark Conner報告受到社會心理學家、社會學家和人類學家零散的反對，但是他並沒有意識到學術機構的正式反對。[69] 1972年3月，美國社會學學會執行評論1971年的黃皮書：「迄今爲止，我們並沒有高談闊論，但是我們確實擔心它可能會成爲政治足球，把學界關注踢到一旁。」[70] 直到1976年，一名社會學家與全國上下的同僚們確認後才發現他們很多並不知道IRB規則可能適用於他們的工作。[71] 在普林斯頓大學的政治科學研究者很少遞交研究計畫給他們的IRB。[72]

然而，隨著衛生教育福利部規章的生效以及部門的大力執法，在其他大學裡的關注度持續上升。1974年底，國家衛生研究院將其機構關係分部更名爲研究風險保護室（Office for Protection from Research Risks, OPRR），增加了員工編制，並升高它在國家衛生研究院組織中的地位。[73] 儘管直至1977年該辦公室只有15名員工（其中沒有一位社會科學家），它的位階提升仍然說明其影響力的增長。[74] 研究風險保護室希望通過它的影響力來推行內部審查的想法。例如：在1970年代某個時刻，大概是出於對學科差異的尊重，俄亥俄州立大學建立IRB同時在每一個部門建立次級委員會來管理研究。研究風險保護室撤銷了此構想，堅持所有的行爲研究應接受單一的委員會審查。[75]

這種干預加劇了大學內部的緊張關係。或許最早對社會科學IRB審查的抗爭發生在加州大學柏克萊分校，此爲一所擁有著名社會學系的卓越研究型大學。爲了因應公共衛生服務司的要求，柏克萊分校在1966年建立了第一個研究參與者委員會。1970年，校長將公共衛生服務司的標準應用到所有研究參與者，無論其獲得資助與否，到了1972年3月衛生教育福利部的要求成爲標準。[76]即便是大學生的研究計畫也受柏克萊的IRB所監管，就是所知的研究參與者保護委員會（Committee for the Protection of Human Subjects）。[77]

眞正的論戰始於1972年11月，當時大學行政管理處宣布，不但涉及個體風險的研究需要進行審查，涉及群體或機構風險的研究亦然：

> 即使研究沒有直接的侵犯，一個群體也可能因此受損或名譽受到傷害。同樣的，一個機構，諸如教堂、大學或者監獄，也必須受到保護不被詆毀，為了眾多附屬於或受僱於該機構之人，負面資訊將會損其聲譽和自尊。

撰此政策之人，IRB主席兼法學教授Bernard Diamond後來解釋，他一直思考Arthur Jensen和William Shockley的工作，認爲非裔美國人的基因遺傳使得他們沒有白人平均的聰明。但是芝加哥大學的社會學家Edward Shils提醒說，政策也會防止研究人員揭露懶散的員警、腐敗的政客和壟斷的商人等。柏克萊的研究者也贊同，注意政策直接「防止實際上某些不受歡迎議題的科學調查」，可能轉向任何人。他們成立了一個學術自由委員會（Academic Freedom Committee）來進行抗爭。[78]

夾在雙方之間的是人類學家Herbert Phillips，Diamond IRB成員之一。他作爲泰國專家，爲美國人類學學會操控了越戰期間對東南亞隱祕研究的辯論而相當失望。他認爲一個自願的會員性組織沒有義務去指責個人的不恰當的調查行爲。相反地，他認爲跨學科的研究參與者委員會更能確保研究的倫理。[79] 他也支持知情同意的概念，討論道：「一位研究者對他的研究參與者的義務，和對他的獎學金或科學的義務同樣重要」，研究參與者有權利知道研究者的目的和假設。因此，如果另一位Jensen隨後試圖去測試更多非裔美國兒童，他們的父母應被知會這項實驗想要證明什麼。[80] 但是Phillips同樣堅持反對Diamond的社會風險概念，辯駁是對「研究參與者的保護，而非社會群體的保護。」[81] 經過長期而激烈的辯論，達成了妥協，Phillips以主席身分接管了參與者保護委員會。[82]

Phillips將他的委員會變成了自由裁量權和問責制的典範。他單方面批准覺得沒有眞實風險的研究計畫，或者催促他們通過委員會。當柏克萊政治學系——無疑地正進行調查——未能提交研究議程供審查，Phillips卻加以忽略，理由是沒有人會因爲政治調查而受到傷害。對於已提交的研究議程，Phillips認爲只要該研究帶來微小風險、或者參與者預期可以保護自己，例如：政府官員，就不要求書面的知情同意書。[83] 他表明只在眞正具有挑戰性或危險性的情況才訴諸全員審查，他以透明的高標準來管理他的委員會。[84] 所有審查都有錄音記錄，研究者有機會聆聽記錄以防止出現「偏見、奇怪、或不稱職」的判決。委員會對每項申請進行分類，允許其根據經驗發展內部案例法規，而非替每項新計畫做白工。[85] 委員會不時提議承諾改善保護而不須要求研究妥協。例如：在一項青少年非法用藥的研究中，委員會建議研究者保護，可連結受訪者資料與姓名的編碼，透過檢察長豁免受法院傳票，或者將解碼鑰放在國外。[86]

然而隨著時間的推移，衛生教育福利部的要求讓Phillips很沮喪。他發現他審查過的研究計畫85-90%不需要修改，但是仍然需要「雪片般飛來的大量文書作業」。他懷疑研究案的事前審查是否眞的有效，因爲研究方法不可避免地會在研究過程中發生改變。最重要的是，他覺得整個方案將太多的責任放在委員會而不是研究者身上。正如Phillips解釋的，如果委員會相信研究者所說研究參與者的所作所爲，可能也同時信任他們去決定這群相同的人是否有危險。[87]

直到1974年初，已有許多研究者開始厭倦這項政策並尋找其他出路，柏克萊的法學教授Paul Mishkin爲他的大學提供了替選方案。[88]把計畫送交委員會之前，研究者會獲得一本指導手冊，這本指導手冊是委員會根據2,500份委員會決議的眞實案例完成的。閱讀完手冊之後，如果研究者認爲他並未給任何人帶來危險，對研究的影響簽一份書面證詞即可推進他的工作。研究參與者委員會可以有更多的時間處理10到15%涉及心智衰弱、囚犯和其他弱勢群體的高危險研究計畫。該替代方案被大學管理部門批准，然而直到1974年7月，國會通過國家研究法案後才得以生效。隔年春天，研究風險保護室解釋法律要求由每一個IRB決定什麼研究計畫是具風險的，還主張所有的研究參與者計畫，無論其是否接受衛生教育福利部資助都需要接受審查。簡言之，柏克萊的替代方案胎死腹中。研究風險保護室唯一的讓步就是豁免了學生的課堂研究計畫。[89]

到了1975年，Phillips變得相當直言不諱，其他大學的學者面臨倫理指控時會徵詢他的意見。他尤其不滿衛生教育福利部對於國家心理衛生學會拒絕資助兩位心理學家的處理。雖然這兩位心理學家的研究計畫都已經獲得IRBs的審查，但是心理衛生學會審查小組（主要任務是判斷最値得資助的研究計畫）仍然認爲兩項研究計畫都可能違反倫理。這兩個案例中審查小組都拒絕了研究計畫，部分原因在於研究結論可能損害公眾對研究參與者所屬群體——非裔美國人和英格蘭移民的看法。在第一個案例中，心理衛生學會的院外研究計畫部主任對研究者保證說，委員會對群體傷害的感受是個錯誤，因爲衛生教育福利部規章並沒有涵蓋到整群人類的風險。[90]但是在第二個案例中，研究風險保護室的主任Donald Chalkley說，國家衛生研究院同儕審查小組和地方IRBs都可以自由判斷研究潛在結論帶來的社會政策影響。[91]

Phillips認為這兩個案例指出，衛生教育福利部的觀點有更為廣泛的問題。第一，允許委員會使用一種被Phillips發現「概念愚鈍、道德綁架、極度反智」[92]的社會風險性定義。其次，他們體現出衛生教育福利部缺乏一個清晰的政策，甚至無法從錯誤中學習。他呼籲衛生教育福利部從全國的IRBs蒐集資訊，發展一個關於研究倫理的國家共識。

原則上Phillips仍然是倫理委員會的支持者。然而，當他在1975年8月返回泰國進行田野調查工作時，他並沒有向舊的委員會遞交研究議程。他有自信自己涉及著名的泰國藝術家和知識分子的研究計畫並沒有倫理問題，並且他認為，比起一些「笨蛋」的委員會，他更瞭解泰國。他相信，委員會審查對於準備踏足學術實地的研究生而言，可能仍是合適的，但對於像他這種專家則是浪費時間。[93]

第二場風暴發生在科羅拉多大學波德分校。1972年，該大學向衛生教育福利部提交了一份保證書，承諾遵守其政策，並且向師生發出告示，通知他們所有的研究計畫，不管接受資助與否都需要提送人類研究委員會（Human Research Committee, HRC）審查。研究者大都忽略了請求，既沒有通知委員會關於未受資助的研究計畫，也沒有參加政策制定會議。有些學系接受委員會委託，組成系所附屬委員會，有權對系內最常見的研究計畫進行審查。1975年，衛生教育福利部要求一份新的保證書，並且警告大學「公共法93-348要求IRB委員會一旦建立，即應審查在機構實施或接受資助的生物醫學和行為學研究，以保護研究參與者的權利；這裡不存在任何豁免。」[94]由於該規定僅適用衛生教育福利部合作或資助的專案，因此該解讀是有問題的，但它與其他衛生教育福利部的行動是一致的。[95]

科羅拉多大學在1976年2月回應了一份新的保證書，承諾其人類研究委員會將「審查所有涉及研究參與者醫學、行為學和社會的校園活動（不包括學校醫學中心委員會管轄範圍內的研究計畫）。」系所附屬委員會仍然可以蒐集相同研究計畫的資訊，但是只有IRB可以判定風險。[96] 在4月，人類研究委員會宣布「所有涉及研究參與者的實驗必須接受審查（包括問卷、調查、非干擾式實驗以及使用公共資訊）」，強調「所有的研究，無論是否受到資助，也無論是否涉及風險，都必須接受審查。」[97] 若不遵守的話，可能將導致無法獲得大學設備、法律援助，還有更爲重要的畢業學位的否決。

這份公告喚醒了沉睡的教員，並引發了校園內廣泛的討論。社會學家Edward Rose承諾他的博士生論文是無害的——他的學生們會遠離保密的資訊和資訊提供者「傷害他們自己和其他人的聲明。」[98] 他並且承諾，所有學生的博士答辯委員會將提供倫理審查。他進而反對IRB所謂的過度「審查」，認爲這是對「師生間特別關係」的侵犯。作爲即將退休的終生教授，他自己並不害怕研究參與者委員會，並未提送任何研究計畫進行審查。[99] 但是他知道他的學生們更易受傷害，他威脅他們換新的指導老師，而不是遞交IRB審查。[100]

這個爭議愈演愈烈。IRB主席William Hodges，一名心理學家在參加了一次社會學系的會議後，指責社會學系教員對研究參與者的權利和福祉漠不關心。[101] 社會學家Howard Higman回應，指責Hodges的審查信念已經過時。[102] Rose也向學校的榮譽和終身制委員會（Committee on Privilege and Tenure）、大學校長、科羅拉多州檢察長、衛生教育福利部部長抱怨。[103] 最後的抱怨引起了衛生教育福利部用堅定話語來回應，是的，即使是未受聯邦資助的社會研究也需要接受審查。[104] 如同柏克萊，憤怒的教員組成學術自由委員會，抗議研究參與者委員會的行動。[105]

到了1977年初，緊張的氣氛稍有緩和。Hodges在1976年4月爲其關於公共資訊之研究也需要審查的聲明道歉，他的意思是只有如學校或醫院產生的私人記錄需要接受審查。[106] 他釋出他的委員會願意與研究者在欺瞞和知情同意等議題上達成妥協的信號。Higman很樂意看到這個讓步，並報導兩個委員會「似乎會達成令人滿意的協定。」[107] 但是Hodges基於他的委員會對社會科學工作權威的問題，建議院長對1977年春天畢業生，因「知道而故意拒絕向委員會提送涉及研究參與者之論文審查的研究生」不授予學位。[108] 研究所的院長同意了他的建議，在1977年4月，他威脅說要扣留Rose的學生Carole Anderson的博士學位，除非她獲得IRB的批准。[109]

然而最終，IRB發現了一種辦法，既可以授予Carole Anderson學位，又不會捨棄任何權力，且無需要求她採取任何行動。兩位IRB成員讀了她的論文並認為研究參與者沒有危險，IRB主席也通過訪談Anderson的一位研究參與者而確認結論。獲得滿意之後，委員會最終撤銷了不讓她畢業的處罰。[110] 但是也警告之後將不再閱讀任何論文了。從今以後，學生們只能遵從，該辯論持續到夏天以後。[111]

雖然最終沒有人的職涯被犧牲，但是科羅拉多大學的風暴表明，1970年代早期的和平，主要在於IRBs沒有強制推進，而不是由於社會科學家接受研究參與者政策。Anderson完成了她的學位，無論在柏克萊還是科羅拉多，IRBs都沒有嚴重干預社會研究。科羅拉多的Hodges煞費苦心地指出，他的IRB並未「預防或禁止」研究，僅只是審查。兩所大學的學術自由委員會主要抱怨IRBs潛在的濫用，而非具體事件；而或許他們反應過度了，也就是說，兩邊的IRBs給了學者們很好的理由去警告。柏克萊的「社會風險」警告和科羅拉多最初對公共記錄審查的堅持，表明委員會試圖超越聯邦法規授予的職責，進入徹底的審查。雖然兩處委員會從原來的立場撤離，但是他們要重建禮數和信任就很難了。

諷刺的是，在對1974年法規的第三次爭議中，衛生教育福利部自嚐了醫學倫理的苦果。1975年秋天，喬治亞州為了削減醫學成本，試圖對問診、住院、和其他醫學服務徵收共攤金額。11月，兩位醫療補助接受人發起訴訟以阻止該計畫，基於衛生教育福利部部長David Mathews沒有遵從社會安全法案的規定程序，當此論證未贏得初步的強制令時，原告又提出新的論證：共攤金額計畫是一項涉及研究參與者的研究計畫，因此需要得到IRB批准才能進行。這讓Mathews陷入苦境。顯然，他不希望自己的工作像柏克萊和科羅拉多的學者們一樣被延緩或禁止，所以他和他的研究參與者主任Donald Chalkley，爭論該計畫不需要IRB審查。

為了解決這一個問題，Mathews和Chalkley作出了如同Phillips和Rose早期提出的批評。他們認為，醫療補助接受人並不存在風險。確實，他們承認接受者會因共攤金額而花些錢，但這種損失不能算作規章裡面的傷害。但同時，Mathews和Chalkley也認為喬治亞計畫一部分的醫生與病患調查，確實讓研究參與者處於風險之中，因為「用於測驗態度的調查工具可能會對受訪者產生心理影響，例如：使他們置於羞愧、內疚、尷尬或其他情緒反應中。」法官Charles Moye裁定此論述是荒謬的，他寫道：「發現該調查屬於規章範疇之內，由於訪談可能對受訪者造成心理影響，但徵收共攤金額卻不在規章範疇之內。」——這是荒謬的。在事件中，規章要求是由IRB而不是由調查者決定是否存在風險的。他判決除非該計畫於45天內得到IRB批准，否則將永久禁止執行。[112]

Mathews試圖讓自己免受部門加諸於其他人的規章束縛。法官判決後的兩週，他在《聯邦公報》上公布對規章的新解讀，聲稱「規章試圖避免的風險類型，設計來保護的是由1973年立法聽證會的領域所決定的」。他寫道這些：

> 包括為未核准用途的食物藥品管理局（Food and Drug Administration, FDA）批准藥物之使用；現行國內研發中心開發的精神外科和其他控制行為的技術；實驗性子宮內避孕器之使用；對監獄系統的生物醫學研究及其研究對監獄社會結構造成之影響；塔斯基吉梅毒研究；生物醫學研究中對無行為能力者或囚犯（作為參與者）而發展的特殊研究程序；以及對胎兒、孕婦、和體外受精個體的實驗。該規章試圖由

部門統一應用保護研究參與者避免上類活動中的各類風險。

因此，他認爲，像喬治亞醫學計畫這樣的專案不包括在內。[113]

不論政策本身的功勞，Mathews的聲明對衛生教育福利部過往行動描述不足。如果衛生教育福利部本身限制在1973年聽證會的事務上，那麼1974年所擬之規章將非常不同。不會干預柏克萊、科羅拉多和其他地方的社會科學研究，Mathews也不會告訴法官Moye，規章涵蓋調查研究所造成之「心理影響」的危險。Mathews聲明後的幾個月內，Chalkley就不予理會，聲稱（以回應科羅拉多大學的研究者們）IRBs應該審查問卷和調查研究，因爲「如果受訪者可被辨識，涉及對隱私的侵犯，或不涉及隱私侵犯，問題的本質會威脅到受訪者的價值體系和對社會的適應性時，資訊的蒐集都會造成一些心理風險。」[114] 此中並未提到1973年聽證會所關注的領域。然而，Chalkley確實承認：「現行的規章確實太過火了，我們需要爲縮小其適用性而努力。」[115]

結語

面對IRB審判權的現實，甚至連衛生教育福利部部長和研究風險保護室主任都開始質疑規章的寬度。而社會科學家自己也開始意識到IRBs給他們帶來的威脅。如Herbert Phillips，這位從1970年代就開始支持事前審查並長期主持IRB工作的學者也認爲很多計畫根本不用經過委員會審查。

在研究參與者監督的前十年，大部分時間，即1966到1976年，社會科學家很少有機會去形塑政策，他們盡職盡責地回應來自國會、公共衛生服務司和衛生教育福利部的質問，他們自身的建議被忽略，有時還被誤解。在濫用參與者研究的國會聽證會上，社會科學家未被要求去說明他們的工作。在柏克萊和科羅拉多大學，他們系所採用傳統的教員管理方法被聯邦官員否決。後來在1974年，IRB之懷疑者開闢了申訴的新戰場：一個負責發展參與者研究政策建議的聯邦委員會。然而對批評者而言，不幸的是，社會科學家所關心之事，該委員會的成員們如同先前的政策制定者一樣，漠不關心。

CHAPTER 3

國家委員會

3

國家委員會為滿足保護生物醫學和行為研究中研究參與者的需要，在1974年12月到1978年9月的四年間集會，胡鬧的委員和他們的小團隊報告了一系列令人印象深刻的專題：「對弱勢族群的研究，特殊醫學技術和一般倫理問題。」委員會宣稱關於研究參與者倫理的研究以及相關的建議，依然是美國和世界其他國家制定科學研究，包括社會科學研究準則的基礎。

然而國家委員會在規範社會科學的程度上存在分歧。例如：在1979年，一位醫學教授Robert Levine為委員會寫了一些文章，他堅持「委員會更關注社會和行為科學的問題……當它考慮每個建議時是被迫思考的，『如果引用於社會科學，這些建議的涵義是什麼？』」[1] 同年委員會的職員Bradford Gray提出了不慍不火的評估，他認為「根據社會研究者寫給委員會的信件或出席他們的聽證會所提出的，委員會不會對這些問題不敏感。」[2]

與此相反，在2004年的一系列訪談中，其他參與者強調他們的生物醫學觀點。委員Dorothy Height解釋說「我們的任務是處理醫學和行為的，同時我認為我們應該保持在任務範圍之內，對我而言，我們並沒有超越這些。」委員Karen Lebacqz回憶說「一個委員會應該同時關注到生物醫學和行爲研究，但是，幾乎在我們所有的報告中，我們將生物醫學模式作爲主要模式。」委員會的顧問Tom Beauchamp也同意說：「眞相是，對社會科學和行爲研究的關注是很少很少的，有關的內容非常之少。」[3]

這一章和下一章將利用委員會的檔案來呈現這兩種解釋之間的原因，雖然和最近強調委員會忽視社會科學的說法很類似。這些檔案說明委員會最初的工作只是堅定地聚焦於生物醫學研究的問題。隨著時間的推移，委員會的職員和顧問包括Levine和Gray開始意識到委員會爲社會科學（儘管不是人文科學）工作的涵義。但是這些意識來得太遲，並沒有影響到委員會工作的基本框架，基於工作團體的限制，委員們對此並不關心。委員們只是對以生物醫學爲基礎的建議進行微小的調整，並沒有對社會科學的權利和責任進行全面考慮。

委員會的醫學起源

國家研究法案設立了委員會，以專家團體開展了兩年的工作。它具有非比尋常的力量，它們直接對接的是衛生教育福利部的秘書長——依法不得忽視收到的建議。相反，秘書長必須將報告刊登在《聯邦公報》上，蒐集評論，然後在240天內依建議執行，否則就要解釋何以不合適。[4]

在與兒童、囚犯、「收容院的精神衰弱者」、胎兒以及精神外科學相關的研究時，「行爲」這個術語在整個委員會的法律指令中是很少見的，因此參議院呼籲委員會「界定包括指導研究參與者的生物醫學研究的基本倫理準則」，這也成爲國會的一個命令「界定包括指導研究參與者的生物醫學研究的基本倫理準則」。[5]委員會的構成反映了參議院對後塔斯基吉聽證會關注的提升。法案具體規定了委員會應該由以下成員組成：

醫學、法律、倫理、神學、生物學、物理學、行為和社會科學、哲學、人文學科、健康管理、政府、公共事務等領域傑出人才；委員會中的5個（也不超過5個）成員應該曾經參與過包括研究參與者的生物醫學或行為研究的人員。[6]

這個解釋留下了社會科學是否有別於行爲科學的疑問。或許社會科學家像神學家、律師和哲學家一樣，同屬於一類角色：他們應被期待提出有價值的專業觀點，而不是被納入委員會建議的參與者研究範疇之中。又或者，他們類似於生物和行爲學家，既被期待貢獻於這些指導，也被期待服從於這些指導。[7]

當衛生教育福利部的部長任命一位社會學家成爲委員會的成員時，將會澄清一個問題——強化了他／她是否會占據一個研究者位置的問題。（在1978年，另一個依法建立的委員會通過區別生物醫學和行爲研究與社會科學，以避免這一問題的發生。）[8]事實上，在至少13位不同人類研究領域中卻只有11名委員，國會表示並不包含所有期待的領域，而社會科學就是其中一個被排除的領域。該委員會的5個研究者中，有3個（Robert Cooke, Kenneth Ryan, and Donald Seldin）是內科醫生，2個（Joseph Brady and Eliot Stellar）是心理學家。儘管在委員會中占少數，這些研究者主導委員會的審查意見，而3位內科醫生特別有影響力；[9] Ryan是一位產科醫師，在第一屆委員會會議中他被選爲主席。剩下的6位委員中有3位律師、2位倫理學家（Karen Lebacqz and Albert Jonsen）和1名社工。大部分或所有的委員都將他們的使命擴展到法律所描述的專門議題中的專門知識——例如：精神外科學、對兒童的研究、對孕婦的研究。[10]

11個委員中，或許只有Jonsen非常瞭解社會科學的方法和倫理。大學時，他對人類學很感興趣，曾用兩個暑假的時間在Montana印第安人的保留區做田野調查工作。後來他決定就讀人類學研究所。但是Jonsen在委員會中取得職位是因爲他在生物醫學研究倫理上的專長，

這也是他所專注的地方，正如他稍後解釋的，

> 我並不認為我在為「社會」科學而鬥爭。我所思考的問題本質上是生物醫學研究的，對我來言，並不存在於社會科學。同時這是內科醫師作為治療醫師和內科醫師作為研究者之間有趣的衝突。在社會科學我根本就不把這看作是一個問題。[11]

儘管衛生教育福利部在美國社會學學會和美國人類學學會中尋求推薦，最終卻沒有一名社會學家、人類學家，或其他社會科學家在委員會中任職。[12]（然而國會相關部門依然宣稱他們已經在不同的專業領域找到相應的專家。）[13]因此，委員會開始有充分的理由來開展他們的工作，認爲他們的主要工作是探索對人類醫學實驗的倫理，附帶關注一些行爲修正的問題。必須費很大力氣才能讓它脫離那些重要的任務，但也不會很遠。

委員會早期的工作反映了生物醫學對參議院聽證會和1974年國家研究法案結果的關注。在一些如講座和會議安排等管理工作後，委員們陷入他們清單中的第一個爭論——對胎兒和精神外科的研究。這種匆忙的努力是對特定生物醫學的挑戰，排除了對行爲科學或行爲研究應該如何考慮，委員會從未從這些角度進行界定。[14]然而，委員會最初的工作與國會的指示是一致的，國會指示要描述「有關研究參與者的生物醫學或行爲研究和醫學上可接受的例行實踐之間的界限」。由於該規定假設行爲研究以醫學爲界限，法律上可能隱含它是由心理學和精神病學所組成。在1975年委員會會議中，委員Donald Seldin提出了「如何按照醫學模式介入人類行爲模式研究」的問題。他想確定委員會不再流連於廣告或其他較非直接形成的行爲研究。[15]

早期工作人員的文件是一致的。有一份文件明確的將幾個精神病學家和心理學家看作是行爲科學家。其中一位精神病學家Don Gallant，提供了一個冗長的定義：

> 有關研究參與者的生物醫學或行為研究應該被界定為全面設計，對未知的療效和／或有風險的治療技術進行嚴格的審核，或試圖發現疾病病因以致力於探索與「已公認的和例行實踐的醫學」相關聯的新方面，達到為研究參與者提供有益效果為最終目標的研究。[16]

1975年10月，關於監獄的研究文本中，委員會的工作人員提供了一個更加狹隘的觀點，將行爲研究界定爲「任何涉及行爲矯正或其他以實驗爲基礎的相關技術研究。」[17] 這兩篇文章都認爲，行爲研究作爲一種改善行爲治療的方法是優於醫學治療的，並將作爲生物醫學研究的最終目標。從1973年國會開展針對醫學和心理學濫用的調查，直至1975年末委員會仍保持關注。

然而，委員會工作的視角仍然是混亂的。這種混亂可以在Robert Levine的工作中看到，Robert Levine是耶魯的醫師和醫學教授，他爲委員會撰寫了幾篇關鍵文章。Robert Levine是以剔除整個社會研究開始的，比如當他被派去研究國家研究法案所提倡的，由委員會來考慮「涉及到參與者研究的生物醫學或行爲研究與公認的例行醫學實踐之間的界限」，[18] Robert Levine在1974年11月的一場報告中指出，爲了滿足這個條件，我們可以排除那些因其特性而在醫學實踐中沒有界限的研究種類（包括精神病學）。因此，在這個醒目的標題下，我們不需要去考慮社會研究。」[19]

但是到了12月份，Robert Levine認爲，當社會研究不屬於該討論界限之內時，「社會研究必須在『國家研究法案』（National Research Act）的其他部分被考慮。」[20] 到1975年6月底，Robert Levine決定將這個問題提交給委員會，告訴他們，「除非我知道委員們是否想涵蓋社會科學、教育和福利，否則在一個包含任何事情的草案中沒有任何可能性。要涵蓋或不涵蓋，只能二選一。」委員們拒絕了這個想法，因此對教育和福利的新政策，仍需要Robert Levine關注，但沒有人會拒絕委員Eliot Stellar贊成包含社會科學的提議。儘管委員們沒有進行正式的投票，但主席Kenneth Ryan解釋道「國家委員會認爲，我們是在談論生物醫學的、社會的和行爲的研究。」[21]

在Levine提交他的報告兩週後，他進入了一個社會科學的部門。在此他逐漸認識到大多數社會科學家「除了研究之外沒有其他專業實踐」，他主張一個犯罪學家爲一個執法機關工作，應該和醫學研究者的醫學實踐相對照。更廣義的，社會科學家「可以發展用來『治療』他們所『診斷』的社會功能障礙的知識」。因此，在這個角度上，社會科學家對社會的角色應該和醫師一樣，把社會當作病人主體。因此，或許在某些案例中，我們應該提供非正式知情同意的機會。Levine探索這些醫學的類比法，他可能已經得出了一個結論，即一個執法機關的官員對一個犯罪者和一個醫生對一個病人而言，會有不一樣的倫理關係。他或許也質疑，在什麼樣的情形下，社會可以保留被研究的意見，還是這根本只是審查機構的想像，但這並不是他的目的。當然，他滿意地將社會科學納入醫學範疇之中——儘管是笨拙的。Levine的不確定性影響了他所提議的關於參與者研究的定義：

> 研究（包含人類研究）是任何操作、觀察，或其他對人類的研究——或其他任何與人類相關的可能後來導致對人類進行操作的——目的在於發展新知識和不同於傳統醫學（或其他專業）實踐的新方式。研究不必然是互動的；例如：利用單面鏡觀察人們，做談話錄音，或通過審查他們的檔案，但不僅限於通過這些觀察、錄音和檔案進行研究。[22]

最後的障礙——不必要性——也許從前文中可以判斷，Levine已經將參與者研究如此寬泛地界定爲包含查閱一個電話本中的數字。

在1975年9月提交的第二份報告中，Levine更加關注社會科學，注意風險—利益的分析。此時，他擴展了他早期對社會科學作爲內在治療的理解，指出一些社會科學「是關於研究參與者的基礎研究（目的在於提升我們對各種社會、系統等的結構和功能的理解）。」他也指出，這種工作的風險和效益是很難界定的：「一些人類學家對一個社會的參與可能實際上改變了這個社會的本質。這種改變是有害的還是有利的，可能有很大的爭議。」同樣的，他也寫道，「『對這種工作的效益』的評估，不管是從數量上還是從功利主義的角度來進行都是困難的。有多少人從未去過薩摩亞群島，但喜歡米德（M. Mead）的書呢？有多少人著迷於國家地理雜誌？」

很多社會科學的工作是未知的，當然也是無法量化的，如利益。Levine暗示這種不可知性可能因爲IRB試圖遵循衛生教育福利部的要求而帶來問題，衛生教育福利部的要求決定了「對研究參與者的風險是否超過了對他所有的利益以及所獲得知識的重要性，這被作爲是否允許研究參與者接受這些風險決定的依據。」[23] 他建議除此之外，在社會科學研究中「IRB應該決定有一個關於風險和利益的適當描述（如在本文中的廣泛界定）來讓審查者做出合理決定。」[24] 在一年的時間裡，Levine已經從消除社會研究將其作爲委員會權限之外，轉移到強制將其納入醫學範疇，再到理解它，最後，視其爲不同於醫學的人類活動，應該需要它自己的倫理。Levine後來也回溯，在1976年7月的一篇文章中，他反對生物醫學和行爲研究之間的硬性分界——沒有表達出行爲和社會研究之間的界限，或社會研究和歷史學、新聞學和小說創造類人類學科分界的可能性。[25]

委員中沒有一個是社會科學家，繼續對這些問題不感興趣，在1975年以及其後的一段時間幾乎沒有提及社會科學。[26] 在1976年2月，委員會成員將研究界定爲「致力於發展或貢獻於一般概括性知識的一類活動」，與「醫學實踐或行爲治療所指的單獨設計，以提升個體幸福的一類活動」形成對照。如同Levine的文章，這個界定是對國會指責委員會將研究與治療區分的回應。但是這個界定並沒有將這類型的研究與需要服從IRB審查的那些活動區分開來，例如：讀書，不需要進行事前審查。委員們討論在他們界定中隱含著嚴格的醫學術語。例如：Donald Seldin, MD指出所有這些的根本目的，在某種程度上，是爲了減輕痛苦、傷殘和預防死亡，而研究是實現這些目標的一個最佳終極手段。「他後來用冠狀動脈繞道移植手術（coronary bypass grafts）和調整藥物劑量作比較，來說明需要將眞實地達法程序從小的創新中區別開來的需要。」[27] 然而，經常被提及的社會科學似乎不被委員會放在心上。

生物醫學的焦點對在委員會中擔任重要工作的唯一社會科學家Bradford Gray提出了挑戰。Gray通過在耶魯大學醫學院中開展審查委員會的研究而取得耶魯大學的博士學位，其論文『醫學實驗中的研究參與者』在1975年出版。他發現委員會（由Levine領導）幫助提升了倫理研究，但是他們的事前審查研究不足以確保眞實的知情同意，同時他呼籲委員會通過隨機訪問研究參與者來查明他們是否眞的理解什麼是自願參與。[28] 由於該工作是IRB的一項新研究，它讓Gray成爲在研究參與者領域研究的專家，並自然成爲一名職員。[29]

Gray是醫學方面的社會學家，不是一個社會學的社會學家或在倫理和社會科學方法某一領域的專家。當委員會踟躕不前地考慮，要將社會科學作爲其管理的範圍時，Gray發現自身處於一個模糊不清的位置。因缺乏專門知識，他覺得不能擔任「社會研究的內部支持者」。然而他的社會科學知識比任何一個委員都多，同時他也確實想要建議委員關注研究參與者。[30] 他的解決方案是去嘗試學習更多，但是委員會並不願意提供協助。例如：Gray建議法律學者Paul Nejelski向委員會提案，編寫一本給社會研究者的法律和倫理問題專書，而Nejelski只得到委員會主管的簡單說明，解釋那樣的計畫在委員會權限之外。[31]

Gray繼續努力，在1976年夏天，他寫信給已被委員會聘用的三名法律教授，報告知情同意的法律地位。他感到很失望，因爲報告似乎只表述了醫學研究，同時在五頁之內，他詳細地說明，通過類似醫學實驗來調整社會科學的許多方法，可能對調查研究者造成錯誤的限制。一方面，它可能是過度保護，而剝奪了公民提問的法律權利。另一方面，它可能會忽略在醫學研究中不存在的隱私威脅規範。[32] 律師們同意Gray所提出的有趣問題作爲回應。但是，他們提到「我們在委員會提出草案的過程中，沒有一個委員詢問任何關於你所提及的研究類型的問題。」[33] Gray自己後來總結說，「我們從未讓委員會眞正進入這一系列問題之中，委員會中沒有任何人眞的在關心他們。」[34]

Gray與他的老闆，副主管Barbara Mishkin取得更多進展。在委員會成立之前，Mishkin曾在國家衛生研究院工作，在那裡幫忙起草1974年研究參與者管理條例，那是NIH試圖阻止國會通過國家研究法案的失敗嘗試。在她自己成爲委員會工作人員之前，當時她幫忙編列委員候選名單。但是，在Gray讓她意識到社會科學研究的管理問題之前，她始終都關注在生物醫學和心理學的研究上。正如她後來解釋的，「我所知道的大部分社會科學研究是向Brad Gray請教，請他指導我。我們多方面進行了極佳的討論，不論是否符合委員會努力要提出的研究界定。這對我而言是很好的教育。」[35]

儘管熱心學習，Mishkin和其他委員一樣，似乎只吸收了Gary希望教給他們的一半。Gray勸告她，在侵犯研究參與者隱私的潛在可能性方面，社會科學接近心理學，因此可能需要接受部分相同的限制。但是他並沒有讓她看到，如他提交給法律專家的，「社會科學和新聞學之間的相似度，只不過比社會學和生物醫學研究之間顯著一些」，由於得到一些自由的權利，社會科學理應盡一份自由出版的義務。[36] Gray一再地注意到社會研究者一些作爲經常無異於新聞工作者，例如：他注意到社會學家和新聞記者都假裝有意租屋來測試對租屋和寄宿者的歧視。[37]

委員會從未處理這些挑戰。委員Robert Turtle是一名律師，他堅持「一名社會科學家和一名調查記者之間不同」，但是他並不能清楚地說出他們之間的差異。[38] 行政主管Michael Yesley開玩笑說，如果社會科學家想在不揭示他們計畫安排的情況下進行研究，他們應該只能僱記者來做。[39]「最多，委員們嘗試在私人資助的新聞業和政府資助的研究之間劃一條界限。正如Ryan提出，這與資助新聞報紙好讓自己寫一篇文章是一件事情，我想這並不違法，因爲沒有人挑戰它。聯邦政府代表公衆所資助的研究是另外一件事情。」[40] 但是這個區別沒有太大意義，因爲衛生教育福利部堅持所有的大學研究，不管是否是聯邦資助，都要接受IRB的審查。委員會從未問及事前審查是否適用於大學報紙或被聯邦資助的新聞報導機構，如美國之音。

由於Gray是委員會中較低階的工作人員，他未能強制Mishkin或其他委員力挺他所提出的議題，也不能說服他們去尋求外部的專家意見。正如他的同事Tom Beauchamp後來回憶的，「Brad Gray在讓其他人關注這些問題方面遇到很多困擾，並不是因爲缺乏嘗試，而是他在讓人們聚焦某些方法論或獨特性時有很大的困難。委員會尋找的是人們可以運用於實踐，特別是適用在生物醫學研究世界的一般通則。」[41]

IRB報告

設立委員會的聯邦法律要它去考慮「評估與監測研究倫理審查委員會（Institutional Review Boards, IRBs）的表現……和執行它們決定的適當強化機制。」[42] 爲達成這些指令，委員會一開始只針對生物醫學和行爲研究，同時只有來自社會研究者的一股抱怨，點出IRB審查對社會科學所造成的特殊問題。最終，這些抱怨只產生了一點點影響。

該問題始於一項研究的失敗。自1971年，當衛生教育福利部堅持「涉及研究參與者活動」的資助案及合約都需要接受IRBs審查時，大學已經擴展此審查的範圍，包括沒有接受聯邦政府資助的研究。[43] 但是這些政策的影響卻少有人知，因此1975年6月，Gray說服委員會承接一項對研究者和IRB成員的調查。[44] 從1975年12月到1976年7月間，由密西根大學管理的調查研究中心（Survey Research Center）（由大學IRB批准），要求研究者和IRB成員，對1974年7月到1975年6月之間的研究審查進行評論。[45] 這是一個巨大的成就，超過了3900名研究者、研究參與者和其他61家機構參與。[46] 在1975年時，整件事情花費1億美元——現金。[47] 1976年10月，委員會收到初步結果。

考慮到委員會所重視的，調查如預期地集中於生物醫學研究。關於生物醫學程序的問題是相當詳細的，例如：如果一個研究者要報告「通過自然孔道檢查內部構造」，他會被要求詳細說明使用哪種程式，哪個孔道。[48] 這個報告從廣義的角度來說，確實涉及行爲研究，但Gray認爲，這個角度意味著心理學研究是兩個不同委員會的領域。[49] 當他們寫調查問題時，Gray和他的同事還沒有意識到，許多學校的IRBs已經開始對社會研究審查。諷刺的是，在很多機構受過他的IRB調查（有些甚至拒絕）之後，Gray才意識到這個問題的嚴重性。[50] 結果，在控制下安置的實驗室和教室之外，調查團隊對社會研究幾乎沒有提出具體的問題。該調查本身僅詢問了兩個關於訪談的問題：是面談還是電話訪談，是否詢及犯罪活動。同時在「行爲觀察或實驗」的類別中只問了一個問題：它是否進行於「一個控制的場合中」；後來該調查團隊在提交給委員會的報告中甚至沒有包含這個問題的結果。[51] 這個問卷完全不區分挨家挨戶的調查詢問政治觀點和深入的口述歷史訪談，或在地鐵觀察陌生人和多年生活在其他文化的人群之間的互動。[52]

最近的調查是關於民族誌研究的問題，這方面它詢問IRB成員6個假設案例。其中唯一一個非生物醫學的案例是，「一個研究者正在寫一篇關於機構政策發展的論文，爲此他想去訪談一個機構的管理者。」IRB成員調查的三個範疇（生物醫學的成員、行爲的成員和其他成員）中，每一個範疇的大部分人都相信這個假想的研究設計不需要提交研究參與者審查委員會進行討論。[53] 換句話說，對社會研究的IRB審查進行調查的唯一收獲是，大部分IRB成員認爲它是不合適的。但是這個結果並未納入已公布的調查說明中。

當詢問受訪者對IRB審查的總體意見時——它是否阻礙進步抑或利大於弊——也並沒有區別研究的類型。因此一個被訪者認爲，IRB審查對生物醫學研究是一件好事，但對社會學則是一個災難，如果沒有辦法明訂形式。[54] 調查的研究集中於1974年7月到1975年6月之間，這一時期大部分大學的IRBs很可能已經侵入社會科學，這問題尤其嚴重。例如：在科羅拉多（Colorado）大學，直到1976年春天，它的IRB才大力宣告對社會科學研究的權威；因此，很多被訪者在回答調查時，可能只是對醫學研究的想法。基於同樣的原因，該研究在許多社會科學家看來也是失敗的。該調查大約訪問了800名審查委員會的成員，其中只有23名社會學家、7名政治學家、4名人類學家和3名經濟學家——資料並不足以具有代表性。[55]

這個零散資料的結果，報告中一個接一個的表格呈現，「行爲研究」在諸如心理學實驗、調查研究和參與觀察等多元方法上沒有顯著差異。該調查也在尋找關於研究帶來傷害的資訊，但很少屬於非生物醫學範疇。調查的2,039個計畫中，只提報3個因違反保密性原則對研究參與者造成傷害或尷尬。[56] 同時在729個行爲計畫的調查中，只有4個提報「傷害的影響」。[57]

由於被調查所忽略，1976年春天和夏天，社會科學家寫信給委員會辦公室進行投訴。社會學家Edward Rose踢爆科羅拉多大學小題大作而引起軒然大波，他抱怨大學的人類研究委員會堅稱擁有審查權，甚至是使用公開資訊的研究。[58] 一些南佛羅里達大學的社會學家報告，他們的IRB打亂了兩項計畫。第一，一個被認爲是匿名的郵件調查，要求簽知情同意書；第二，一個研究者計畫參與觀察一個事先無法形成問題的活動，被要求列出問題清單。[59] 這些讓系主任很焦慮，他開始寫信給國內其他社會學系主任，詢問他的情形是否是「個例」或「沒有會傷害研究參與者的明確因素時，衛生教育福利部是否違背學術自由，用對公認適當問題的指導方針，來控制研究內容或限制研究方法。」[60]

Murray Wax作為實踐人類學學會（NAPA）的代表，發出警告說「在很多成員間有一種強烈的情緒，因為一些大學已經實施和解釋的『研究參與者保護』正在壓制民族誌學和人類學領域研究者的基礎和傳統研究方式，這些人類學者的研究方法不會讓任何人處於重大的風險，或許實務工作者例外。」[61] 他後來詳盡說明「因為研究進程是發展的和有機的，計畫經常不能在最初進行描述，參與者也不可能提供絕對的同意。」他建議開展一項實證研究，來調查實務工作者和他們學校IRBs的關係，這是Gary受到IRB的限制而未能提出的一個問題。[62]

在1976年秋，委員會意識到這一問題，在10月的會議中，討論了IRB的調查，工作人員Stephen Toulmin注意到，「在行為和社會科學群體中廣泛瀰漫著一種情緒，他們的問題並未在當前系統中得到解決」，同時委員Robert Cooke承認：「在我的機構收到大量來自行為科學家、特別是社會學家和一些心理學家的投訴，說許多衛生教育福利部的法規實際上只適用於生物醫學研究，尤其不適用於行為和社會學的研究。」[63]

國會在最初設立委員會時，只批准其兩年的時間，期滿又延長一年，不久，1976年11月，一份草案報告委員會收到來自許多社會研究者的重複投訴。該報告指出國會和衛生教育福利部從未界定參與者研究，同時提出「社會科學家質疑需要在訪談前簽寫知情同意書的依據，沒有人建議對新聞從業者做同樣的要求，他們的出版物與社會科學家的作品不同之處僅僅在於他們更快，非系統性也非理論性，更加容易辨認受訪者。」[64] 用Wax的說法，事前協議和簽寫知情同意書打擊可憐的田野調查。

類似的關注點也出現於1976年12月委員會會議準備的工作文件中。該檔案的標題很簡單，「社會研究」，概述了社會研究的方法一觀察、問卷調查和實驗，沒有測量相關的倫理風險或爲這些風險提出可能的解決措施。相反地，還從兩名社會學家的文章中引用他們所爭論的「雖然可以盡可能想像……是什麼樣的疾病，就說需要治療吧！……不可否認的，很難找到什麼證據來證明社會的研究受試者受到直接而明顯的傷害。」[65] 這份檔案有助於說服委員會更加瞭解社會研究。在12月份的會議中，Ryan承認「我不認爲我們可以逃避〔社會研究的問題〕……而主要的問題是，社會研究如何不同於我們已經在處理的生物醫學／行爲類型研究。我們可以把它分出來嗎？」爲了回答這一問題，委員會決定於1977年春天舉行聽證會，主要聽取來自IRBs的評論。[66]

聽證會於1977年4和5月舉行，吸引了許多學者，很多是來抱怨對社會科學研究的審查。作證的社會學家和一位美國人類學學會的代表，都抱怨將醫學的倫理和方法加諸非醫學的研究。[67] 一些批評強調社會科學研究中少有傷害。Berkeley IRB的主席Paul Kay抱怨「超過一半的IRB的時間是用在處理99%的零風險或低風險的同意書上。」[68] Kay也厭惡IRBs熱衷於寫知情同意書，指出如果研究參與者簽寫知情同意書時感覺他們被迫繼續回答問題，它實際上違反了研究倫理。[69] 另一名證人提出「研究參與者的自願參與可以通過一些方法保證，而不僅僅是死板的抱著知情同意書。」[70] 社會學家John Clausen提出，一些成年人可能樂於談話，卻對知情同意書起疑。他呼籲「有能力的成年人應該被看作是有能力的，可以允許他們自己決定是否要參加一個訪談，而沒有必要簽知情同意書。」[71]

批評者也表示——實驗本質上始於固定的問題和草案——將實驗的規則套用於更靈活的社會研究工作是愚蠢的。一個證人，她是化學家，提醒說社會科學的「研究能在事前設計和解釋的程度不同」，還涉及「不斷變化的研究設計」。[72] 另一位評論家進一步指出「社會科學的田野工作和參與觀察，以及教育研究的課程發展工作經常需要不斷發展變化的研究設計，不像在生物醫學和心理學研究中有正式的實驗設計。」[73] Hans Mauksch美國社會學學會的執行長稱，IRB的主要工具——研究案的事前審查——要在社會研究中保護參與者是完全無效的。「一些質性研究的特性不適於將要問的每個問題列出具體的文檔，」他解釋說「研究應該詢問的問題和採用的方法都是在與研究對象互動的過程中學習而來的，」當社會學家參與存在倫理風險的研究，例如：訪談瀕死的人，「研究參與者保護的眞正問題是應該由那些有能力和敏感的專家帶著倫理觀開展研究。」[74]

社會研究的調查研究是很容易通過事前審查來面對它自身的問題。正如Ronald Heilmann所解釋的，衛生教育福利部的指導方針需要爲一位研究對象考慮到資訊的六個具體方面，例如：「描述任何伴隨的不適和風險」和「找出所有適當的可選擇的程序」。這些要求對醫學實驗是重要的，但對許多調查研究是不合適的。將這些加入對調查研究的要求中，只會讓人厭煩或嚇到潛在的受訪者，破壞樣本有效性。[75]

在通信和聽證會中，批評者向IRB提出可供選擇的方案。Wax聲稱，審查不應該在計畫開始前，而是在進展的全程中。他也提出任何人因出版物而感覺受到傷害，都可以控告其侵犯隱私或誹謗罪。[76] 其他人討論了在研究所中審查學生研究的觀點，大致上，在這些學術單位中，系所可能比來自其他學科的委員會更熟悉社會科學家的方法。[77] 同樣的，一位社會學家建議，只有包含富有經驗的民族誌學者的IRBs才有資格審查田野工作的研究設計。[78] 加州大學柏克萊分校的Herbert Phillips描述該校的一個提議：在校內允許研究者來決定研究對象是否處於風險之中，如果他們認爲沒有，就和他們的部門一起提交保證書，而不是提交研究計畫給IRB審查。因爲衛生教育福利部否定了那個計畫，Phillips呼籲委員會推翻這個部門。[79]（在1978年寫給委員會的一篇文章中，保證書方法在社會科學專家中得到廣泛的支持。）[80]

委員會的委員和他們的顧問在一定程度上聽到了這些抱怨。Brady描述了發生在科羅拉多大學的「IRB暴行」事件，指出「許多來自社會科學家的證據說明，程式導致了社會研究審查中的一些問題」。Turtle苦惱於IRBs經常採取保守的限制手段。Levine在兩年前就認爲社會科學根本上無異於生物醫學，現在他認爲「許多研究者的問題在於將生物醫學研究的模式或來自物理和化學等自然科學的思維模式應用於社會科學研究。」[81]

隨著1977年的聽證會，工作人員爲IRB報告準備了一份新草稿，指出「對IRBs現行活動最常見的批評是，他們在規章發展之下操縱著一類研究（生物醫學），應用於其他類型的研究時它功效不彰（如教育研究、病歷的流行病學研究、調查研究、觀察研究、民族誌和社會語言學以及與社會服務計畫實施相關的評估研究）。同時它提出了對低風險研究保持監督的方式，用以避免完整的IRB審查，包括：柏克萊的保證書體系，部門委員會的初審以及IRB小組委員會或工作人員的事前審查。[82] 工作人員連同該報告一起遞交了8頁「機構審查委員會績效相關問題」（Issues Relating to the Performance of Institutional Review Boards）的清單，包括，IRB審查是否適用於語言學、民俗學、民族音樂學、口述歷史、調查，或使用公開資訊的研究。[83]

最有意義的是該報告提出了如何界定研究參與者的問題——這在1974年的研究守則和國家研究法案都付諸闕如。該定義包含參議院於1973年對社會科學之外的所有活動的調查，參議院當時並不關注社會科學而將其排除。它爲界定研究參與者提出三個建議，第一個選項是免審活動的具體清單，建議中共有11個範疇，包含幾項可使社會研究免除審查。其一是排除「語言學、民俗學、民族音樂學、口述歷史和民族誌學」以及「使用公開資訊的研究」。可能更寬廣的建議是排除「廣泛的研究、培訓、指導和在大學中日常發生的示範活動」。第二個選項是將研究參與者界定爲「一個人處於控制之下，他的行爲在研究者的指令下正在被修正，因此應該將觀察研究、文獻研究和大部分調查研究排除在外。」第三個選項是界定風險「(a)務實（如IRB不用判斷詢問研究參與者參與調查是否構成風險）；以及(b)不包含研究參與者所屬的社會團體之風險。」[84]

然而，委員會未能對研究參與者的定義達成一致意見。在1977年7月的會議中，委員Albert Jonsen建議將研究參與者界定爲「一個人處於研究者的影響之中，比如他的生活、健康、幸福、名譽等諸如此類的重要的、且可能受到不利影響，而由於某些原因他不能保護自己。」[85] 這與研究風險保護室的Chalkley在喬治亞醫學救助計畫案例中提供的界定相去不遠，在該案例中，他表明研究參與者是指某人「自主思考與自願參加的前提下。」[86] 但是Lebacqz爲「人們不能保護自己的部分」憂慮。Mishkin and Levine也擔憂，決定研究者擁有多少權力將是十分困難的；他們感覺這個決定最好留給IRB。Levine建議這太寬泛了，最好有一個決定，因爲每個IRB可能對管轄的一些計畫沒有什麼興趣。[87] 這種對話，在委員會沒有研究參與者研究做出決定的情況下持續進行。

留下這個由委員會製造的最重要決定，又回到工作人員手中。在Mishkin的領導下，工作人員形成了非常寬泛的界定：「研究參與者是指個人爲研究提供：(1)資料 —— 通過研究者的介入或與他人互動，或者(2)個人隱私。『研究』是一種正式的調查，目的爲發展或貢獻於一般性知識。互動，是指研究者與研究對象之間的交流或人際接觸。」[88] 這個界定拋棄了衛生教育福利部法規所聚焦的『研究參與者風險』和國會關注的『生物醫學和行爲研究』等嵌入委員會標題中的語詞。然而，它將包含所有問卷調查，所有田野調查，甚至所有會談。[89]

制定這個定義的工作成員並未打算管理IRBs之後將要監控的一

些活動。後來詢問Mishkin是否有意規範新聞業時，她回答：

> 委員會可能不要，Brad可能要，我也可能不要。它不常被提出，偶爾被討論到也明顯不屬於我們處理的生物醫學和行為研究。它不是為科學領域貢獻一般性知識所做的有組織活動。新聞業者顯然不同，他們只想提供公眾知識；我不認為那是委員會所說的「一般性知識」。

但是這個定義本身沒有那樣說；每篇新聞文章、每通打給政府官員的電話，都毫無疑問的符合定義。

其他工作人員和顧問都理解這個問題。在下一個委員會會議上，Levine發出警告「爲了處理草案中的界定，列出數量驚人的排除條款變得十分必要，還要說明『我們的意思不是這樣，而是那樣』」。[90] Gray後來表示他對這個寬泛的界定感到很不舒服，但也看不到其他選擇。「如果我們能夠提出一個能信服的論點，這是指，將社會科學排除在整個框架之外需要有一個理論基礎，這個框架目的是保護研究參與者的權利和福利，我猜想多數人已經抓住了這一點，」他回憶到：「我應該……感覺我們受困於將社會研究納入參與者研究的界線內。」[91] 但委員們甚至沒有領會到這種困境，在8月份的會議中，他們沒有討論對社會科學的影響，就接納了這個定義。[92]

之後，9月，工作人員提交了一份建議清單的草案，其中大部分仍然會留在最後的報告中。它建議每個聯邦機構和每個接受聯邦資助的學會，應該建立IRBs，接著，應該擁有對所有涉及參與者研究進行審查的權力，不管這些研究是否接受聯邦的資助。IRBs被授權用於修正、否定、監控和暫停研究，以及將違背的研究者報告給「機構當局」。[93] 違背的機構可能失去接受所有聯邦資助的資格。

在這樣嚴苛的尺度下，Gray對社會科學家保證3個關鍵的讓步，第一，正如Gray經常贊成的，這個報告陳述的「IRB應該……不認爲風險包含研究結果可能帶來的後果（如研究公共政策可能的影響）。」[94] 理論上，至少，將允許社會科學家批評機構或少數族群，只要不傷害個體。因此他解決了Berkeley在1972和1973年支持研究者的問題爭論。第二，報告沒有一律要求像醫學研究一樣簽寫知情同意書。反而，它允許IRBs免除簽寫同意書的一般要求，不管是知情同意書可能給研究參與者帶來風險，還是獲取知情同意書「可能對研究或研究者增加負擔，而不能證明知情同意書會提供更加全面的保護」，例如：「一個電話調查或民族誌研究。」[95]

最後，該草案建議新的「加速審查程序，對小心界定、低風險的研究範疇，簡化常規的IRB審查。」這些範疇需要得到「聯邦主管機構或部門」的批准，儘管該草案未能說明，哪個機構會對沒有得到任何聯邦機構資助的研究負責。該草案列出「可能適用快速審查」的範疇，大部分是流程——分析頭髮和指甲，小的血液樣本，國家健康學院臨床中心在前一年建議免審。[96] 但該草案也將使用的「研究工具」（訪談和問卷）列在清單上……條件是資料的蒐集要麼是匿名的，或者是通過保密程式保護的敏感資料。這種研究將和其他研究適用同樣的倫理標準，但是它需要得到IRB主席或指定的IRB成員及工作人員的批准。[97]

加速審查的建議跳入一個未知的領域。任何非完整IRB審查通過（或不通過）的研究計畫都是被法規禁止的，同時1976年對IRB進行的調查分析顯示，在它研究的所有機構中，「委員會的紀錄中，從來沒有審查者個人單獨決定計畫是否可接受。」[98]（非正式地，某些大學的IRB主席確曾核准研究計畫。）[99] 對此，Gray最多只能說，委員會在全體委員進行審查之前，先讓個人或小組委員對一些研究計畫進行特別審查，在某些方面會更有利，包括研究者的滿意度。[100] 但是與可替代方案一提交保證書或部門委員會審查相比，他認爲由一位IRB成員的審查最不尊重學科的差異性。一位社會學家提交保證書可期望她知道自己的研究倫理，一位人類學家可能和他自己部門的成員擁有共同的理論和方法論框架；但是一名研究者申請加速審查並不能保證，被指定的IRB委員或工作人員熟悉該類型的研究議題。

然而即使到了晚期——1977年秋，委員似乎稍微意識到，他們的建議對社會科學的可能衝擊，儘管工作人員和顧問努力讓他們對這個問題感興趣。Joel Mangel，衛生教育福利部的一名律師，請求澄清該提議是否設計成涵蓋社會科學和政策實驗，以及生物醫學和行為研究。如果它的目的在於涵蓋這一類型的活動，我想澄清就有幫助，如果不是，也要澄清。「Gray告訴委員們——像第一次說很多社會科學家認為IRB程序的設計」發展自醫學模式，「一些要求很愚蠢」。[101] 來自伊利諾州（Illinois）大學顧問John Robertson的一封信引起委員會的注意，該校已建立用於未被資助的、低風險研究計畫的部門審查制度，抱怨廢除該制度並不能保護研究參與者，而且將需要花費更大量的時間、精力和財力。[102] 這些呼籲沒有一個引起回應，委員們沒有，甚至厭煩對工作人員的提議發表評論。[103]

直到1977年12月，聽證會的7個月後，委員們才認知此一問題。Donald Seldin建議「社會科學研究適用的不同組織結構、不同的專家和某些不同的指導方針，是IRB的主題。」[104] Albert Jonsen認為社會研究「與我們經常思考的生物醫學的世界，呈現出一種非常不同類型的風險，一種非常不同的問題認知。」主席Ryan承認對限定的「合適之處」的少量建議是不夠的，同時報告需要「表明我們意識到一些行為和社會科學等研究方式，必須著眼於他們的需要，而不是嚴格套用生物醫學模式。」但是他們沒有提供具體的規定，保證社會研究將用理解他們研究的委員會來審查。此外，在他們關於不同提議的爭論中，也沒有討論這些提議會怎樣影響社會科學。例如：當委員們拒絕將1974年法規中效益大於風險的要求用於所有案例中，他們討論了各種醫學案例，不論眞實的或假設的，無人提及社會科學家在整體風險—效益框架中遭受到的挫折。[105]

委員們也拒絕保護學者對抗反復無常的IRBs。Gray警告委員們，研究人員抱怨委員會「評估一種研究而建立」卻對另一種研究風險做無知的判斷。他引用了一篇文章中說，不熟悉社會心理學虛假研究的人，「經常過於高估它對研究對象造成的傷害程度，」[106] 但是其他的工作人員和顧問斷論，控訴IRB的決定，將削弱IRB的權威。Mishkin確信一個合適的IRB應該有熟悉所有審查領域的成員。[107] 顧問Stephen Toulmin對研究者的權利尤其不屑一顧，他指出「我們是否認爲這件事情濫用學術自由是一個問題，這顯然需要美國大學教授協會（American Association of University Professors, AAUP）和大學行政管理之間去討論。我的意思是，在我看來，它並不屬於委員會的職責範圍。」[108] Jonsen後來吹噓，與1974年的規定相比，委員會的規定爲IRBs審查他們面前的任何研究提供了「更好和更高的彈性」。[109] 但是委員會沒有提供任何的保證，他們會明智地使用這個彈性。

1978年2月，IRB的報告幾近完成，只剩Gray警告說，一些機構，例如：教育局合法的抵制衛生教育福利部的規定：

> 因為他們相信法規不適用於他們開展的研究。委員會沒有關注這些研究。我們說的是這些法規應該適用，但是我們沒有附帶檢視教育研究的任何細節。機構做的很多事情可以輕易地解釋為研究參與者相關研究，但是我們從未想過。

他的上級領導，Barbara Mishkin並不同意。「我認爲我們已經在這些IRB提議中，加入了足夠的彈性，能適用於任何社會研究，任何社會科學研究，任何教育方面的研究等」，她這樣想，而委員們在繼續前進。[110]

隨著委員會於1978年春天完成其工作，Gray再次嘗試，他詢問委員Turtle爲什麼一位社會學家要比一位調查記者更沒有施展的餘地，但是沒有得到回應。他爭論社會學家應該擁有權利，「像任何人都有的權利一樣」，把公共行爲拍成影片展示。委員會行政主管

Yesley回應說，當機構的研究者遞交給IRB審查時，他們簽了合約。Gray反駁，「那不在我的任教聘約中，」[111]主席Kenneth Ryan可能被這些爭論所困擾，解釋說，「我們花了一整個早上來討論『觀察研究』，很明顯這裡有很多討論，因此對研究對象有不同的觀點和困惑。委員會長期以來，實際上沒有合適地機會將時間用在社會科學研究這一問題上。」[112]

委員會從未發現這個時機，因此滿足於對自己意見所做的細微調整。Gray得到讓步，「在研究公共行爲時，若是最低的風險，不太會引起令人爲難的事情，且擁有科學價值，則不需要知情同意……」[113]但是爲什麼大學研究者應該接受IRB的許可才能去做那些新聞記者和普通公民經常做的事情，這個質疑沒有得到解決。所有社會科學家在這方面的收穫是，在最後的報告中，委員會承認他們寬泛的定義脫離了傳統。該報告指出對於聯邦機構自己的研究，「問卷和調查」活動應設有保護機制，而其本質與界限目前並無統一理解。它接著解釋，儘管：

> 很多調查不需要介入研究對象的生活或活動，該研究對象屬於委員會研究參與者研究定義中的研究對象，應該注意資料蒐集在其內部或本身，並不被普遍視為「研究參與者研究」。[114]

委員會承認，在調查是否還屬於參與者研究的範疇，以及IRB是否合理的審查機制方面缺乏共識。在1978年9月，發布了最後的IRB報告，優雅地命題爲「倫理審查委員會：國家委員會對生物醫學和行爲研究的參與者保護的建議和報告」，同時發表在該年11月的《聯邦公報》，該報告正式地介紹工作人員對研究參與者的定義：「一個人被調查者（專業人員或學生）執行的科學研究取得：(1)資料，通過介入或與這個人的互動，或(2)可辨認的私人資訊。」接著建議

「每一個由任何聯邦部門或機構資助的關於研究參與者的研究」，都被要求保證「所有此機構贊助或執行的關於參與者研究……都接受審查，並根據審查委員會的決定管理。」[115] 總之，委員會建議，聯邦政府要求，用了政府一分錢的每一所大學所進行的所有訪談、調查和觀察研究，都需要IRB批准。

爲了論證該建議，最後報告掩蓋了在委員會中來自社會科學家的大量抱怨。該報告宣稱：

> IRB成員和研究者事實上一致同意，IRBs在他們的機構有助於保護研究參與者的權利和福祉，同時大部分同意程序是合理地有效率的，甚至帶來提升研究科學質量的效果。對IRBs也有一些嚴厲的批評，特別是來自社會和行為研究者的批評。然而研究者和IRB成員一樣，似乎認識到研究審查的需要，接受IRBs的合法性，同時準備支持IRBs的工作。[116]

這些宣告令人懷疑。他們1975-1976年基礎的調查也顯示，回應的行爲和社會研究者，幾近半數感覺他們機構的IRB「陷入失能的境地」又「做不配做的判斷」，同時大部分研究者感覺IRBs「阻礙他們機構的研究進展」。

更糟糕的是，該結論對那份調查授予特權，該調查並未對社會科學研究詢問任何問題，忽略了在1977年的聽證會上來自社會科學家的證據，那是委員會給社會學家和人類學家對他們的情形做出說明的唯一機會（正是量化證據對於質性證據的這種特權，後來變成許多質性研究者抱怨IRBs由量化科學家組成的來源。）他們在聽證會的證詞以及他們發送的材料，社會科學家清楚表明，他們的研究不需要審查，IRBs不合法，他們拒絕，他們盡力要消除IRB對他們的裁決權。但是在IRB的報告中，雖然對它做了這麼多的工作，委員會輕易地忽略社會科學專家。

結語

4年之中，面對生物醫學和心理學的研究者，國家委員會的成員、工作人員和顧問做了數量驚人的工作，蒐集資料以及對一些最難的倫理問題提出建議。但是在IRBs工作中對社會科學和社會科學家，他們在兩個方面沒有盡責。第一，他們沒有界定「行爲研究」，這個包含在委員會標題中的術語。委員們和工作人員認識到定義的重要性，特別當國會忽視而未提供時。如Levine在1975年4月提出，「我們可以在任何地方使用這些詞語，除非我們共用相同涵義，否則句中結構對我們任何人都沒有意義。」[117] 在工作過程中，委員會界定了每一件事情，從「研究」到「研究參與者」，到「公正」再到「生物醫學」。然而它忽略了被明確請求的「行爲研究」定義，以及行爲研究與社會科學、人文科學、新聞學之間的清晰界限。由於缺乏定義，委員會的顧問Don Gallant相信行爲研究意味著對行爲失調的治療或病理學探索；顧問Albert Reiss認爲行爲研究的最典型方法是簡單的抽樣調查；而Murray Wax繼續詢問田野調查的事。[118] 好像管理石灰工業的國家委員會，它完成了工作，卻並沒有決定它管理的是柑橘類水果還是氧化鈣。

第二，委員會沒有調查社會科學家會犯何種傷害和錯誤，IRBs先前如何處理各種類型的社會科學研究，以及有無其他對策。早期缺乏對行爲研究的定義和缺乏對社會科學的關注，導致Michigan的調查中抽樣不足，同時導致IRB的擁護者和批評者都依賴道聽途說和臆測推斷IRBs對問卷調查、觀察和訪談的影響，委員會也沒有應社會科學家請求去探索IRBs的替代方案。

委員們並非完全不理會這些關注點。在委員會的協議下，成員和工作人員公開講出他們未能就IRBs對社會科學的影響進行調查，也擔憂部分建議的可行性；然而不但沒有承認這些不確定性並徵求更多研究，委員會的官方報告宣稱社會科學需要監督，同時IRBs是進行這種監督的最好方式。最後，委員會出版了關於IRBs的總結，不受委員會所蒐集的證據支援，甚至與之牴觸。關於社會科學的類似模糊性，在國家委員會最著名的產品貝爾蒙特報告中也留下瑕疵。

CHAPTER 4

貝爾蒙特報告

4

國家委員會的IRB報告是許多人體、人類研究的政策基礎，但是在30年後人們特別記得的是另一個報告，叫做「貝爾蒙特報告（Belmont Report）：保護研究參與者的倫理標準和指導。」這份報告具有準合法效力。在美國，幾乎每個大學的IRB都會上交一份聯邦級保證書，保證「所有機構的人類研究活動，無論是否受聯邦條例的管理」，都受貝爾蒙特報告或者聯邦政府授權的「其他合適的倫理標準」指導。[1] 事實上，幾乎所有的美國大學都同意遵守貝爾蒙特報告。[2]

基於此保證，IRBs將此報告當做倫理判斷的核心。在許多情況下，他們都會要求每個研究者閱讀報告，然後進行評論。在IRBs仔細考慮過後，他們尤其要看研究計畫是否違反了報告的標準和指導。[3] 2006年一位評論員寫到，這個報告「持續地像圖騰那樣影響研究倫理的實踐……像美國憲法一樣長；研究者在解釋報告有歧義的段落時經常引用『原始涵義』；宣布之時也是令人敬仰的。」[4] 實際上，貝爾蒙特報告比憲法更加像圖騰信仰，因爲它是不可修改的，現在仍舊保持著1978年的樣子。[5] 所以貝爾蒙特報告更像是十戒：永遠刻在石頭上。

但是這個報告是不可靠的人類產物。在25週年時，生物倫理學家開始爭論貝爾蒙特報告的有用性，有的人（包括一些原始報告的作者）發現貝爾蒙特報告明顯的缺點。[6] 貝爾蒙特報告對社會科學和人類研究來說是一個糟糕的指導。正如Mary Simmerling、Brian Schwegler、Joan E. Sieber和James Lindgren在2007年寫到的那樣，這個報告是「基於醫學的決策模型」，「目前一些研究倫理管理上的困惑，尤其是反映在貝爾蒙特報告裡的，不僅來自醫藥領域裡的源頭，也來自帶病人參與研究的人。」[7] 這種困惑是因爲過程裡的每一步都是狹窄有偏見的，造就了國家委員會的IRB報告。就像那個報告的作者一樣，委員會的委員和貝爾蒙特報告的撰寫者既不願意聽社會科學家的，也不放手讓他們自己去做。

原則

在國家研究法案中，國會請委員會「確認基本的倫理，這個原則應成爲以人類爲受試者的生物醫學和行爲研究的實施基礎。」[8] 但是委員會的委員們以處理醫藥背景開始這項任務。在1975年早期，他們首先通過一個胎兒實驗，討論了醫藥方面的一些原則。發行於1975年7月的報告表明「問卷的自由度、可得的社會利益，以及對個體的保護都很重要，也是需要被鼓勵的。在極大程度上來說，它們是可共存的。當它們偶爾出現衝突時，必須通過公開審議的方式提出一個解決方案。」之後他們提出了三個原則以指導解決方案：「(1)無論何時，只要有可能就要避免傷害，或者至少將傷害最小化；(2)要提供公正的待遇，避免不同階級間或同一階級裡不同成員間的歧視；(3)要求通過事先知情同意的方式來尊重參與者的完整性。」但是報告將這些標籤化爲「臨時的」原則，因爲委員會還沒有開始確認原則的核心任務是什麼。[9]

1975年末期，委員會收到顧問們的一些背景材料，開始了這項工作。除了一些相當抽象的討論倫理原則本質的材料以外，委員會也收到了針對人類研究的材料，來自Tristam Engelhardt和LeRoy Walters兩個人。他們兩個都是生物醫學機構的成員——Engelhardt在德克薩斯大學醫務部，Walters在喬治城大學的生物倫理學中心。他們的研究都與，用國會的語言來說，「生物醫學和行為研究」息息相關。他們都很信任三份生物醫學文件：1947年的紐倫堡守則（Nuremberg Code），1964年的赫爾辛基宣言（Declaration of Helsinki）以及現存的衛生教育福利部的規則（編輯於1974年）。Walters認為這些是生物醫學倫理的來源，但是他希望「這些文本裡發展的許多倫理原則也可以應用到行為研究」，不過他沒有明確定義這些原則。[10] Engelhardt的想法恰恰相反，他認為行為研究的部分應該諮詢美國心理學學會的人類研究指導倫理原則（American Psychological Association's Ethical Principles in the Conduct of Research with Human Participants）。沒有學者提出人類學、社會學或者其他社會科學發展的倫理。

兩位學者從生物醫學和行為學中提取了一些道德原則。Engelhardt強調三點：「尊重人們作為自由的道德主體的身分，支持研究參與者的利益，保證用人類做實驗總體上有益於社會。」[11] 至於Waters則提出「道德上可接受的非治療性研究的四個基本要求：恰當的研究設計；合理的風險－效益比；參與者選擇的公平性；對參與者進行合理自由且充分的知情同意告知。」

一位匿名的委員立刻意識到只依靠醫學的原則會遇到什麼困難，他指出了以下的警告：

> 僅僅「減小風險－效益比」的勸告是含糊不清的：在不同議題中，特定種類的「傷害」和「受益」有本質上的不同。例如：精神外科實驗、初步的藥物測試、心理學實驗和

社會問卷調查，明確的倫理重要性都還沒有被充分分析。[12]

衛生教育福利部祕書室的Richard Tropp同樣警告，國家衛生研究院匆促草擬出衛生教育福利部的指南，被Engelhardt和Walters當做倫理的主要來源，卻沒有諮詢部門內的非生物醫學機構。他寫道：「基於生物醫學研究模型的概念框架，在一些主要的方面來看，現行保護人類受試者的規定不合適，對社會科學研究管理起不了作用。」[13]

這兩個被要求準備背景文件的社會科學家，在如何應用醫學倫理這個議題上各持己見，部分基於他們各自的研究經驗。巴納德學院的社會學家Bernard Barber是醫學研究方面的社會學專家，最近與人合著了一本涉及人類醫學實驗的書。在該作品中，Barber調查了IRBs，但是只問生物醫學的研究，讓他無法洞察非醫學研究者所面對的問題。[14] 自然也就看不到把醫學倫理應用在非醫學研究中的問題，在哥倫比亞大學，他是人類受試者審查委員會（Human Subjects Review Committee）的主席，這是一個致力於非醫學研究的IRB機構。爲了論文，他查閱了三年來的文檔，發現近三分之一的審查都標記了一些潛在的社會傷害，例如：「尷尬、破壞隱私、洩密、有監禁的危險、對家庭或更大的社會網絡關係有不良影響、焦慮、恐懼、自責以及有傷害性的新的自我意識。」[15] Barber沒有解釋什麼樣的研究在其委員會的管轄內，而是將所有的「行爲研究」歸爲一類。他既沒有解釋、指出對研究參與者的潛在傷害如何影響審查下的研究，也沒有報告許多哥倫比亞大學教授對IRB的蔑視。[16]

耶魯大學的社會學家Albert Reiss來自一個更有批判性的傳統環境。例如：在60年代的末期，當告訴員警他的研究「只關心針對員警的公民行爲，還有公民給員警製造的麻煩」之後，他觀察員警。實際上，Reiss和他的合著作者對員警的行爲也同樣有興趣。他們承認：「從這個意義上來說，這個研究包括有系統的欺騙。」[17] 不出所料，Reiss比Barber對現存的衛生教育福利部管理條例更持疑。雖然他沒有明確地譴責IRB對社會科學的管轄，他似乎已經視其爲事實共犯而明確表示，對很多社會研究來說，用生物醫學模型管理是不合適的。首先，它假設研究者都能完全掌控，這在醫學臨床上比較接近事實，但（例如）電話訪談中就不一定了，訪談中的參與者隨時可以掛電話。其次，它假設研究者有固定的系列程序，但在社會科學裡這幾乎不可能。第三，假設最小化所有的傷害，但在「揭發醜聞的社會學或者社會批評」是不可能的。總之，他發現「行爲科學問卷總體來說是低風險的，所以看起來知情同意的要求似乎是沒必要的、累贅的。」如果政府眞的想在研究中保護參與者，他們應該提供「法定的基本人權來對抗被迫揭露……法定的懲處去對付未授權的揭露、誤用或違法使用。」[18] 但是Reiss將這些重點埋在164頁雜亂無章的評論中，沒有明確陳述早期社會學家對IRBs的批評，比如Edward Shill對1972年柏克萊政策的6頁抨擊。[19] 對於反對醫學倫理的普遍應用，他們缺乏雄辯的發言人。

在1976年2月，委員們在位於馬里蘭州埃爾克裡奇市的會議中心——貝爾蒙特旅館會面，開始討論這些議題，會議要給貝爾蒙特報告應有的名聲。有些人支持對只由問題組成的研究做IRB審查，以及可能的限制。Karen Lebacqz關注「美國原住民，他們持續地被人類學家研究，而且確實有一些公開的關於行爲學研究的恐怖事件，在那些研究中可能有個人或群體受虐。」不過她並沒有舉出實例。[20] Robert Cooke要求連觀察研究都要IRB審查，爭論道：「不能放寬，可能有人會利用資訊危害他人等。」[21] Turtle寫道：「至少在研究環境裡，當任何人都可以出去問其他人問題時，我感到很難接受。至少在研究背景中，有時候沒有傷害或風險，對生物醫學裡的風險我們不該想得太過嚴重，認定與其他研究是不同的。」[22]

相反的是，委員會的委員和顧問要求生物醫學倫理和社會、行爲學倫理要區分開來。委員Stephen Toulmin認爲；

> 當我們進一步討論IRB檢查階段時，有一個問題需要特別注意：是否相同系列的步驟可以有意義且有效地應用於評估涉及人類受試者的生物醫學研究以及其他種類的研究，尤其是社會科學領域的研究。[23]

兩個顧問分享了他們的懷疑，提供了一些案例，顯示對參與者的實質傷害可能是倫理問題。Reiss認爲Abraham Flexner在1910年有關醫學教育的研究也許是有害的研究，雖然它被認爲是醫學專業化的里程碑，但是造成了許多不穩定的醫學學校關閉。[24] 法律學教授Charles Fried堅持認爲「調查自由」應該是研究倫理中的一個核心原則。他提出了一個假想情況：研究者將被限制不得分析聯邦法官已公開發表的意見中所透露的思想。他解釋道：「那些法官可能有極大的風險，可能有可怕的事情發生在他們身上，但是我接受他們沒有權利拒絕的事實，也沒有人有權利告訴你，你不能那麼做，那是一種空前的控制；那違憲，是監控，是可怕的。」[25]

但是這個爭論基本上沒有對形成倫理原則報告有任何作用。例如：在貝爾蒙特會議中的討論大綱介紹了倫理原則的目錄，參閱了「可接受的人類實驗規範」，這個規範意指紐倫堡守則、赫爾辛基宣言以及衛生教育福利部的規則。根據Walters的先例，提倡爲每個原則「引證規範的相關部分」。事實上，在1976年3月1日，Toulmin第一次起草的倫理原則報告是基於Engelhardt和Walters的作品，他們將紐倫堡守則、赫爾辛基宣言以及衛生教育福利部的規則分成「三種基本的倫理要求，即對人的尊重、公平和效益」。對人的尊重包括選擇是否要參與的自由性和提供知情同意。這裡的公平非常符合Walters所關心的「公平地選擇參與者」。而有益是結合Engelhardt的「保證在研究中使用參與者時爲了整體上對社會有利」和Walters的「希望有合理的風險—效益比」。[26]

Lebacqz認爲二月的提綱「可能有點偏生物醫學」，所以她試圖在三月的草案中加入「對行爲研究的考慮」。[27] 但努力結果是兩個條款，其中一個新的叫做「研究指導規範（Norms for the Conduct of Research）」，使得IRB嚴重介入社會研究。草稿中認爲公益原則意味著「不僅有必要考慮直接參與研究的個體利益，也要考慮可能間接參與研究的個體（例如：社會學研究要調查他們所任職的機構），以及更廣泛有可能被研究影響的群體。」[28] 換句話說，IRBs需要提前判定一個社會學家或人類學家的研究對沒有參與研究者的影響，這個判定正如Reiss所提醒的是不可能的，這個判定激起柏克萊教授的反抗。[29]

這個「規範」的另一個部分提到「社會科學計畫對受試者的挑選需要考慮倫理議題，尤其是使用所謂的『滾雪球抽樣』（snowball sample）。如果對研究參與者的訪談被用來作爲招募更多參與者的手段，那麼就沒有尊重原參與者的完整性，沒有讓他『作他自己』，而是當成一個工具。」滾雪球抽樣已是社會研究的常用方法，只是詢問參與者還有誰可以面談。這個方法出現在一本廣被採用的教科書中，不帶任何譴責意味；該書由密西根大學爲委員會做IRB調查的機構主管所編寫。[30] 因此，這個草案主張應用康德的原則（Kantian principles），嚴格做爲禁止使用的社會科學日常工具。

1976年3月的草案在當年漸漸失去活力，委員和職員都沒信心去修正它。最開始負責起草報告的顧問Stephen Toulmin也脫身去做其他的事情。[31] 所以在12月時，行政主管Michael Yesley僱用哲學家Tom Beauchamp修訂報告。

應用

自從Tom Beauchamp在1976年12月進入委員會，是唯一把貝爾蒙特報告當做優先工作的人員。受僱時，Beauchamp是在生物醫學倫理領域日益具有權威的學者，正與他人合著一本書，後來出版的『生物醫學倫理的原則』。[32] 但是與委員和大部分職員一樣，Beauchamp對社會科學研究的倫理所知甚少。結果，他的工作只是讓報告演變成一個醫學倫理的宣言。

Beauchamp來到委員會，他相信他的任務就是更正醫學研究的錯誤。正如他後來回憶的：

> 在1966、1967、1968年，當時所有IRBs相關的事都在起步階段，擔心倫理議題等；最初完全是國家衛生研究院主導的。以為國家委員會出現之前『行為的』世界陷入『生物醫學』，那段歷史就會消失，那是愚蠢的想法。

醫學研究顯然有倫理問題，Beauchamp認爲他的任務是尋找方法限制醫生。正如他說的：「我們的處境是公衆清楚地認定科學家有太多的自由，太多不關注道德事務的自由，這就是問題。」因此，他對Fried「調查的自由應該是基本原則」的想法表示不屑。[33]

Beauchamp知道「行爲」這個單字是在委員會的議題中，他也做了一些努力來探究非醫學研究的問題。即使，他也只集中在心理學家的倫理上，基於兩個原因。第一，正如他自己所指出的，「兩個委員都是心理學家，所以我們想確定是否已經涵蓋了所有學門的基礎」。如果委員會含括了所有要管理的學術領域學者，可能就會強硬主張貝爾蒙特報告反映了他們的倫理。但是，Beauchamp回憶，說到社會科學議題，「事實上委員中沒有專家，也沒有人感興趣。」[34]

Beauchamp關注心理學的第二個原因是他認爲心理學相較於其他行爲學和社會科學有更好的倫理指導方針。尤其是美國心理學學會最近已經出版了一本104頁的書《人類受試者研究執行的倫理原則》，這本書提供了一般的原則以及對特殊案例的評論。[35] 與此相反，Beauchamp蔑視後來由社會學和人類學組織提出的倫理原則，認爲它們「非常單薄，這種比較公平嗎？那些可以壓縮成10個原則，僅僅一頁紙之類，相當無趣」。

確實試圖將指導縮短成了容易記的清單，但是美國心理學學會也是這樣，它們的書也是以Beauchamp瞧不起的十個倫理原則開頭。[36] 在沒有出版官方的、書籍長度的研究倫理檢驗之前，人類學家和社會學家早就廣泛地寫出了他們工作中遇到的倫理挑戰。例如：社會學家Myron Glaze在1972年的書《研究冒險》（*The Research Adventure*），這本書可以看作社會學的非官方書籍，相當於美國心理學學會的書。

最可能的情況就是Beauchamp根本沒有讀過這本書，也沒有從其他資源學到多少關於社會科學倫理的事情。在2007年接受訪談時，他不記得看過貝爾蒙特會議準備階段所撰寫的文章，例如：Reiss對社會學方法與倫理斷斷續續的解釋。他不記得他自己（或除了Bradford Gray的其他人）受到委員會中批判社會學者的影響，例如：Murray Wax，他也沒有受1977年IRB聽證會的影響，他沒有參加這些聽證會。但是，Tearoom Trade在委員會會議時提出的事情給Beauchamp留下足夠深刻的印象，讓他覺得社會科學家有太多自由。[37]

Beauchamp也沒有努力去編碼研究者已有的標準。他之後這樣解釋：

> 一個原則不意味著某群人所相信的或者普遍相信的，而是意味著在規範上是正確的。應該是聯邦法律裡被稱作原則的才應該掌管研究。是應該掌管，而不是在過去曾經掌管，曾經被尊重。[38]

無論社會科學家或者其他研究者做過什麼，也無論他們說過、寫過什麼，這都不相關。Beauchamp關心的是他們應該說什麼、做什麼。他在1977年12月說：「我認爲這是一個家長式作風的委員會，至少就我的理解，是徹底的家長式作風」。[39]

另一方面，正如他在2007年承認的，委員會十分缺乏專家確實是一個問題。「專業倫理的問題不能好好的解決，除非很理解這個領域……例如：不懂遺傳學就無法研究遺傳學。我們有好好的讓委員會解決社會科學的問題嗎？顯然沒有。」[40]

很明顯Beauchamp缺乏社會科學領域的專家，因爲當他開始工作的時候文件還是不固定的，正如1977年2月一個職員寫的文章：「貝爾蒙特報告並沒有解決某些問題」。文件上說，評估他人該不該參加有風險的研究時，尊重他人和效益的原則變得矛盾。它認爲自主權應該勝過效益性，所以「IRBs不應該根據（勝任的、自願的）人們會將自己置於險境作爲理由來反對研究計畫」。它也反對1976年3月有關效益性必須考慮研究結果衍生的提議。1977年2月的文件回應道：「這永遠不應該成爲研究、科學或其他思潮的一部分，只要能合理保證研究結果不會有分裂社會的黑暗面，研究就可以做。」[41]

1977年4月，Beauchamp向委員會提出修正過的貝爾蒙特文本，這份文件反映了他聚焦於生物醫學研究但不關注社會科學。例如：在緒論中他陳述道「早期的科學研究基本不包含有人類參與者的研究，廣泛地應用於物理科學，接著是解剖學和動物生理學。」[42]只有當「科學研究」排除了幾個世紀以來的社會學問卷才能這樣說。

Beauchamp的草稿就像之前1976年的，引用醫學倫理的關鍵文件而忽視社會科學的倫理守則。紐倫堡守則、赫爾辛基宣言以及衛生教育福利部的規則都出現了，重複地引用希波克拉底氏誓言（Hippocratic oath）。Beauchamp確實加了行爲元素，他引用了美國心理學學會的原則，即「倫理調查員要保護參與者免受身體和心靈上的傷害、不適以及危險」。但是他認爲心理學就代表了所有的「行爲研究」，忽視了人類學家和社會學家提出的問題，他們一直在批評委員會的工作。[43]

事實上，考慮到美國心理學學會原則的起源，Beauchamp將它當做評判所有「行為研究」的基礎是很諷刺的。在系統性闡述1953年的原始原則和1972年的研究守則時，美國心理學學會特別拒絕了一個心理學家提出的「安樂椅方式」，聽任少數知名心理學家裁斷整個專業的倫理。相反地，美國心理學學會信奉「經驗主義和參與原則」，讓數千成員參與審議。[44] Beauchamp沒有廣發徵詢人類學家、社會學家和其他社會研究者的意見，拒絕他所仰慕的心理學學會原則的形成過程。

但從某些角度來說，Beauchamp在1977年4月的版本，相較於所取代的1976年3月草案更加粗陋。完全取消「研究指導規範」的部分，這個部分呼籲IRBs考慮對非參與者的長期影響，對滾雪球抽樣法提出警告。新文本也警告道：「就像這些原則可以有不同的道德比重，對原則本身也可以有不同的解釋。」IRBs可能會讓社會科學家追求回報性的正義，而非Beauchamp想像的分配性正義。[45]

起草者繼續破壞彈性。1977年9月，三個委員——Jonsen、Lebacqz、Brady——和總監Yesley、顧問Toulmin聚於Jonsen舊金山的家中修訂這份文件。[46] 1977年12月他們完成一份新草案，堅定地重建了醫學倫理在報告中的核心地位。不同於1976年3月的版本，這份新草案直接依據紐倫堡守則、赫爾辛基宣言以及衛生教育福利部規則和心理學學會的指南，認為「對他人的尊重、效益和公正」，「符合表現在美國多元文化中的西方傳統主流倫理、政治和神學思想。」除了紐倫堡守則，醫學和心理學守則只有在腳註中出現；根本沒有被引用。這份草案將美國心理學會稱作「執行社會學和行為學研究」「最著名的」原則，模糊了社會學和行為科學的區別。[47] 不重視三個原則的醫學和心理學132起源很符合Beauchamp對那些原則的規範普遍性信念。

某種程度上，由於這三個「基本原則」的模糊性，它們的來源是不重要的。幾乎每個人都認可某種形式的「對他人尊重、效益和公正」。正如Beauchamp之後說的，這些根本不是原則，只是「標題」。[48] 委員Albert Jonsen很同意，認爲這些原則「相當無趣……他們很難超越普通常識的概念」。[49]

12月的草案加入新的「應用」部分，回應了國會在1974年對國家研究法案的指導。那個法律要求報告要考慮「風險—效益條件的評估……對參加生物醫學和行爲學研究的參與者進行的挑選以及在不同研究情景中知情同意的定義」；新的草案回答了每個議題，和第一部分的三個原則對應起來。[50] 在總監Michael Yesley所提出的框架中，尊重他人、效益和公正的原則分別對應著知情同意、風險—效益評估和公平挑選參與者這三個要求。[51] 12月的草案將這最後三個要求描述爲「管理研究更詳細的指引」。[52]

在句子中，「研究」這個術語到底是什麼意思？此時，委員會已經接受員工的寬廣定義，涵蓋爲追求一般性知識而設計的「調查者與參與者的交流或人際互動」，設計這種定義是爲了形成可歸納的知識。1977年12月的草案提供了這個定義的一種版本，表明「『一般性知識』是科學觀察和推理可證實的理論、原理或關係（或可作爲根據的數據的累積）」。但是貝爾蒙特草案沒有定義「參與者」，Beauchamp仍在考慮國家衛生研究院官員1966年起而國會始自1972年就開始關注的幾種醫學和心理學研究。正如他在2007年解釋的那樣，「指導應用實際上是一個有偏差的模型，一個偏差的生物醫學模型。」[53]

確實，雖然沒有明確表述以生物醫學和心理學研究爲應用標的，但是很清楚，寫的時候心裡想的是這些研究。因此關於知情同意的建議是：

> 在知情同意這部分，至少需要基本解釋以下幾個研究方面：在調查中需要遵循的步驟、研究的目的、與平時實踐的不同，合理預知的任何不適、不便或其他風險，還有可選擇的治療或服務（如果有）。除此之外，參與者應該知道他們

> 有權在任何時候退出而不受到任何損害，且在調查期間的任何數據都應該保密。[54]

貝爾蒙特文本合格的人「一般」又「適用」，都不會掩蓋Reiss曾在貝爾蒙特文件中提醒過的這個事實：這樣的程序在藥劑試驗比民族誌中更合理。後者的研究者在計畫開始時幾乎不會有任何知情同意，而且諸如「平常的實踐」、「可選擇的治療」這類的概念在醫學研究以外毫無意義。[55]

雖然草案沒有直接引用醫學規範，但是起草人仍舊依賴它們作爲「應用」部分風險—效益分析的權威：

> 從前規定適當研究準則的規範以及聯邦管理條例暗含的要求是，研究參與者所受的風險不超過兩種預期效益的總合，如果有；一種是參與者的利益，另一種是社會的利益，其形式為從研究獲得知識的重要性。[56]

他們在這裡一定參考了醫學規範，社會科學規範沒有這樣的建議。[57] 社會學家Carl Klockars曾向委員會提交一篇文章，裡面寫道：「我不知道（他的書）《專業藩籬》（*The Professional Fence*）中有任何這樣衡量風險—效益的記載。」[58] 而Reiss曾明確地爭辯過，在行爲研究中，「用成本效益的規則決定通過計畫，既麻煩又不實際。」[59]

最後，「挑選參與者」這個新的部分——對第三個概念「公正」的應用——似乎只考慮了醫學研究。正如Jonsen後來說的，公正的眞正原則「讓人聯想到普通但不公的事例，將研究負擔加諸貧窮病患，而利益流向富人：塔斯基吉是這種事例的可恥標誌。」[60] 這樣的關注在草案的文字中顯而易見，文中擔心人們的「疾病或社會經濟狀況使得他們易受傷害」。與此相反，「如果某一種屬性，例如：有種疾病只影響某一類人，則以該類成員參與該疾病之研究可能是正當的，甚至讓他們涉入程度深於非病患的正常程度。」（關於「病人」和依賴「公共醫學照護」的人，後來的草案加上更多的醫學語言）[61] 在這個仍在塔斯基吉震撼中恢復的國家，這些是醫學研究的關鍵思考，但是否適用於社會科學家仍不明確。

結合Mishkin對研究的寬廣定義與Beauchamp的狹隘認知，報告令人厭煩，得出不合邏輯的推論。實際上，目前報告提出，因爲某些倫理規範要求知情同意、風險—效益分析以及公平的參與者選拔，所有的研究者都必須達到這個標準。直到1977年12月，嚴重的問題開始出現在貝爾蒙特報告最後的重複以及與IRB報告的交互影響中。這時時間已所剩無幾，委員們在開始討論報告草稿時，已經沒時間考慮社會科學。

報告的爭論

在1977年的大部分時間，貝爾蒙特文件由職員和委員們個別做決定之後，1978年早期，委員會形成每月討論這份文件的慣例。這些討論表現出對報告基本元素的爭議，其中包括對非醫學研究的適用性。如Jonsen在1978年2月接近最終版的草稿中建議：「這裡沒有證據告訴我們爲什麼要邁出一大步，我們從一開始就已經做到了。即爲什麼我們要求研究要服從所謂的審查呢？」[62] 兩位委員——Brady和Turtle——採取了更寬廣的視角，他們建議報告中的倫理標準「存在於社會且治理著所有人類的行爲」，不僅限於對人類的研究。[63] 但是在下一次的會議上，即1978年的3月，委員們開始意識到將醫學倫理應用於非醫學研究是有問題的。Ryan注意到委員會1977年9月的報告，涉及兒童的研究「大部分是按生物醫學模型，或者說生物醫學和行爲學模型進行的，」現在衛生教育福利部的官員們不敢說這是否可用於教育研究。Cooke表明了他自己的不確定：「我認爲有些是適用的，但懷疑有些並不適用。」[64]

在那次會議上，委員們稍微討論了社會科學研究的倫理。Cooke、Turtle和Lebacqz認爲社會學對團體的研究，例如：印第安部落，需要尊重那些群體同時也要尊重參與者的個體。他們的觀點被Seldin挑戰，他是委員會中的一位醫學研究者，他相信貝爾蒙特報告應該是一個「從醫學角度處理特定人類的文件」。Toulmin支持Seldin，他認爲「我們主要關心的就保護研究參與者，這些人接受實驗」。Gray反對強迫社會學家去「尊重」諸如3K黨這樣的不善團體。Lebacqz提議要「關注一些特殊的社會單位的利益，例如：家庭或者部落」，但是他的提議被駁回了。[65]

除了以上這些，委員會沒有能力解決重要的異議。委員會也沒有時間了——最後一次實質性會議安排在4月——職員們都準備要離開了；甚至Beauchamp也工作不到一半的時間。[66] 重擔落在了Lebacqz的身上，承認委員會沒有解決任何一個有關參與者研究的問題。她尤其困擾的是委員會不關心政策實驗，就像Georgia需要醫學資助計畫的接受者共同承擔費用。她注意「我們沒有足夠的時間和討論來解決實驗計畫和試點計畫的相互作用，以及它們的評估、研究等」。所以她建議要用腳註來標明「我們沒有解決這些類型方案之間的相互作用，我們在這裡持續討論，任務仍然需要繼續。」[67]

在4月，一個新的貝爾蒙特報告的草案帶著註解呈現給大家，第一次清楚表明這份報告不適用於所有的研究。注解如下：

> 來自行政機關的健康、教育以及福利服務的計畫，有許多是「試點」或者「示範」類的，委員會還沒有把社會科學研究從中區分開來。因為有關社會實驗的問題可能與生物醫學、行為學研究的問題完全不同，所以委員會這一次不特別針對這類研究的決策提供任何政策。當然，委員會相信問題

應該由繼任機構解決。[68]

這份註解提出了一些重要問題。首先，什麼是「社會科學研究和實驗」呢？委員會從來沒有定義過它，法律中也沒有出現過。其次，參考「繼任機構」是否意味著這份報告是靈活的？也就是說每幾年就可以根據未來的研究和經驗來修訂，而不是一次確定？最後一點，這個例外的原則要表達什麼涵義？如果尊重他人、有益以及公正不會，或者說可能不會應用於政策實驗，那麼在「我們文化傳統裡普遍接受的原則」也很難被稱爲「基本原則」，或者說原則仍舊適用，但是只有當研究者從「應用」部分使用一套完全不同的指導來進行改變的時候嗎？這個腳註承認了不同的情況需要不同的倫理，但這一點並沒有在報告其他部分中出現，沒有探索這種讓步的應用。

在1978年7月的草案整個腳註繼續出現，但是9月時的報告第一句話被刪除了，因此刪除的報告只參考了「社會科學」，清楚地承認了並沒有徹底檢驗所有聲明的主題。[69] 被刪減的腳註只是讓人更困惑。Levine後來承認多虧了腳註，「才沒有顯得委員會特別關注社會研究的問題。」[70] 同樣地，哲學家Finbarr O'Connor在1979年觀察到「有人可能閱讀到腳註發現國家委員會沒有提出有關於社會研究的任何事情，這看起來確實是委員會要表達的意思」。但是他也注意到委員會在IRB報告中關注了社會研究，這使得整個圖像更加複雜。[71]

貝爾蒙特報告的最終版也定義了與IRB報告不一樣的研究，認爲研究是「一種檢驗假設的活動，得出結論，進而發展或促進可歸納知識的發展（例如：在理論、原則的表達以及關係的陳述）。」[72] 這顯然比IRB報告的定義要狹窄，這似乎說明質性研究沒有設計用以檢驗假設。

實際上，委員會並沒有解決貝爾蒙特報告和IRB報告不同之處的問題。從某種意義上來說，貝爾蒙特報告的要求是受益要大於風險——比IRB在1978年1月的草案更嚴格，IRB報告只要求評估風險和受益。[73] 它們的不同是很重要的，因爲委員Albert Jonsen相信「我們應該通過從風險一效益比中刪除一些研究來服務專業領域。」[74] 相反地，貝爾蒙特報告在某些原則上不如IRB草案嚴格，比如貝爾蒙特報告的原則只是「提供一個可以進行討論的分析框架」，警告「爲了解決特殊的倫理問題，不能被當例行公事地或者機械般使用」[75] 但是IRB草案列出7個決議，認爲IRB必須要做審查——一個相對來說是例行公事且機械地應用某些貝爾蒙特的概念。[76] 這些IRB和貝爾蒙特草案之間的矛盾一直留到最後的檔案中，IRB的建議是只有「涉及到預期的利益，對參與者的風險是要合理的」而不是「有利的」。然後IRB把最初的7個例行公事的應用擴展到了10個步驟，這10個步驟已出版於報告中。[77]

貝爾蒙特草案的最後一個決定只是增加了不確定性。報告出版時，委員會也出版了背景材料的修正版本，這些材料是爲了1976年2月的貝爾蒙特會議準備的，委員會將這些材料呈現爲兩卷的附錄上。[78] 因爲這些檔案中的某些文件，例如：Tropp文件，提及社會科學，文本的出版可以解讀爲貝爾蒙特報告想要涵蓋社會科學，或者可以視爲被報告拒絕的選項，尤其是因爲報告很明確地漠視Albert Reiss的提議。（在1979年，Reiss出版了一篇文章高分貝批評委員會的工作，尤其是貝爾蒙特報告應用於社會科學。）[79] 通過出版這些文本，沒有固定的類型解釋或評論，委員會將他們的相關問題留給了讀者去想像。就像貝爾蒙特報告本身列舉的倫理原則，他們被斷章取義。

哪些是醫學實驗人類的報告？或者是給所有人類交互作用的指導？眞相是委員會從來沒有決定倫理原則是否要應用在社會學研究上。腳註是最接近委員會所承認的眞相，但即使是腳註也不夠接近眞相。直到今天，當美國大學承諾研究者可以遵守貝爾蒙特報告的倫理原則時，他們其實是在做一個兩難的承諾。社會學的研究者應該要遵守整個報告的內容嗎？這個報告只關心知情同意、風險一效益分析和參與者的挑選。或者說他們只是遵守原則本身——尊重他人、有益和公正？這正如Beauchamp和Jonsen認爲太過寬泛以至於發揮不了指導作用。或者IRBs和研究者應該堅持擁護腳註的內容，社會研究的倫理問題要給未來的聯邦委員會討論嗎？含糊地編輯、匆忙地完成，貝爾蒙特報告暗示但非明確表示醫學實驗的倫理應該要控制每個步驟，讓執行這些步驟的人過著道德生活。

結語

貝爾蒙特報告起草的30年之後，兩個主要作者不同意將其運用在非醫學研究中。委員Albert Jonsen同意Reiss的觀點，即醫學實驗的原則不應普遍使用。他解釋：「我們眞的應該把稱作研究的不同活動分開來。」Jonsen進一步表明：「醫學模型的原則是有益——有益而無害。我不單純地認爲要應用在大多數做研究者的目的或功能中。」[80] 相反地，Tom Beauchamp堅持貝爾蒙特原則，包括有益性——是普適的。但連他也承認「必須在不同的方法上……不同的環境中體現。至於要如何發生，則是一個很複雜的情況。」[81] 委員會並沒有耗費心力去詳述社會研究的規則。

國家委員會不關注像社會學、人類學、語言學、政治科學、歷史學和新聞學的學科並不令人吃驚。除了一些簡短的評論，國會沒有證據或者表現出對這些學門的興趣，他們也沒有要求委員會調查這些學門。除了Jonsen，沒有委員有社會科學的經驗，也沒有委員做過社會科學倫理的研究。國會曾經給委員會一個懲罰任務清單，關注生物醫學研究的倫理，即使是花了原來兩年的兩倍時間，委員會也不過剛剛完成任務。從另一方面來說，在1977年夏天IRB聽證會的尾聲，委員會應明白它的工作對美國社會科學家有多重要，其實他們在這之前就應該明白。如果委員會扛起了這個責任，他們在撰寫貝爾蒙特報告時就會考慮到社會科學家的觀點。

由於在委員會扮演更重要的角色，一些社會學家（例如：Bernard Barber）可能曾爭取接近最後版本的指南。但是如果Beauchamp和委員會嚴肅地將這些守則看成美國社會學學會的守則，那麼像Albert Reiss這樣的建議，可能會認爲社會科學很多都由自由互動組成，這些互動是在成年人之間進行的。在這種情況下，知情同意比任何關於善行或分配公正的推測都重要，那麼揭發醜聞的社會科學家有時在倫理上就不得不損害自己的研究。貝爾蒙特報告可能讓研究成年人的社會科學家自己負責，但在1976年3月的草案中寫道：「要採取一切必要的步驟以保證他們沒有向研究參與者許下他們可能做不到的承諾。」[82] 幾十年以後，Beauchamp認爲這個報告確實提供了一些可能性：「沒有人說每種情況都要讓人滿意，意思是，任何情況都不能受其他原則壓制。」[83] 然而IRB報告說的正是這樣。

一個更加謙卑的委員會可能知道他們缺乏社會科學研究問題方面的專家，傾向推薦而不是謹愼調查。在1976年早期就暗示過這樣的路線，哥倫比亞大學內科與外科醫師學院的IRB主席Frederick Hoffman曾寫過一封信，Hoffman抱怨由Bradford Gray僱用的調查研究者並不十分清楚生物學研究要面臨的挑戰，他們無法問出專業領域中的正確問題。爲了說明這個問題，他提出一種假設情境：

> 打個比喻來說就是鞋穿在「另一隻腳上」，我被邀請來參加社會科學家做的人類調查研究，面對這個任務，我會很擔心。我不講「他們的語言」，我不知道什麼調查技術是可靠的，哪些是不足採信的。因為我對整個專業領域完全無知，無法自信地計算預期的效益和風險；這樣的計算對我來說是任何一個人類調查計畫的關鍵之處。
>
> 如果我是一個社會科學家假設研究中的參與者，我非常希望這些社會科學家是有經驗的、較為客觀的，我才能面對

我的問題，能與他們討論由於我的無知而產生的問題。[84]

總的來說，Hoffman認爲沒有專家的幫助，生物醫學研究者不能評判社會科學家的倫理，就像社會科學家也沒資格評判生物醫學研究者的倫理問題一樣。

委員們沒有試圖把醫學倫理放在非醫學領域上，但是他們也未注意去定義他們工作的界限，或者思考他們決策的後果。相反地，在委員會存在的4年中，忽視了社會科學家爲自己呼聲的熱切努力。但即使國家委員會發表了最後一版的報告，學者們也會非比尋常地聯合匯總起來，挑戰委員會的合法性以及他們給出的建議。

CHAPTER 5

為社會科學而戰

5

IRB審查社會科學的歷史雖然已有四十餘年，此期間有兩年——1979和1980年，社會科學家在聯邦和大學對社會科學研究的政策扮演重要角色。在柏克萊和科羅拉多大學的前哨戰中，國家委員會收到了一些憤怒的來信，1977年聽證會集合了數百名學者，發展成一個更大的運動。這些學者團結支持單一議案，在學術和大眾刊物上發表文章，並在聯邦政府的行政和法律部門進行遊說。有一段時間，他們似乎得到想要的一切，1981年1月頒布的新條例也做了明顯的讓步。但是社會科學家並沒有得到法律或條例想要的用語，對未來的研究者產生嚴峻的後果。

1979年的法規草案

當國家委員會完成了他們的工作，社會科學家開始大肆批評，這些批評他們在1977年的IRB聽證會時也曾提出過。1978年的2月，Murray Wax——一個對委員會最堅持的批評者，在美國科學促進會年度大會中，組織了一個針對聯邦法規以及社會研究倫理的議程。他在

1979年有關這個主題的文選中，質疑委員會的提案。[1] 在1978年8月，就在委員會發表IRB報告的一個月前，美國社會學家雜誌發表了三篇關於研究倫理的文章，以及數十篇針對文章的評論，反覆抱怨委員會工作。Bradford Gray爲此工作辯護道：「很難推論社會和生物醫學研究應該根據不同體系的倫理原則執行。」[2] 但是有兩個委員會的顧問——Albert Reiss和Charles Fried——剛在貝爾蒙特會議上討論過。當他在委員會會議上比對社會科學與新聞調查時，Gray本人也很偏向那個立場。

9月份，國家委員會出版有關IRB的獨立報告，1978年11月發表在《聯邦公報》上，邀請大家留言評論。很多評論都深具批評性，例如：國家州立大學與贈地學院協會（National Association of State Universities and Land-Grant Colleges）、美國大學協會（Association of American Universities）以及美國教育理事會（American Council on Education）的代表抱怨「IRBs缺乏衛生教育福利部之參與者保護政策的制度指導（Insitutional Guide to DHEW Policy on Protection of Human Subjects），缺乏專業證照而使用常識，卻愈來愈參與社會和行爲科學研究標準的設定，這些標準完全適用大部分生物醫學研究，卻不能用來保護社會科學家執行的研究參與者。」[3] Daniel Patrick Moynihan——一位傑出的社會科學家兼美國參議員，警告衛生教育福利部的祕書Joseph Califano：「目前的規範和委員會的報告都未理解社會科學研究的特殊本質，好意的控制可能會帶來剛愎自用和不必要的寒蟬效應。」[4]

同時，衛生教育福利部的官員開始思考怎麼將委員會的建議放入新的管理條例中。這個任務落在Charles McCarthy的身上，他（作爲國家衛生研究院的法律助手）曾幫部門回應塔斯基吉的醜聞，參與國家研究法案。後來他很快就搬去了國家衛生研究院的研究風險保護室。1978年，他繼任Donald Chalkley，成爲辦公室主管。[5] 他很清楚1974年的管理條例是匆忙起草的，之前就說過：「當委員會出版

IRBs報告時就收到了評論，整個45 CFR 46應該大修。」[6]大約一年的時間——從1978年9月到1979年8月——這個部門成立了一個有不同代表的委員會來完成任務，在1979年3月末對基本的大綱達成一致。[7]

3月份的草案接受了國家委員會關於研究和研究參與者的定義，但是也有明顯的不同之處。委員會已經將研究參與者定義爲「調查者（專業的或者學生）進行科學研究時：(1)通過介入或者與此人互動獲取數據；或(2)獲得此人可辨認的私人資料。」[8]衛生教育福利部的草案刪除了「科學」和「私人的」兩個形容詞。[9]這個差別很微妙，但卻很重要。正如隨後的一位評論注意到，科學的研究意味著要檢驗假設，比所有的正式互動的視野更加狹窄。要求對取得私人資料進行審查似乎是有意義的，但是要求發現任何資訊的作法，會讓社會學家連讀報前都要IRB批准。[10]

然而，不像委員會成員，某些衛生教育福利部的官員質疑爲醫學研究設計的管理條例是否應該眞的要用在那些觀察成年人、與成年人交談的研究者身上。在1978年春天，Califano請他的助理Richard Tropp，一個爲國家委員會寫過論文的人來執行他對IRB運作的調查。Tropp和他的同事與IRB成員、研究者以及學會的代表交談，到了1978年的秋天，結果發現IRB的運作比國家委員會提出的圖像更黑暗。他們報告：「許多調查者感覺他們被IRBs沒有必要地束縛了，充滿故事的研究計畫完全被放棄了，因爲研究者發現審查過程毫無疑問將更花時間和能量，或者因爲IRBs強加的要求……扼殺了這些研究。」有一些IRBs扼殺了研究是因爲他們不瞭解；而其他的則是因爲IRBs引發爭議或引起訴訟。[11]即使比Tropp對於IRBs眞正的意見委婉，Tropp認爲「大部分IRB所做的事似乎是沒什麼必要的，或者甚至是有害的。」[12]

Tropp的團隊確實認爲IRBs有助於防止社會科學研究中違反保密原則的事情，尤其是當學者問到有關性行爲或者犯罪行爲的訊息。爲了讓這種類型的審查繼續，同時又能約束IRBs，他們建議「要有一個分等級的研究參與者保護系統」，這個系統可以「讓那些只有微小風險的研究完全脫離IRB的監督」，只要求IRB完全審查最大的風險。IRB的職員應該進而「保護調查免受IRBs的專制和反覆無常的行為」，透過要求適時審查，禁止沒有科學根據或具潛在爭議的拒絕。[13]

這些提議反轉衛生教育福利部過去12年的IRB政策立場，有增強IRB權威的趨勢。在1979年的春天和夏初，不同部門對此問題形成爭議。部門內的總諮詢辦公室（Office of General Counsel）討論適用範圍的最小化以及免審範圍的極大化。但是遭到了公共衛生服務司的反對，公共衛生服務司包括食品藥物管理局（Food and Drug Administration, FDA）、精神衛生管理局（Alcohol, Drug Abuse, and Mental Health Administration, ADAMHA）以及國家衛生研究院，國家衛生研究院又包括McCarthy的研究風險保護室。爭論主要集中在三個問題上。

第一個問題就是調查和觀察研究所呈現的風險程度。副總法律顧問Peter B. Hamilton發現「大多數調查是無辜的，要求IRBs去看看所有的研究，就為了發現研究是眞正有害的，這對IRBs來說是毫無根據的負擔，很有可能導致分散他們注意力而未能關注需要關注、更危險的研究上。」因此，他建議不是提供快速審查，管理條例應該排除所有匿名的研究，排除所有「沒有處理敏感議題，如性行為、藥物或酒精濫用、非法活動或家庭計畫」的研究。[14] 從更一般的角度來看，他希望「移除IRB審查的研究類別不只是通過『最糟案例』分析的方法呈現對於研究參與者的風險，所有的案例都審查對IRBs來說其實是浪費時間。」[15]

相對而言，衛生局官員相信調查和觀察侵犯隱私而造成傷害。在1979年的3月，精神衛生管理局的行政官、精神病學家Gerald Klerman警告潛在的「終生的個人汙名，源於不合適的或未授權地揭露關於童年時期行為問題或精神疾病。」他認為過去精神衛生管理局的同儕審查時發現過不當洩密。他建議調查和觀察研究可能值得快速審查，他們不應該完全被排除。[16] 到了6月，國家衛生研究院達成共識。衛生局局長Julius Richmond準備了簽署的文件，提醒：「不倫理的隱私侵犯可能也發生了」，「研究中無意的或強制的揭露此類資訊，對研究參與者未來的就業、家庭關係或者經濟信譽都會造成嚴重的後果。」文件中建議：「有些研究會導致研究參與者心理的痛苦。」[17]

即使發表了這樣聲明，Klerman和國家衛生研究院的文檔都沒有展示出有害的或不倫理的研究例子。他們也沒有覺得必須要這樣做。國家衛生研究院的立場暗示即使總顧問表明所有的訪談和觀察研究都是無辜的，管理條例還是有必要的：

> 保持IRB對生物醫學和行為研究審查的論點，這類研究不只基於免受傷害的需要，也提供獨立的社會機制，確保研究是倫理上可接受的，研究參與者的權利和福祉將會得到保護（包括提供合適的知情同意程式、取消知情同意的充分核可，以及建立適當的保密程式）。[18]

第二個問題是，IRB審查對於避免調查和觀察研究風險來說，是否爲適合的工具。總諮詢辦公室建議「調查研究的要求應該減少一些負擔，提供避免違反保密保證」，但是「第46款中的程序，即使已經如我們建議修改過，仍是不符合這個目的。」[19] 恰恰相反，衛生機構認定沒有其他方法可能「提供所有的IRB審查過程中至關重要的保護措施，包括研究審查倫理的可接受性、知情同意程序的適當性、以及資料保密程序。」[20] 但不清楚的是爲什麼衛生機構相信IRBs在這些任務上是有效的。如同他們沒有列舉出有害的計畫，他們也沒有提出IRB干預有效的案例。

最後，兩方對於管理條例要多遵循國家研究法案的特殊語言有歧見。例如：因爲法律只要求獲得資助的機構要建立「委員會……審查生物醫學和行爲學研究」，Hamilton建議只需審查，而不是審查兼核可。更重要的是，建議受衛生教育福利部資助的的機構應該維持IRBs只針對「含研究參與者的生物醫學或行爲學研究」（就像國家研究法案提出的條件），不針對其他類別的研究。Hamilton認爲「如果國會希望覆蓋所有研究參與者的研究，而不僅僅侷限於生物醫學和行爲學，可能就這樣做了。」[21] 但是衛生機構不願意放棄他們的權力。國家衛生研究院的主管抱怨總諮詢不該限縮國家衛生研究院考慮的「與管理有關的規定」應該由公共衛生服務司來做。[22]國家衛生研究院發現總諮詢的觀點最好「實現法案的文字性要求」，他們更傾向於「法案的合理詮釋」，可以讓IRB審查擴展到非衛生教育福利部資助計畫上，也可以不限於生物醫學和行爲學研究。[23]

儘管有爭論，兩邊同意大部分社會研究應該排除在IRB審查要求之外。即使是精神衛生管理局的Klerman也清楚地表明他主要關心在保護「由公共衛生服務司資助的生物醫學和行爲學研究的參與者」，「贊同教育辦公室資助的研究獨有豁免權。」[24] 最終，他的辦公室提出管理條例排除「產品與市場研究、歷史學研究、新聞學研究、組織研究、公共意見投票以及管理評估，這些研究只有極少潛在的隱私侵犯問題。」這個立場是衛生機構完全接受的。[25] 部門中沒有人支持IRB審查與健康或犯罪無關的調查、訪談和觀察，因此，準確地說是要豁免此類項目，對有關身心健康的調查、訪談、觀察的管理適用性措辭，正處於成敗關頭。

在衛生教育福利部爭論的幾個月以後，McCarthy聲稱：「在開了幾個晚間會議以後，祕書室接受研究風險保護室的立場，管理條例可能且應該應用於行爲學和社會學的科學研究中，如同適用於生物醫學研究。」[26] 這種聲明中有一種勝利者的語調，讓我們對他的動機有跡可循——畢竟，管理愈多的研究，作爲研究風險保護室的長官，工作也就愈重要。除此以外，McCarthy的聲明是不正確的，可以從三個方面來講。首先，沒有人爭論過管理條例應用到某些行爲研究上，例如：心理學實驗。第二，研究風險保護室或其他部門的人，都未支持國家委員會的建議，即管理要應用到大部分社會科學研究上；Klerman和公共衛生服務司的同事們只是希望能應用到有關健康衛生的研究上，這些研究與社會科學研究共用技術。第三，祕書室沒有決定爭論中支持研究風險保護室，反而向大衆公布了總諮詢和衛生機構的提議做爲替代方案。

在1979年8月14日，部門出版了管理草案，應用於所有的參與者研究——無論是否由聯邦資助的「受任何機構指揮或支持的、受部門資助執行的、包含參與者的研究」，實際上意味著每所研究型大學，或者至少每個醫學學校。但是它提供了兩個組的免審權。A方案是總諮詢的觀點，免除審查：

> 只應用調查工具的研究，如果：(A)記錄結果時研究參與者不能被辨認出來，不能直接或者通過身分聯繫到研究參與者本人，或者(B)研究（雖然沒有在A的情況下得到豁免權）不涉及敏感議題，比如性行為、毒品或者酒精、非法行為或者家庭計畫。

B方案反映了Klerman和衛生機構的觀點，提供豁免權給「單純產品或市場研究、新聞學研究、歷史研究、組織研究、公共意見投票以及管理評估，這些潛在隱私侵犯問題很少或甚至沒有的研究。」[27]

在爭論的幾個月以後，兩邊都同意國家委員會提出IRB要審查每個研究者與研究參與者的互動時，就已經超過了國會的委託。擺在檯面上的問題就是要擴展多遠，什麼樣的措辭是最好，以及豁免的必要性。就像衛生教育福利部宣布的問題：「這些是『被提議的』管理條例，鼓勵公衆對此發表意見。」[28] 公衆意見不久就撲面而來。

批評

數百名社會科學家反對1977至1980年的IRB審查，其中有一個最重要的人是Ithiel de Sola Pool，麻省理工學院政治學首席教授，他同時也是電腦和通信專家。Pool相信社會科學研究的力量，他相信社會科學家應該塑造社會，包括公共政策方面扮演主動的角色。他在1967年寫道：「未來人類政府唯一的希望就是政府好好應用社會科學。」[29] 他非常清楚社會研究者改變人們生活的力量，因此他特別關心研究倫理，尤其是在自己國家之外的研究倫理。為了回應60年代關於Camelot計畫的爭論，他寫道在國外做實驗的美國學者對當地國家需要有倫理責任的——尤其和國外學者合作，而不是蒐集一些資料之後回家。但是同時，他反對任何固定的條例，無論是由政府還是由專業協會主導的，他寧堅信「敏感的研究盡可能的要由做研究的個人來承擔責任。」[30] Pool很看不起學生中的激進分子，這些人抱怨Pool的電子計算機工作接受了國防部的資助。[31] 他能接受來自任何一個政府機構的資助，但是不會受任何一個機構的約束。

Pool在1975年涉入IRB議題，當時麻省理工學院的IRB告訴一個同事，他不能採訪波士頓反對用校車接送跨區學童的行動者，理由是他的訪問可能會違反法規。Pool很氣憤，一方面是他的大學會阻止如此重要的議題研究，另一方面這利用權力反對一位兼職助理教授。[32] 他加入一個麻省理工學院的任務中，關注社會科學研究中參與者使用。即使那時，他試圖把實驗和單純的對話區分開來。

> 倫理委員會尤其關心那些導致疼痛的、傷害風險的或者侵犯隱私的研究，還有對研究參與者使用權力或者誤導欺騙研究參與者的研究。在實驗者與研究參與者的互動研究，不包含對研究參與者進行超越自由溝通的操控，這些研究有

> 時也會導致尷尬或者煩惱、產生錯誤資訊或者是有問題的人物；但是這種自由交談造成不可避免的結果，不應該構成委員會或者任何其他權威機構管制的理由。[33]

他意識到要區別這些事是困難的，但是他認爲「某些最方便和有效的研究參與者保護是打破我們表態要保護的這種自由。」[34]

Pool尤其認爲IRB對訪談研究的審查威脅到他最清楚的兩個價值。第一個就是言論自由。Pool認爲社會科學家或多或少參與了和新聞工作者同種類型的計畫中，而新聞工作者的工作長期以來都是反對事先限制。他之後說：「某些社會科學的倫理就像新聞學一樣，可能要求他們揭開具有欺騙性外衣的人，爲了其他人好，需要揭露這些人的行爲……社會學家、政治學家、經濟學家和許多社會學家都扮演這個角色。他們的專業倫理並不比服務於專業的倫理者差；只是之間有所不同。」[35] 他相信社會科學家應該和新聞工作者一樣，受到第一修正案的保護。

第二，他相信大學的社會科學家甚至比新聞工作者值得更大的自由，因爲大學的特殊性質。新聞學者可能受僱於公司，服從老闆的欲望。但是就像Pool評價I. I. Rabi，大學教授不是大學的員工；他們就是大學。[36] Pool譴責大學行政管理人員要與聯邦的官員簽署保證書，約束所有研究者想法使其隸屬於大學。當他的研究只涉及成年人的訪談時，Pool拒絕IRB的官方許可。（他自己有一個尋求聯邦資助給兒童看電視節目的研究，才盡職地尋求審查，認爲IRB的計畫審查「完全不適當」。）[37] 他明白是的，只要他按照格式上繳，麻省理工學院的IRB會通過他的研究而不會有異議。[38] 但是如果在國家頂尖大學享有終身職位的教授都逆來順受地臣服於審查，那研究生、無終生職保障的教授以及挑戰傳統知識或者研究爭議話題的各種等級學者還有什麼希望？[39]

在國家委員會的IRB報告在1978年9月出版的時候，Pool強烈反對調查、訪談和觀察研究的IRB審查。他不只是對委員會的提案感到憤怒，也對委員會的執行不滿。「委員會內沒有社會科學家，也沒有人知道社會科學。」他後來寫道：「委員中只有一個非常資淺且不是非常聰明的社會科學家（Bradford Gray）。他們在這個他們不懂的領域神氣活現地使用規則和倫理原則。」[40]

多虧他的政治科學家職業生涯很長、很活躍，Pool瞭解學者、新聞工作和國家的公務員。在1979年的1月，他說服新聞學家Anthony Lewis在《紐約時報》（NewYork Times）專欄上發表這個話題。[41] Lewis嘲笑這樣的IRB行動要求研究者事先提供採訪時所有要問的問題，或者要求法庭訴訟案件或行政的觀察要獲得知情同意，哀嘆國家委員的建議爲「在Potomac河上（譯註：國府華盛頓）的詭辯」（Pettifog on the Potomac）。他認爲：「衛生教育福利部應該將此規範應用於需要的地方：生物醫學或者類似的研究，而不是調查思維清晰成年人的社會科學。」[42]

緊接著，Pool寫了一封聯絡信請學者加入緊急委員會來抗議國家委員會的建議。很快地，他招募到這個國家最重要的社會科學家——耶魯大學的Charles Lindblom、哈佛大學的Nathan Glazer、哈佛大學和芝加哥大學的James Davis 、柏克萊大學的William Bouwsma；伍德羅威爾遜中心的九名社會科學家，以及約翰霍普金斯大學的主席Steven Muller。[43] Antonin Scalia——一位芝加哥大學的法學教授寫道作爲IRB的一員，他自己「被權威干擾了」，「我發現自己和我的同事對那些最無害類型的知識探索行使權力。」[44]最後，Pool的郵件名單包含了近300個人的名字。[45]

由於他努力回應國家委員會的建議，Pool對1979年8月的管理草案非常失望。Pool寫給他的關懷委員會（Committee of Concern）：

> 這個草案真是無法無天。他們考慮到了衛生教育福利部收到的抗議，但是從某些角度來說他們遠比想像的還要糟糕

許多。免審主要是針對那些有權有勢、資助的教育、貧窮和政策分析研究；個別學者想要非正式訪問或者在圖書管理閱讀則沒有被豁免……。

這真的是無法無天，而且違反憲法，一個人可以對自己說話，但是在這裡卻不行。衛生教育福利部聽到這些聲音卻還是很堅持。如果我們鬆綁了，會發現還要花至少幾年的時間來反轉規則，在最壞的情況下發現言論自由降低，而沒有人關心這些問題。[46]

批評接著繼續展開。在10月份，美國教育委員會的理事長J. W. Peltason召開了一次學習社群的代表會議，合作回應。[47]

有一部分回應包含對管理草案的大量建議。衛生教育福利部收到了近500封回應信，約有四分之一拒絕管理條例中包含社會科學，其中有很多尖酸用語。加利福尼亞大學的社會學家Davis抱怨道：「這些提案表現了對社會科學研究要求、技術以及方法（參與者這個術語使用的不合適）的忽視，對第一修正案所捍衛的言論自由而言，更是一種讓人難以置信的傲慢和蔑視。」[48] 社會學家Lauren Seiler寄來一篇論文，表明IRBs更可能修改或者禁止調查，而不是掌握那些眞正有害某人的調查。他警告如果管理條例擴展到社會科學界，任何關乎研究參與者利益都會比「學術自由、公民權力、問卷實施以及研究過程官僚化的損失」更重要。[49]

有些人批評那兩列建議的豁免審查，其中85%的人傾向於總諮詢的方案A，認爲它「比方案B提供更寬廣的免審查範圍。」[50] 但這並不是說這些回應者喜歡A方案。例如：伊利諾伊大學厄巴納—香檳分校的IRB執行祕書寫道：「方案A和方案B提到的所有研究都應該免審，但如果我們不得不在僅有的兩個方案中選擇，我們傾向於選擇方案A。」[51] Seiler要求A和B中的免審應該增加更多。[52] 其實批評者們眞正需要的是一個簡單的、易理解替代方案，而不是衛生教育福利部這個讓人不滿意的免審查名單。

有一個方案來自心理學家Edward L. "Pat" Pattullo，他是哈佛大學行爲科學中心的執行長。Pattullo是哈佛大學的IRB主席，相信當研究參與者受到欺騙或者不能保護自己的利益時，IRB審查非醫學研究是很適合的。[53] 他對哈佛大學的體系感到自豪，讓研究者決定他們的計畫是否需要IRBs管理，但也授權給IRB，「當有理由懷疑某個研究者的判斷或誠信度時可以逕行干涉。」他認爲這個體系表現了對研究參與者和研究者的尊重，「對任何有效的控制來說都是不可或缺的」。[54] Pattullo試圖去說服而不是脅迫研究者，他以低干涉的方式經營IRB，很少要求書面的知情同意書，也從來不草率地拒絕計畫執行，只要求直接接受衛生教育福利部資助的計畫接受審查。[55]

當國家委員會在1978年的夏天完成工作時，Pattullo感到憂心。他在美國社會學家期刊（American Sociologist）上反對，認爲對社會學進行了「不必要的、無知的管制」，並且抱怨道：「有常識的小六學生都能看出來，所有審查跟核准的成本—效益平衡，以及知情同意書和書中的規範是矛盾的，更不必說那些提案了。」[56] 之後，他警告衛生教育福利部：「沒有任何一種過濾機制可以完全符合健康的研究企業，保證每個研究參與者免於受到傷害。」過度規範在實際情況中會減少對研究參與者的保護，因爲它使得研究者對整個審查過程都冷嘲熱諷。[57] Pool聯繫他，他很快簽署了文件，並捐款資助Pool的委員會。[58]

在1979年10月，Pattullo參與「行爲學和社會科學研究與研究參與者保護」會議，這個會議由醫學與研究公共責任協會（Public Responsibility in Medicine and Research, PRIM&R）資助，這是一個建立於1974年的非營利團體，致力於促進研究倫理。在他的演講中，Pattullo嘲笑了管理草案，因爲要求無辜的研究送審，例如：「一個頌揚者訪問一群人有關James Conant的生平，爲了描繪其在科學和教育界做的貢獻」；「一個英國文學教授訪問Norman Mailer以及友人，獲得批判傳記中的材料。」[59]他還指出，當衛生教育福利部的職員問及他個人在IRB審查的經歷時，他們本身就在做調查。如果一個大學教授問同樣的問題，那麼衛生教育福利部就會要求一個刻板的審查程序。

Pattullo知道交談可能造成傷害。他說：「有相當數量的社會研究造成研究參與者經歷無聊、羞辱、自我懷疑以及憤怒，我沒有質疑。進一步來說，如果沒有保密，甚至導致更嚴重後果，雖然我還不知道有沒有這樣的例子。但是在大多數社會研究中可能出現的傷害本質上就存在，是我們老早就決定要承擔的風險，是自由社會的必要代價。」[60]他比較社會學家和調查的新聞工作者，喚起水門事件報導的勝利記憶。

Pattullo那時提供了一個準則，他相信可以區分非常需要IRBs干預——就像某些社會心理學家做的那些不需要審查的研究：

> 如果研究使用合法適當的參與者，不涉及欺騙也不侵犯研究參與者，也不否決或扣留慣常或必需的資源，就不該要求預先審查。[61]

像衛生教育福利部的提案，Pattullo的準則放棄1974年的條例應用到未定義的「研究參與者風險」上，選擇描繪有哪些活動需要被審查，而不是講什麼風險層級需要被審查。但是和衛生教育福利部不一樣的是，Pattullo給予研究者質疑的權力，提供「選擇加入」而非「選擇退出」。衛生教育福利部的方案A和B都提出除了幾個特殊的情況以外，要求審查所有的互動方式，而Pattullo則是免除所有研究的審查，除非觸犯以下四種情況之一：非法的、欺騙、侵犯他人或扣留資源。[62]其中的差別很重要，因爲沒有人可以預期未來的每一種研究類型。社會科學家集體聲援Pattullo的提案。在11月8日，12個學術和教育協會——包括美國人類學學會、美國歷史學會、美國政治科學學會、美國社會學學會和社會科學研究委員會（the Social Science Research Council）——都提議將Pattullo的免審查制放入管理條例，來代替之前的免審查名單。[63]

政策的制定者最開始是拒絕的。在醫學與研究公共責任協會的會議中，前國家委員會顧問Robert Levine聲稱感謝Gray和Reiss顧問的參與，委員會已經考慮過他們對於社會研究的建議。[64] 衛生教育福利部採取了相似的路線。Charles McCarthy寫道：「我們已經考慮過Pool博士的反對意見，這些意見已經被國家委員會研究參與者保護機構拒絕了，每一條都考慮過並且都在草案出爐之前被部門拒絕了。」[65]

就像第三章和第四章所示，Levine和McCarthy錯了。確實，在2004年他們兩個都收回了他們之前說的話。Levine承認「委員會的主流是生物醫學……他們沒有花時間看社會學和行爲科學的問題。」McCarthy贊同這樣的說法，認爲委員會「專注在比較高權力的醫學研究上，不知道管理條例已經擴展到社會科學。」[66] 儘管1979年的10月他們打發了Pool的抱怨，但是11月下旬，McCarthy承認了Pool十條要求中的一條：取消IRB評斷研究者是否採取適當方法的權力。[67]

其他嚴肅的觀察者意識到國家委員會沒有探討社會科學的倫理。例如：Reiss的文章曾經收爲貝爾蒙特報告的附錄，讓他與文檔保持距離，抱怨「生物醫學模型的語言讓報告本身成了不當倫理」。[68] 爲了補救這種監督，Tom Beauchamp和他在喬治城大學的同事在一個爲期兩天的社會研究倫理會議上作了擔保，此會議由國家科學基金資助，在1979年秋天召開，相較於國家委員會，召集了倫理學家和社會科學家平等立足。但是這次會議缺少官方立場，因此最後定案的管理條例也被官方忽視。即使這個會議有某種權力，組織者並沒有試圖去達成什麼共識，可以爲社會科學處理倫理議題提供具體建議。相反地，他們只是讓不同觀點的人發表意見，雖然他們以前也彼此討論過。[69]

IRB的批評者如果只是和哲學家辯論，就得不到他們想要的。他們還是不得不向掌權者呼籲。直至1979年底，Pool所能做的就只有如此而已。

1981年的妥協

在1979年最後一個月以及整個1980年，Pool和Pattullo越過學術圈，和更有權力改變聯邦政策的人討論。這些努力有一些很可笑。在1980年6月的民主黨國家委員會（Democratic National Committee）上，Pattullo向綱領委員會講話，但發現他發表演說中「有半打酒鬼，一群打盹的人，可能還有一些被委派的僵屍。」[70] 其他的努力還更有成果一些。

Pool做了所有他能做的努力。在1979年11月，一次去華盛頓首府的旅行中，他不僅會見了研究風險保護室的McCarthy，也會見了關鍵的國會官員、白宮官員以及布魯金斯研究所（Brookings Institution）和美國科學促進會的人員。[71] 下一個月，他在《紐約時報》發表專欄文章，其他期刊隨即跟進。[72] 《國家周刊》社論刊載「無法區分醫學注射和迷幻藥實驗、社會科學中常用的調查研究訪談，這個提出來的指南標示了聯邦權力眞正可怕地延伸到美國人的生活中。」而《華爾街日報》（Wall Street Journal）抱怨儘管社會研究沒有造成眞正的倫理挑戰，「政府還是選擇了一個非常不恰當的方式管理這些問題。」[73]

這種壓力有其影響力。在1979年10月下旬，馬薩諸塞州的國會議員Edward Markey對Pool表示贊同，他認爲「這些管理條例對社會科學家來說太過嚴格，應該僅僅限於生物醫學研究中。」其他的國會議員和參議員也似乎響應了Pool的提議。[74] 國會議員David Satterfield曾經在1974年的原始國家研究法案會議委員會任職，他對衛生教育福利部和國家委員會解讀法案的方式尤為憤怒。他認為政府應該「只有當祕書室找到那些對受試者有潛在危險的研究類型才能要求IRB審查和批准」，但是他們並沒有發現社會研究有這樣的類型。[75]

這樣的觀點並沒有贏得大多數的信任，但是在5月份，Pool和國會的努力有了成果，眾議院宣布IRB的要求不適用於「不包含受祕書室的管理、無涉研究參與者風險的研究。」跨州委員會和外貿委員會希望「許多社會科學研究計畫可以免除IRB審查，因為它們對研究參與者來說沒有風險」，強調審查只適用於「有嚴重心理或經濟風險」的研究。[76] 雖然是法案語言，國會議員Henry Waxman授權決定要給予免除風險的研究類型，Pool充滿希望地寫道這可以「解決大部分他關心的問題。」[77]

同時，國會授權一個新的總統委員會（President's Commission）來研究醫藥和生物醫學以及行為學研究的倫理問題，這個機構相當於國家委員會的後繼者。新的委員會包含兩個老成員——Albert Jonsen和Patricia King，代理執行長是Barbara Mishkin，他是曾服務於國家委員會的職員。但是新的委員會關注Pool在媒體和國會的運動，較之前回應了更多社會和行為科學家的擔心。[78]

總統委員會在1980年的7月召開了社會行為學研究的聽證會，給Pool還有其他批評者一個正式的論壇。Pool、美國教育協會的Peltason、人類學家Joan Cassell以及社會學家Russell Dynes重申了許多他們的媒體觀點。同時住宅和城市發展部（Department of Housing and Urban Development）的Donna Shalala也加入了他們，他警告「我們不認為各種形式的社會科學研究發生過什麼傷害，我們當然也不同意研究傷害的頻率和嚴重度，需要全新一道的審查和限制，這些審查伴隨著直接和非直接的成本。」[79]

代表社會研究IRB審查發言的是兩個埋頭於生物醫學的研究者——醫藥社會學家Judith Swazey和精神衛生管理局微生物學家David Kefauver。Kefauver說明他的機構中研究經常結合生物醫學、行爲學和社會研究，他傾向單一規範是基於「在同一個研究計畫中應用不同的規範，或應用規範到計畫中某一部分而不用到另一部分，這是令最無情的官員也心寒的一種景象。」雖然說得戲謔，但是Kefauver對於管理的絕對一致性則是非常嚴肅的。他說，任何豁免都會導致這種推論：「我們只擔心個體的生理完整性，或者甚至可以說生理完整性只存在於生物醫學實驗中。」實際上，他繼續說道：「如果我們解除管制或者不能管理局部的敏感議題……那麼我們也不得不對生物醫學研究解除管制。」[80] 相信向社會科學家讓步就會破壞整個管理體制的想法，可能最可以解釋衛生機構早期反對代理執行長Hamilton免除審查的提議。

總統委員會並沒有被兩邊的爭論完全說服。委員會的執行長Alexander Capron，他質疑Pool對非資助研究審查是違憲的。另一方面來說，他同樣懷疑管理條例保衛者的言論。Capron幾乎是指責McCarthy欺騙大學，讓大學認爲衛生教育福利部堅持IRB審查非聯邦資助的研究，但這並不是部門對國家研究法案的官方解釋。他看起來也很不滿國家委員會對研究的定義，他要求寫出一個更好的定義，這個定義不要涵蓋記者的著作。[81]

在9月，總統委員會的首長Morris Abram在一封信給衛生與公衆服務部新祕書Patricia Roberts Harris信中，表達他的關切「這個春天，衛生教育福利部被併入衛生與公衆服務部，繼承了衛生福利部和新的教育部門。」Abram提醒道：「我們相信，如果把規範延伸到更廣的領域，那麼保護研究參與者的努力就會被破壞。總之，事前審查的整套不應該用在對研究參與者沒有可辨識風險的活動中。」他認爲管理條例應該直接應用於衛生與公衆服務部資助的計畫。他呼籲免審那些「包括問卷、訪談或者標準教育學、心理學測試的研究」，「在這些研究中，參與者同意參與就已經是暗示或明示他們是研究過程的一部分，這些本身幾乎是沒有風險的。」[82]

在最後一項條款中，Abram含蓄地拒絕了Pattullo論點，關於成年人有風險的對話可以免除審查的建議。委員會反而建議對以下的研究免除審查：

> 只包含訪談或調查程式的研究，如果：(a)結果以訪談或調查程式方法被記錄下來，研究參與者無法被直接辨認，或者通過暗示資訊辨認出來者；或者(b)研究不處理的資訊，這些資訊如果破壞保密，會置研究參與者於犯罪起訴、民事責任、被開除或者其他的嚴重後果，除了參與者可能被強制參與研究以外。

對於議題是「如果調查對象只包括選出或指定的公共官員或管理公共事務的人員」，或者「調查活動只包含產品與市場研究、社會學研究、新聞學研究、組織研究、民意測驗以及管理評估」，提供「這些研究參與者沒有風險或不侵犯他們隱私。」的調查與訪談可以免審。[83] 而且堅持將管理僅應用於「衛生與公眾服務部執行或支持的參與者研究。」[84] 總的來說，這些免審比1979年的A方案或B方案涵蓋了更多種類型的研究。白宮同意，管理和預算辦公室（Office of Management and Budget）以及科學與技術政策辦公室（Office of Science and Technology Policy）的主管警告過度擴展審查範圍會減弱IRB控制眞正有風險研究的能力，並且會造成「規範的過度技術化，對學術自由造成不必要的侵犯。」[85]

到1980年的秋天，管理法案已經不只遭到個人的批評了，而是超過數十個學術組織，包括眾議院、國家委員會的官方繼承者，甚至白宮都加入了批評的行列。慢慢地，這種壓力到了Charles McCarthy的研究風險保護室。在1980年3月，Pattullo向Pool報告在一個近期的會議上：「McCarthy私下向我表明我們只是偏離了『Pattulo聲明』一點點。」很難，很難去找到準確的詞語，比如，有一半的民眾是「合法適任的」，但是每個人都知道他們是沒什麼希望的；又如，

P.I.心中沒有解釋的假設是不是一種欺騙？他說的愈多，我就愈不抱希望。」[86] 在9月的上旬，McCarthy遇到了四個大學的說客，指示他接受加入Pattullo版本到國會即將會討論的衛生法案中。但是他說「沒有固定的委員會」，到時任何新的衛生研究法案都不可能了[87]（法案最後終結於參議院）。

在1980年11月4日是最後一根稻草，Ronald Reagan贏得總統大選。在此之前，總統的政治在IRB規範的擴展上作用有限，如果有，只是IRB穩定擴展到四個總統的行政單位。但是當McCarthy後來回想起選舉的餘波時說：「每個人都知道這不是提出新法案的好時機。」[88] 實際上祕書長Harris決定在轉移到新部門期間都不公布管理條例。[89] 爲了跨越這個障礙，McCarthy開始提出新規則來減少規範，尤其是在非醫學領域。爲了促成這個討論，他不得不扭曲1974年的管理條例和他們提出的代替方案。

首先，他用極端的術語描述目前的境況，聲稱目前的管理條例將保護擴展到了所有「衛生與公衆服務部支持的參與者研究」，以及所有研究參與者的行爲和社會學研究現在由「衛生與公衆服務部管理。」[90] 在給上級準備的簡報中，McCarthy認爲沒有新的規範，衛生與公衆服務部可能會「繼續將範圍拓展到包含所有研究參與者的行爲學和社會學研究中，甚至是那些沒有風險的研究。」[91] 這很令人懷疑。雖然許多大學要求所有的研究進行IRB審查，但是在衛生教育福利部管理條例之下只應用於公共衛生服務司資助的研究，而不是部門其他的研究。[92] 而且，部門自己的總諮詢在幾個月之前剛剛回應了Pool在《紐約時報》上的專欄文章，稱「目前的政策應用到衛生教育福利部支持的含研究參與者的研究上，而不是那些非資助研究。」[93] 的確，部門曾經爭論過很多大學接受公共衛生服務司的津貼（不是衛生教育福利部的津貼），這些大學要求審查所有的研究，並不管資金來源。但是政策是基於部門對國家研究法案本身的解釋，不是基於1974年管理條例。[94] 新的管理條例既無必要也無法保證翻轉過來。

擴大了現存管理條例之後，McCarthy聲稱新的規範更寬容：「已提出的新規範會免審零風險的行為學和社會學研究，這會導致80%的研究都去除規定。」[95] 這個數據幾乎就是McCarthy自己偽造的。這份記錄沒有暗示得出如此數據的複雜調查，而且會根據文件不同而變化。將McCarthy的爭論遞交到祕書長Harris手裡，也是國家衛生研究院的長官，承諾免審會涵蓋「所有免於風險的行為學和社會科學研究」，雖然他注意到免於風險的定義是有爭議的。[96] 但在其他時間，衛生與公眾服務部聲稱50-80%的研究都能免除審查。正如主席委員會的Alexander Capron說的：「這個系統運行的15年以來，政府忽視了它實際上是如何運作的……他們說50-80%的研究都能免除審查，這恰恰表明他們根本不知道現況。」[97]

McCarthy在1980年的12月30日記錄中公開表明立場，文件由外科總醫生兼衛生部助理祕書長Julius Richmond簽字。這份文件發給祕書長Harris，陳述衛生部為什麼反對總諮詢提案關於免除大部分社會研究審查的理由。在缺乏文檔的情況下，看起來是理由充分的。McCarthy寫道：「部門資助一些與社會以及精神健康服務、經濟援助方案等有關的調查和訪談活動，這些研究中獲得的個人隱私必須要受到保護，比如那些可能會導致研究參與者失去就業機會或者保險的健康情況研究，或者那些針對罪犯、藥癮、精神病患者的康復研究。」之後，他聲稱：「IRB審查過程是非常寶貴的，它對保護敏感和個人隱私很有必要。」這確實是在誇大描述；無論是國家委員會的IRB報告還是其他機構都發現IRBs的有效性，大多數在促進保密方面並不是那麼有價值。真的，國家委員會發現2,098個案例中，只有三個有「傷害研究參與者或讓研究參與者尷尬」，超過10%的計畫缺乏研究參與者保密。但是這些數據並沒有因為規範而崩解，而McCarthy或者其他政策制定者無從得知這些計畫是否在Pattullo希望免除審查計畫之中。[98]

其他的爭論更加扭曲，McCarthy建議國會要管理社會科學。缺乏來自國家研究法案，據說是管理條例的基礎的證據，McCarthy不得不找回1965年國會議員Gallaghe與其他兩個議員給衛生局長Luther Terry寫的信件，「對人格測驗、調查以及問卷一類的應用感到煩惱」，尤其是「給學校裡的年輕人。」但是Pattullo提出的準則只應用於可勝任研究的成年人身上，所以擔心學校兒童是在轉移焦點。而且從三個國會議員而來的這封15年前的信，寫於大學IRBs制度產生之前，對於衆議院現行觀點而言幾乎不是好的指導，衆議院剛剛通過了要求免於風險的研究免審法案。

McCarthy在12月的記錄書寫了其他不穩定的聲明，寫到「這種研究的弊端很少被記錄主要是因爲我們政策的成功，而不是不需要保護措施」，忽略了在IRB審查之前社會科學家在研究中的弊端一般很少見。最後，McCarthy提醒道：「免除社會科學的審查可能會讓部門的管理條例違反紐倫堡守則。」，即便紐倫堡守則（要求人類實驗研究要「基於動物實驗的結果」），很明顯只是針對醫學實驗設計的。[99]

McCarthy後來承認他有一些策略是欺騙性的。他2004年解釋說，他告訴Regan的過渡團隊新法沒有舊的嚴格。「當然，實際上不是這樣的，但是看起來新法是如此，因爲我們寫了一些例外。」他和投機的祕書處一起推進了一個相似的策略，把新的法規包裝爲「保護研究參與者的削弱版法規」，相信「在最後幾週即要離開的祕書處人員，Harris行政單位沒有人會眞的讀這些東西。所以他們根本不會知道那是什麼，他們只會讀一下標題。」[100]

爲什麼McCarthy這樣冷酷無情？他眞正的議程是什麼？在1979年10月到1980年12月之間的15個月內，他蔑視Pool的反對爲舊新聞，然後又承諾Pool會妥協，告訴Pattullo和其他人，他和Pattullo的想法很接近，再用僞造的數據、錯誤的管理報告以及荒謬引用紐倫堡守則來欺騙兩個行政局處。他的陳述有很多是自相矛盾的，而且沒辦法知道哪個才是McCarthy眞正的想法，哪個是用來迷惑對手的。

後來，McCarthy在1983年進一步來攪渾水，他公開解釋對社會科學的看法：

> 我們該去注意什麼是對研究參與者侮辱？Wichita傷害竊聽案、公廁交易研究以及喬治亞州法院關於醫學資助計畫共同付費研究的判決——以及我們對心理學101和社會學202不愉快的記憶，我們認為最好還是取悅我們的教授（他們很著急的要材料發表文章），所以我們「做自願的研究參與者，而不是有風險層級的歧視」。[101]

但是1983年的這些言論都不能解釋他拒絕Pattullo的提議。傷害竊聽案是違法的，Pattullo的規定允許IRB審查Laud Humphreys利用的欺瞞案件。當研究包含「拒絕或者阻擋通常的與必需的資源時」，比如福利報酬或者成績也允許審查。因爲國家委員會沒有將大學生列入易受傷害群體，衛生與公眾服務部規範的版本授權祕書處免除IRB對「特殊研究活動（例如：定額攤付法實驗）」的審查，因此Pattullo給了學生和福利接受者較衛生與公眾服務部提案更好的保護。McCarthy在1983年的公開發言本身就沒有反映他在爭論期間中的私密文檔。只能猜出他眞正的動機，但是David Kefauver的警告給了我們很好的暗示，以機構的需求對待每種研究是「最令人恐懼的官僚僵化」。1980年時McCarthy已經是一個僵化的官僚了，而且是一個僵化的國家衛生研究院官僚。如果國家衛生研究院的醫學官員要的是與社會科學家相左，那麼他只關心他自己想要的。

McCarthy的策略起了作用，管理條例沒有納入Pattullo的規範或者任何類似的版本。在1981年的1月13日，Carter總統最後一個星期的任期，祕書長Harris簽署了最後一份管理條例，在Ronald Reagan就職的6天前——1月26日頒布。這些新的管理條例沒有做出明顯讓步。首先，他們刪除了1979年草案的要求——IRBs決定每個計畫是否「方法適合研究目的和研究領域」。[102] 這會讓IRBs干預計畫設計的每一步，Pool認爲這是「一個非常讓人討厭的條款」，很高興地看到這條消失了。[103] 和國家委員會的建議相反的是新的條款提供有限的上訴機制。一個機構得（而非要求）建立一個上訴機制，只要這個機制本身符合IRB的管理要求即可。

更重要的是，1981年1月的政策從兩個方面大大減少了IRB審查的範圍。第一，伴隨新管理條例而來的聲明反轉了衛生教育福利部／衛生與公衆服務部的立場，自從1974年國家研究法案就要求任何接受公共衛生服務司資助，機構內的參與者研究都要接受審查，不管個人計畫的資金來源。僅僅一年之前，衛生教育福利部的總諮詢就在給《紐約時報》的信重申過這個立場，但是現在，部門卻宣布了相反的立場：「衛生與公衆服務部的總諮詢建議在國家研究法案例沒有明確的法規命令，支持非衛生與公衆服務部資助之外的研究有IRB審查的要求。」而且，新的政策明顯拒絕國家委員會的建議——如果一個機構接受衛生與公衆服務部的資助，所有該機構的研究都要服從IRB審查。事實上，部門宣布機構必須只能提供關於研究參與者權力和福祉的「原則聲明」，讓IRB審查不再是一種要求，只是一種「強烈建議」。根據新的政策，只有衛生與公衆服務部直接資助的研究才需要接受IRB審查（當然，根據新的司法解釋，公共衛生服務司之外，即使說衛生與公衆服務部其他部門資助的研究必須審查，也沒有法律依據。但是沒有人願意說模稜兩可的話，尤其是現在教育研究是被全新的教育部資助，不是衛生與公衆服務部資助的。

除此之外，法規提供被衛生與公衆服務部稱作「擴大微小或零風險免審類型計畫」的條例。這些類型包括對課堂教學技術、教育測驗的研究，這些研究參與者很容易被識別出來，而且關係到成績。管理條例還免審所有：

> 包含調查或者訪談程式的研究，除非有以下情況：

> (i)回應被記錄時，研究參與者能被辨認出來，直接地或者通過身分聯繫到研究參與者本人；(ii)研究參與者的回應如果在研究之外也可以被知道，可能會置研究參與者於以下風險：犯罪或民事責任、損害經濟地位或者僱傭關係；(iii)研究涉及研究參與者行為的敏感議題，比如非法行為、性行為、吸毒、或者濫用酒精。除了當調查對象指定為公眾官員或者公共官員代表之外，所有調查和訪談的研究都可以免審。

觀察研究在相同狀況下也是免審的，但難以理解的是沒有全面允許在公衆場合觀察公共人物。

這個新的免審名單與1979年的方案A相比，以方案A爲基礎而免除更多的研究。1979年的提案沒有免審任何訪談類研究；1981年的名單豁免了一些訪談研究，雖然仍遠遠少於Pool和Pattullo期望的。1979年的提案應該要求IRB審查任何研究參與者可被辨認或者有關敏感議題的調查類研究。1981年的管理條例要求只有當條件符合，且研究參與者的法律責任、經濟地位或者僱傭關係處於危險時，才要求審查。1981年的條例加入了自由研究公共官員這一條，這對Pool來說是好事，因爲他總是要採訪這樣的人。

公告吹嘘這免審會齊聚一堂，「將大多數社會科學研究項目排除於管理條例的司法權之外」，除此之外，還有「幾乎所有基於圖書（library-based）的政治、文學以及歷史研究，在大多數公共場合中的純觀察研究，例如：在人群中或街上的行爲。」[104] 的確，自從管理條例只審查那些「敏感議題」的研究、危及責任或者其他條件，以及衛生與公衆服務部直接資助的研究，觀察家合理地期待每年只有少數計畫自動需要審查。

許多IRB批評者改變了。Richard Tropp曾經抱怨衛生教育福利部在1974年起草草案時沒有諮詢相關專家意見，發現1981年的版本

「強調最重要的知情同意書議題，減少管理條例在無風險社會研究上的應用。」[105] 國家科學中心的Richard Louttit說：「以下領域的基礎研究免於審查：人類學、經濟學、教育學、語言學、政治科學、社會學和大部分的心理學。」[106] 美國社會學學會對其成員說：「振作起來——大部分社會學研究現在已經免於參與者研究審查。」[107] 《紐約時報》報導說這些規則似乎「主要是爲了滿足社會學家和歷史學家，他們一直抱怨害怕這個規範會干預他們的工作。」[108]

Pattullo認爲這些規範「仍然要求一些不必要和不明智的保護機制」，但是他高興的是，大學可以自由地忽略對於那些非衛生與公眾服務部資助的研究。[109] Pattullo相信McCarthy已經阻礙了很多熱情的衛生與公眾服務部官員，但他寫給McCarthy表明「新的規則是明智的、可實踐的、好理解的，而且容易達到目標」，他很感謝McCarthy的「用心、幽默和靜默的常識」。[110]

Ithiel de Sola Pool就沒有那麼樂觀了。他很感激免審，但是他仍然發現IRB審查對某些非免審的研究來說是不適合的，例如：在得到允許的情況下讀個人信件，或者在允許的情況下觀察成年人私下的行爲。雖然他知道從技術上來說管理條例只適用於衛生與公眾服務部資助的研究，很少社會學家適合這一類型，但是他很擔心即使衛生與公眾服務部沒有要求，大學還是會將相同的政策用於所有研究上，根本不管是誰資助的。他呼籲學者要求他們所在的大學納入Pattullo的版本，他警告他的讀者說：「我們的鬥爭還沒結束。」[111]

結語

Pool對IRB系統的批評可能有誇大成分。在1979年12月，他把傑出的生物倫理學家Arthur Caplan比作30年代早期的「優秀德國人」，那個時代的德國人被看成是納粹黨崛起的力量。Pool寫道，當面對

「在學術自由上最惡毒的攻擊時」，Caplan的自滿讓人吃驚。[112] 這種刺耳的語言無疑讓一些潛在的支持者疏遠他，像Levine和McCarthy把Pool當成憤怒的脾氣乖戾之人。但是Pool聯合其他人對抗1979年的提案顯示，他不是獨自堅持立場，國家委員會沒有考慮美國的學術自由。他不僅在保護法規的重要改變上成功了，而且迫使衛生教育福利部／衛生與公衆服務部在1981年的政策中讓步了，已經被保衛了多年的1974年國家研究法案解釋，就是錯了。

同時，Pool在爭取這些讓步時面臨了許多困難。一個國家最有名的政治學家曾經爲此努力奮戰了兩年多。他贏得了每個主要社會科學組織，再加上一些國會議員和參議員的支持。他在《紐約時報》和其他主流期刊上明確表達了他的立場。他在同一時間完成了所有事情，兩邊的政黨都支持撤銷管理規定。但是即使這樣，他也沒有將Pattullo的版本寫進新法案，或者從McCarthy直接的答案中得出條文令人不滿意的原因。IRB的批評者們已經盡了最大的努力與反擊，但這不是一擊取勝，從此他們會繼續落居下風。

CHAPTER 6

故態復萌與鎮壓

回顧起來，Pattullo與Pool的勝利持續了約十五年。十五載的歲月中，IRBs從未完全停下擁護自身對社會科學、與人類科學管轄權的步伐，但也未對個案太過壓制。學門內的資深學者，包括一些在1970年代的爭論中活躍的人物放下了對IRBs的擔憂。而後進的學者——那些1980年代進入研究所者多數對此未有耳聞。然而卻是由這些未受監督的研究者來避免類似Laud Humphreys的醜聞發生。

而在同一時間，聯邦官員默默地收回了他們讓出的權力。未受到甚麼社會科學家關注，也極少徵求其意見的前提下，官員修改與擴張規章。更重要的，他們編製了尚未正式納入聯邦規章準則，但否定1981年衛生與公眾服務部關鍵特許權效力的政策。1995年左右開始，研究風險保護室以更勝過往的權力炮轟社會科學家。

聯邦的故態復萌

隨1981年頒布即刻生效的聯邦法條，證實了Pool的隱憂。他與Pattullo在1981年獲得些許自由之際，已經失去了社會科學研究完全排除於IRBs之外的最佳機會，如同總諮詢辦公室所提議，或是Pattullo提議僅插入簡單準則進入法條中。他們促成了尚不完備的特殊豁免清單，祕密地運作而幾乎未受公評，在跨機構的委員會很快被證實是易受攻擊的。這些委員會未對新的研究醜聞有所回應，也未登過《紐約時報》頭條新聞，但他們逐步擴展IRB審查至那些在1981年取得豁免權的研究中。

第一階段的故態復萌包含確保每一個機構──通常是大學或研究型醫院──必須繳交文件，才能申請美國公共衛生服務司的研究資助。這些文件是機構已建立了IRB。理論上，每一機構有自由制定品質保證的權力；但實際上，最容易做的是填完空格欄，並挑選國家衛生研究院自1966年起分發的品質保證範本，因爲是由國家衛生研究院來認可機構，對未呈交令人滿意的保證書者可取消聯邦資助。[1] 因此，對個別研究者來說，保證書範本幾乎與規章有同等的權力。

隨著1981年規章的修訂，研究風險保護室的Charles McCarthy發布了一個新的、長達21頁的保證書範本，違背自己所宣稱的放寬管制精神。儘管1981年1月《聯邦公報》宣誓避免「不必要細節」，McCarthy的範本非常詳盡──遠多於先前的版本。[2] 範本假想一所XYZ大學，呈交保證書「已選定建置一個研究行政部門，提供研究者、IRBs與行政人員的中心，來處理協議、與溝通有關研究涉及研究參與者的其他資訊。」雖然文件註記這樣的辦公室可能不適合所有機構，且非規章要求，即使是研究風險保護室的業務想法，建議大學可能如何組織行政管理也背離了初衷。此範本甚至要求每一個IRB在每個月第三個週三開會。一旦大學呈交此保證，須獲衛生與公衆服務部許可，才能讓會議移至每個月的第二個週三。[3]

此保證書範本也與國家委員會的建言以及1981年最新發布的規章背道而馳。某些方面來說，對社會科學是個好消息，特別是這個虛構的大學爲生物醫學研究建立單獨的IRBs，區分「行爲與生命科學」及「社會科學」。藉由爲社會科學建立分開的IRB，爲社會科學家建議一套方法，避免科羅拉多州立大學發生的倫理審查委員會由外行人主導的問題。（當然，藉由區分行為與社會科學的研究，也懷疑行為科學研究的規章是否完全應用到社會科學，而國家研究法案按擴大IRB的權力僅限於行為研究。）與國家委員會的建議相反，但是與新規章一致的是要求IRB監督其他研究。

另一方面，保證書範本摧毀了承諾的核心——只應用在衛生與公眾服務部提供資助的研究上。在1980年12月，McCarthy建立一套區分資助與未資助研究的原則，基於「有意願的個人風險承擔，是不能與使用部門資助之研究者命令下產生的風險承擔相比」，因而反對所有訪問研究的豁免案。[4] 然而現在，僅僅三個月之後，McCarthy的保證書範本鼓勵大學施加聯邦標準於未受資助的研究。[5]

在回應與期刊論文中，Pattullo與Pool公開譴責McCarthy言而無信。Pattullo投訴此範本「納入了大部分祕書處最後發行的規章中已排除、具爭議的要點。」[6] 他抗議McCarthy，「那些採用範本的人將會自願遵循這套系統，類似於1979年8月『被提議』的規章。」[7] Pool寫道：「一個受騷擾的行政人員，察覺到有個被用於衛生與公眾服務部資助研究的IRB，可能會回信說：『我們將對其他的研究一視同仁。』，然後，社會研究自動會再一次回到相同的混亂中。」[8] 他期盼「多數社會科學院系成員與學生，如第一修正案的原則，拒絕呈交社會與政治議題研究給委員進行計畫事前審查」，因而造成大學行政人員不愉快的爭議。[9]

McCarthy沒有讓新的品質保證，符合先前對資助與未資助研究的區分，或如他所言，希望讓大部分社會科學從審查中排除。他反而僅回應大學可自由發展替代的品質保證。這件事再虛偽不過了，McCarthy自己寫道超過90%的機構對品質保證範本未表異議，此正如Pool所恐懼的。[10] 確實，到了1985年，依Pattullo估計大部分的大學都已簽署了這項品質保證。[11] 然而由於此品質保證範本並不是規章所定，衛生與公眾服務部並未送交公共評議過程，如1978與1979被授權的反對者公共評議。McCarthy找到了一條路徑，將Pool與Pattullo兩位異議者踢出決策圈外。

第二個故態復萌階段影響到規章本身。儘管國家委員會、衛生教育福利部、衛生與公衆服務部與政府外的批評者都在運作，1981年規章如之前的1974年規章一樣，在這些機構草率地發表。1980年5月，McCarthy警示：「這些規章具政治敏感性，因此有必要在擬定時加以關注。倉促的擬定將會造成政治上的窘迫。」[12] 然而此綱要確實在瘋狂努力中倉促而生，讓新規章在總統就職日（Inauguration Day）前得以簽署。如McCarthy於2004年中所述：「這些豁免案例中的某些語言，因爲是初擬而拗口難懂。」[13]

隨著初版施行綱要捆綁著規章方式發行，McCarthy鎖定了新的目標：一個涉及參與者研究的統一聯邦政策。至少自1974年開始，弭平不同聯邦機構的人類研究政策差異性即爲官方目標。[14] 然而他們倉促將1974年與1981年的規章以某種形式做法律聲明時，官員延宕了從超過數十家以上的機構中取得統一語言的工作，所以這些規章僅分別適用到衛生教育福利部及衛生與公衆服務部。隨著1981年規章就位，官方才準備好嘗試訂立跨部門條款。

1981年12月，主席委員會初次建立兩年制報告，當中建議：「所有聯邦部門或代理機構，採行衛生與公衆服務部規章的共同核心。」總統的科學顧問團指定超過二十個參與者研究的部門與機構代表之顧問團，做爲回應。[15] 以McCarthy爲召集人的第二個委員會於1983年10月接受委派。與國家委員會或主席委員會不同，這個新的跨部門研究參與者協調委員會（Interagency Human Subjects Coordinating Committee）完全由聯邦部門人員組成。這意味此議題沒有報告，不舉辦公聽會或公開會議，提醒社會科學家他們的行動，也沒留存會議紀錄。[16]

跨部門委員會大部分工作僅放在透過多數機構同意，基於1981年衛生與公衆服務部法規下建制共同規章制度。會議雖然有某些嚴重爭議，但大多數似乎只關心參與部門的局部性要求。例如：農業部（Department of Agriculture）堅持「品嚐與食品質量評估」豁免研究審查，認定其不具風險且須快速作業才能因應農產季節。[17] 教育部（Department of Education）門要求對測驗、調查、訪談與觀察研究豁免IRB，宣稱家庭教育權與隱私法已保護此類研究參與者的隱私，[18] 但此僅有助於教育研究者，而非其他廣泛的社會科學家。國家人文基金會（The National Endowment for the Humanities），最有可能資助人文科學研究的行政機構（足以廣泛涵蓋部分社會科學研究領域）並未受邀參與，故不可能要求計畫類型的研究審查豁免。國家科學基金會與國際發展組織（Agency for International Development）資助社會與行為研究，他們並未尋求跳脫衛生與公眾服務部的方案。[19]

除了修整語法讓豁免條款容易理解外，修訂基本豁免條款並非跨部門委員會的主要任務。[20] 但由於1981年的妥協方案，並非直接依據Pattullo的形式，而是公認McCarthy起草的「拗口」清單，經不起任何微小變動。最早的政策模型初版是由1982年9月之前的委員會完成的，由1981年衛生與公眾服務部的規章修訂的，維持調查與訪談研究廣泛的豁免條款，對觀察研究則採近乎豁免條款。[21] 在1984年春天，管理和預算辦公室提議結合觀察及調查與訪談豁免條款，可節省字數與墨水。在此過程中，一個限定詞消失了。1981年規章豁免研究，除非「可能適當地置研究參與者於風險中」，然而1983年提案消除了「適當地」，因此，若研究涉及對研究參與者法律地位或經濟意想不到的風險，即會啓動IRB審查。[22]

樣板政策在1986年6月刊登於《聯邦公報》上，「適當地」被恢復，但其他卻不見了：1981年規章中的條款，社會研究豁免IRB審查，除非其「涉及研究參與者自身行爲敏感面向，如非法行爲、藥物濫用、性行爲或酗酒。」[23] 該文並沒有爲這個改變作出解釋。在McCarthy自豪「放寬大約80%的研究管制」之後僅僅五年，其領導的委員會就開始打算將未知數量的研究納入規章中，沒有給出任何理由爲何要如此。

然而社會科學家仍舊靜默。當跨部門委員會與生物醫學研究者保持聯繫同時，並未努力接觸社會科學家，似乎信任他們會閱讀《聯邦公報》。[24] 不像1979年提案時，提議大規模重建45 CFR 46，1986年版本只提出變動一小段規章，對不像Ithiel de Sola Pool過分關心的其他人來說，很難掌握要義。Pool逝世於1984年，沒有人接替他的位子。

委員會後來選擇《聯邦公報》的六項評論釋義，要求更多規章，而非減少規章。有位回應者甚至提議「如果訪談產生可辨識的身分資料，無論內容，研究須由IRB審查」，這是一項可能讓IRB審查所有大學報刊新聞的提議。但此提議卡在「這段話需要再延伸，顯示傷害社區中的個人名譽，如財務狀況或就業能力一樣具有風險。」儘管國際發展組織的代表反對，McCarthy的委員會同意，刪除調查、訪談與觀察研究的豁免條款，如若：

> (i)研究參與者所獲得資訊以直接、或透過能連結到研究參與者之標記、辨識的方式記錄；(ii)任何揭露研究參與者在研究之外的反應，可能置參與者處在刑事或民事責任風險下、或研究參與者的財務狀況、就業能力、或名聲產生危害。[25]

此段話引來某些批評，有些要求更廣泛的豁免條款，其中之一認爲豁免條款「主要寫給醫學與衛生研究，而不應該用到涉入研究參與者的一般性商業訪談或問卷」；其他倡導商業研究的豁免條款；另外還有人要求給所有只產生微小風險的研究豁免條款。一位批評者抱怨道：「名聲是主觀的詞彙，很難給予操作型定義」，而他「提議改變詞彙，限制免責條款爲『專業的與社會學的』明確風險傷害」。

跨部門委員會在《聯邦公報》中註記所有這些抱怨，且簡單回覆

「相信豁免條款對所有類型的研究來說都夠清楚，用明確指標來審查，不限於生物醫學或衛生研究。此外，委員會指出（政策）提供了對某些研究的豁免條款，包含許多用於商業（如調查研究），而其中只有微小風險或甚至沒有風險的研究。」[26]就這樣搞定了。隨著刪去了敏感的28個字，另外新增兩個字「或名聲」，聯邦立法者收復了十年前他們割讓的失土。

新規章於1991年6月18日生效，不僅是爲了衛生與公衆服務部，也是爲了其他十五個部門與機構，贏得名爲人類研究受試者保護共同規範（Common Rule）。1966年，開始針對美國公共衛生服務司資助的政策，二十五年後擴散到聯邦行政部門中，但是仍然由國家衛生研究院領導。研究風險保護室（隸屬國家衛生研究院NIH的部門）仍舊負責解釋規章與監督使研究順從，即使其他人簽訂條約，只有極少數會花費重要職員的時間，[27]衛生機構已然告捷。

緩和時期的IRBs

社會科學家不太關注這些事發生，原因似乎是只有他們不需倫理審查。重建1980及1990年代早期的IRBs並非易事。隨著國家委員會的調查，國家委員會本身並未習得到太多社會科學計畫的審查方式，一直到1990年代中期才對大範圍的研究進行IRB。時至今日，仍未對社會科學研究進行全面的IRB，納入研究者、審查者、研究參與者的觀點。[28]學者也沒有像2000年之後頻繁書寫有關IRBs問題。社會科學學者的沉默顯示IRBs根本只是輕觸大部分的社會科學家。

這並不是說IRBs從未審查過社會科學研究。在某些大學，IRB審查對社會科學或人文科學的某些領域似乎成爲家常便飯。例如：一位傳播學的研究生說，不僅要上交論文計畫書給IRB，也要與其他學生比對一下IRB的經驗筆記。之後，這位學生因走完全部程式而很高興：IRB提供他一個大學辨護律師，爲學生的訪談筆記出庭辯護。[29]

這種IRB的審判權非比尋常。人類學者似乎與IRBs很少互動。Russell Bernard在1988年文化人類學教科書中的研究方法提到，Stanley Milgram的社會心理學實驗在IRB要獲得核准會遇到很大的麻煩，但並未提到人類學田野工作獲得IRB許可的必要性。相反的，Bernard提議研究者應捫心自問：「最重要的是問心無愧。試問自己：這樣道德嗎？若自己的答案是『不』，就跳過吧，另找其他的題目。」並不是把決定交給別人，Bernard建議「做決定應不太需要與你所有同儕分享。」[30] 這個建議在1994年版本的同一教科書上仍舊維持不變。[31] 直到2003年，Bernard才加了一段描述IRBs「對所有以人爲研究對象的相關倫理議題進行審查，並做出通過與否的判斷。」即使在關於實驗研究法的新章節中出現，讓讀者不確定的民族誌研究倫理接受性，是由個人良知還是由委員會通過來處理。[32] Carolyn Fluehr-Lobban於1991年人類學倫理選集中，也一樣未提到IRBs。[33]

確實，許多人類學者可能在追求他們的研究時，並未想到IRB的規章可能適用於他們。有些人相信1981年的公告，IRB只限於被衛生與公衆服務部或其他採用衛生與公衆服務部規定之機構直接資助的研究。例如：1991年Fluehr-Lobban注意到「如果他們的研究資助完全來自聯邦資金」[34]，學術人類學者才會受到IRB管理。這暗示有些學術研究並非源自聯邦資金，這種研究因此並不接受審查。同時，有些人類學者相信學生研究和質化研究是被排除的。例如：在1987年，一位阿拉巴馬州立大學的教授在一位研究生出外進行參與觀察之前，分發幾篇有關人類學倫理的文章。但是他並不認爲「IRB的批准對於未受資助的民族誌實踐眞的有必要性。」只有被另一位教授——一位被研究的宗教聖會的成員抱怨之後，他才開始詢問同儕倫理審查對這樣的計畫是否必要，甚至當時他得到的是相互矛盾的建議。最終，他和他的學生決定徵詢IRB許可，並在同一天得到批准。[35]

1992年，Rik Scarce在沒有獲得IRBs許可的情況下，完成了政治科學的學位和數年的社會學博士學程。他第一次接觸研究倫理審查是當他的大學拒絕法律支持，基於他之前並未將其計畫遞交給研究倫理委員會（Research Ethics Board, REB）審查。[36] 其他研究生們在聽都沒聽過IRB時就完成了他們的博士訓練。在芝加哥大學，社會學系學生Mitchell Duneier觀察了芝加哥的一間自助餐廳，使用研究和幾十年前流行的敘事技巧。他的指導教授Edward Shils長期研究倫理和IRB的問題，但是他甚至沒有對Duneier提到IRB，或許是他相信1981年協議可使Duneier免於這些擔憂。[37] 大約在Duneirer完成學位之時，Sudhir Venkatesh進入同一個博士學程。Venkatesh花費數年從事芝加哥公共住房計畫的民族誌研究，研究了毒品交易、槍枝暴力和賣淫情況，並一度打破信任關係，以至於讓他的報導人陷入受到勒索的危機。然而，沒有人告訴他需要徵求IRB的同意。[38]

有些民族誌學者跨越民族誌與醫學或心理學研究的界線時，的確與IRBs起了衝突。例如：在1992年，民族誌學者Stefan Timmermans在一所醫院急救部門開始觀察，觀看急救復甦術的努力。他所處的大學IRB對他毫無阻攔，但是醫院的IRB卻因爲在質化方法的計畫中缺乏統計的嚴謹性爲由嚴責了他。緊接著那場Timmermans叫作「一種Goffmanian式的公共退化儀式」會議之後，這所醫院的IRB要求他在發表研究論文之前，必須先經委員會審查才能出版。他停止了自己的觀察，不想要忍受他所謂的「發育成熟的審查制度」。在這段描述1995年經歷的時候，Timmermans語帶失望地寫道，「大多數民族誌學者都對IRB的批准，展現出一種令人驚訝的臣服態度。」[39] 但可能他們只是看起來順從而已，因爲那時只有很少的民族誌學者面臨Timmermans那種倫理審查。

最起碼，1981至1995年間的IRB監督，無法燃起1978-1981年間的書籍、期刊和新聞通訊中充斥的公開爭論火花。1992年的一篇關於IRBs與人類學文章，回溯在1979至1980年間出版的論文，記錄社會科學家的感受。[40] 美國社會學學會的時事通訊『註釋』（Footnotes），曾嚴謹地追溯過1979到1981年的IRB爭議，一直到2000年，這問題都未開闢新議題，顯示將近二十年相安無事。[41]

由刊載抱怨之少，可以看出政治科學亦保持靜默。1985年，Robert Cleary調查了擁有博士班的政治科學院系，以及這些大學的IRBs。他發現兩者之間少有矛盾。二十個院系主管中，有十六人對於IRB經驗評爲正面。基於這資料，Cleary結論道：「IRBs所做的工作正在導致部分政治科學研究者對研究參與者保護的關注提高。」但是Cleary也知道，另一種結果可解讀爲：大多數政治科學研究者可能僅是忽略了他們的IRBs而已。有兩個系主任告訴Cleary，他們拒絕在倫理審查委員會這種微不足道的主題上浪費時間塡問卷。如果是這種態度，解釋Cleary得到53%未回覆率的話，那麼許多或大多數政治科學主管都未和IRBs互動到讓他們足以發表相關評論。甚至在那些沒有完成問卷的院系主管中，有近半數報告自從1983年開始，他們的計畫就已經沒有IRBs的經驗了。兩位主管報告除非他們的教員申請聯邦資助，否則不會管IRB，有一個人寫道「在社會科學關注的範疇中，IRB就像個毫無意義的笑話。」在所遞交IRB的計畫中，88%的人未經任何修改就過了。簡而言之，Cleary所理解的政治科學研究者和IRBs之間的和諧關係，部分是出於IRBs當時的巧手。

即使如此，Cleary的研究仍反應了一些緊張關係。（在回覆的五十三位之中）三位院系主管報告「在滿足IRB要求時的明顯問題。」顯然在IRBs內的主管對這些問題渾然無知。有些政治科學研究者對於他們的大學無視公職人員研究的聯邦豁免權這一點感到生氣。[42] 確實，緊張仍持續發酵，以至於在1989年美國政治科學學會的專業倫理、權利和自由委員會（Committee on Professional Ethics, Rights, and Freedom）覺得有必要建議大學IRBs：

> (1)在評估研究計畫的風險與效益時，應權衡學術探索的自由之整體利益，以及限於當前研究情境下研究計畫衍生

的風險；

(2)對於研究參與者的風險評估應受限於聯邦規章45 CFR 46.102 (f)（March 8, 1983）所定義的實際主題；

(3)對研究參與者風險評估提升不能僅憑推測或猜想。[43]

同年，美國大學教授協會的新倫理守則在IRBs上採取模稜兩可的立場。倫理準則宣稱「研究設計與資訊蒐集技術應該遵守保護研究參與者的權力，不論資助來源為何處」，正如同美國大學教授協會列出「管理參與者研究規定：學術自由與機構審查委員會。」[44]但是也就是這份美國大學教授協會報告，指出衛生與公眾服務部犯了一項錯誤，對訪談與觀察的研究者並沒有採取更寬廣的豁免範圍，而讓大學將衛生與公眾服務部標準強加在並未接受資助的訪談與觀察研究上，「極可能」違反學術自由。[45]於是，這份美國社會學學會的守則，與其說是IRB的背書，不如說是一份對社會學者遵守愚蠢規則的建議。

甚至當社會科學組織與聯邦管理系統尋求和解之時，系統本身正在改變，變得愈加嚴格。已逾三十載的案例，政策制定者只對醫學研究中的醜聞或傳聞的醜聞做出反應，全然不顧其他領域問題。但是社會科學家再一次將發現，他們被一波生物醫學研究者的研究政策之洪流所席捲。這一次，他們無路可逃。

聯邦的鎮壓

在1993年末，《阿布奎基論壇報》（Albuquerque Tribune）的記者Eileen Welsome發表了一系列文章，提及在1940年代政府資助的輻射影響研究計畫中，18個美國人被注射了鈽，其他報紙引用了這個故事，發現了其他關於輻射研究的例子，其中包括有些使用囚犯、有心理疾病的青少年和新生兒。[46] 儘管這樣的研究有些早已衆所周知，這報導使他們成萬矢之的，這些輻射實驗成了第二個塔斯基吉醜聞。1994年1月，國會議員John Glenn呼籲：「對於進行中的試驗進行政府的監督，從食物藥品管理局的藥品檢驗，到國防部門軍事檢驗，以確定時至今日是否仍有對人類的不當實驗。」[47] 總統Bill Clinton創建了人體輻射實驗諮詢委員會（Advisory Committee on Human Radiation Experiments, ACHRE），對聯邦政府應該如何處理過去的虐待事件以及未來如何預防問題，作出調查與建議。第二個月，他指導聯邦行政機構審查1991年規章，並且「立即中止任何涉及人體而未完全依循聯邦政策的實驗資助或行動。」[48] 將近兩年後，在1995年10月，人體輻射實驗諮詢委員會發表最終報告，指出IRB其中一個問題是，一些微小風險的IRBs上花費了太多時間，以至於他們沒有足夠的時間去審查眞正有風險的研究。儘管它呼籲IRBs進行「規則鬆綁」，輻射性研究報告引發對規章的連鎖反應，這份報告之後有多份報告蜂擁而至。[49]

之後Clinton創造了國家生物倫理諮詢委員會（National Bioethics Advisory Commission, NBAC），同時Glenn被授權進行聯邦監督有效性的審計部（General Accounting Office, GAO）研究。[50] 發表於1996年的審計部報告指出，書面工作進行的審查並不能取代研究風險保護室官員對於IRBs的現場督察。[51] 1998年6月，衛生與公衆服務部的總督察員發表了一份四冊的報告，1999年5月，儘管並未準備一份正式報告，國家生物倫理諮詢委員會寫給總統道，聯邦保護法被不平等地強制執行，且無法應用於私人資助的研究，使美國公民陷於險境。[52]

所有這些報告都引用了模糊的醫學試驗，但是沒有人發現最近這種醜聞已經刺痛了塔斯基吉與人體輻射試驗的聽衆。審計部儘管舉了一些醫學試驗的研究參與者未被完全告知風險的具體例子，但是總結道「現在的監督活動正在運作」，建議「持續戒備」，而非陡然改變。[53] 衛生與公衆服務部的總督察員指出：「我們並非聲稱有廣泛的研究參與者受虐。」[54] 國家生物倫理諮詢委員會發現「現今的聯邦法規有助於防止大多數發生於本世紀前半葉的生物醫學研究相關的惡劣虐待事件復發。」[55] 進而這些報告承認確實過度警戒。尤其審計部報告發現IRBs早已在沉重的工作負擔下艱困生存；這表明一項理想的系統「有時會平衡兩種衝突的目標——保護研究參與者免受傷害的需要，以及對研究機構與個別研究者最小化管理負擔之欲望。」[56] 國家生物倫理諮詢委員會勉強承認機構發現「對人類研究受試者保護共同規範的詮釋與執行，讓人困惑且形成不必要的負擔。」[57]

然而，每一個人都希望站在錯誤邊上而過度監督。即使他們哀號繁冗的規章與過重的IRBs工作負擔，每一個報告都提議，在大學，要轉譯成更長的知情同意書、更多的訓練、更多的行政文書，更受研究風險保護室監督。用早期的字眼，國家生物倫理諮詢委員會議決：「在美國，沒有一個人應該參與沒有一位權威人士以及對於研究利弊之獨立審查雙重保護的知情同意研究。」然而依字面理解，並沒有顯示出此種行動要求諸多新聞媒體業的IRB。[58] 國會依然持續施壓。1997年1月，Glenn提案把人類研究受試者保護共同規範延伸至所有在美國進行之研究，無論是否有聯邦資助，並且對違反者進行長達三年的權力剝奪。[59] 1998年6月，國會議員嘲弄研究風險保護室不知道有多少IRBs存在，無用的調查專員（僅有一位全職的專業人士），缺少現場監督與機構處罰。[60]

研究風險保護室現在由Gary Ellis掌管，自1993年Charles McCarthy退休不久後繼任的生物學者。Ellis將所有來自國家生物倫理諮詢委員會、國會和總統自身的批評，視爲一種拓展規章範圍的信號。正如他後來所回憶：「對生物醫學與行爲學研究之氛圍急劇改變。研究風險保護室不可能忽視含混不清的研究，無論是生物醫學或是行爲學的，抑或離題、全然無關的研究。再無可能忽視任何事物了。自人體輻射研究之後，對於任何類型涉及研究參與者的研究的氛圍都變得不同以往。」Ellis得爲任何可能性做準備，包括遵循Glenn的提議，重寫規章甚至立法。他感受到一種「朝向更全面覆蓋」的趨勢，所以他並不認為這是給予研究者鬆綁的時機。[61]

Glenn、Clinton和媒體並未對社會科學表達警訊，或者知會社會科學已掉入他們意欲擴張的聯邦規章系統之中。但是，伴隨著加緊研究審查監督的整體壓力，Ellis對一些社會科學計畫感到不安。例如：他碰巧參加了一個臨床研究學者報導對病人所言做紀錄的研究。作為報告的一部分，這位學者分享了一個治療者與一位自殺女性間對話的實際記錄，雖然改寫了姓名，但是這份報告包含了足夠辨識的病人資訊，以至於她可能被某個城鎮的人認出。Ellis被這位研究者的馬虎行事嚇呆了。他也面對過一份中學生調查的爭議，開放性問題詢問他們曾對朋友做過些什麼；有些審查委員擔心這些孩子可能報告出犯罪或性行為活動。他告訴國家生物倫理諮詢委員會對於一項關於成人閱讀之研究的擔心，因不在管轄之內，涉及大學未對非聯邦資助之研究進行審查。[62] 這類計畫從未成為官方報告的主題，Ellis事後回憶他們是數量上處於劣勢的一群。但是面對著這些軼事，正如Ellis所稱，他選擇「在保守之路上犯錯」，並且對人體輻射實驗諮詢委員會「政策鬆綁」目標不為所行動。[63]

相反地，Ellis拓展了IRB的審查，有部分是透過再次定義人類研究受試者保護共同規範中「豁免」的意義。在1979年3月，當總諮詢辦公室初次提出IRB審查豁免的清單時，就已經清楚「如同建言，這些規章並不要求研究者總結他或她的研究在豁免範圍內獨立核可。為了討論目的而採用此方法時，我們權衡了濫用的可能性與行政負擔，此負擔包含引入另一種審查元素，與試圖削減豁免權的審查並無太大不同。」[64] 但是這詮釋並沒有發表在《聯邦公報》上，僅聲明「絕大比例的社會科學研究將不用受IRB的監督與批准，」卻並未言明IRB、研究者或其他人是否需要同意豁免。[65] 1981年夏天McCarthy廣泛流傳的品質保證樣版建議研究者與院系主管可能提出初步計畫豁免，但研究者仍然需要寫一份詳盡的協議說明「適當保護目標研究參與者之權利與福祉。」在簽署保證書的假設XYZ大學，只有「研究行政管理部」可能做最終宣布計畫豁免。[66] 結果，在1980年代初，一些IRB主席開始告訴研究者，他們不能自行宣布自己的研究豁免，必須呈遞計畫供IRB決定豁免與否。1983年，曾幫忙擬定1981年規章之國家科學基金會的Richard Louttit，聲明這類政策是「矛盾的」。他建議只要研究計畫進行，一位首席調查委員與機構官員就足以判斷什麼應該或不應該被豁免。[67]

在衛生與公眾服務部內，官員們採取了更加開放的立場，留給個別機構去決定誰來闡釋豁免權。在1988年，衛生助理祕書告訴一位特派員「在有些機構中，簽署衛生與公眾服務部-596表單的官員，這張表上指出計畫是否得以豁免IRB審查；在另一些機構，由首席調查委員做此決定；在另外一些機構中，每一個計畫都必須呈交給IRB的主席來決定。」他表示，以上所有這些選擇皆合乎規定。[68]

1995年5月，Ellis有效地逆轉了這個立場。在研究風險保護室報告中，他現在建議：「調查者不應該有權利獨立決定，涉及研究參與者的研究得以免於審查與否，應該注意IRB或相關當局核對提案計畫的狀態，或依研究進行而改變。」爾後這份報告被呈遞到全球12000個地點。[69] Ellis並沒有將這一行動視爲主要反轉，不如說是表現「積累的小變化」，對人體輻射研究醜聞發生的反應。[70] 技術上而言，這僅是一份指導，而非研究風險保護室可以強制施行的要求。然而，大學仍然如預期地遵循了建議，到了1998年，將近四分之三的IRB行政人員說，IRBs例行裁決是否豁免。同時投票的IRB主席們，指出符合豁免權之研究計畫僅有不到一半實際獲准。[71] 儘管Ellis後來宣稱「研究風險保護室從未鎮壓任何豁免權」，他的行爲卻大大減少了這些研究豁免審查的機會。[72]

Ellis採取了同樣的擴張方式到其他決策。他鼓勵大學「開始思考一些他們以前從未考慮過的外部院系」。當IRBs抱怨他們不能承受日益增加的工作負擔時，他建議大學僱用更多的IRB員工。[73] 在回應個別詢問時，Ellis也主張更廣泛的IRB。例如：一位德克薩斯州農工大學的政治科學研究者抱怨，當大學的IRB委員要求審查一項使用大範圍、匿名的選舉與公眾意見資料，而這一類別研究早已被人類研究受試者保護共同規範明確豁免。[74] 一位大學行政人員將這一問題直接拋給了Ellis，他曾建議通過主席或全員審查來決定。[75] Ellis隨後解釋道：「我唯一聽到的事情是來自機構的呼籲，要求我作一份關於豁免與否的官方讀物。如果你打電話問我這些問題，絕不可能就此獲得豁免的。」他承認，這些決定給研究者帶來了更多工作量，但是他們決不能將研究風險保護室置於通過了一項危險計畫而被控告的風險中。「在某些層次上」，他解釋道，「我關注研究參與者，這最優先。第二優先是官方的自我保護，然後第三順位才是研究者。」在做這些選擇的時候，Ellis並沒有被McCarthy和其立法者設立的前例束縛。他心無旁鶩地宣讀規定和大學品質保證，並且自行決定法規意義。[76]

就在他開啓了生物倫理學者稱爲「一項史無前例的強制活動颶風」後，Ellis的解釋變得異常重要。[77] 從1998年夏天開始，研究風險保護室增加在場監督的人數，這也使所有衛生與公眾服務部在八所主要的大學和醫院資助的研究計畫暫停，包括杜克大學、伊利諾大學芝加哥分校、科羅拉多大學、偉傑尼亞公共福利大學以及阿拉巴馬大學伯明罕分校。[78] 無論有何功過，這項強制行動驅使聯邦政府與當地IRBs關係的重新界定。自1966年原初政策開始，IRB政策有賴於一群研究者與機構聚集的成員，有能力評判提出計畫的倫理之想法。現在研究風險保護室告訴機構，只有當他們「定期接受來自工作於研究參與者保護領域的專家的互動式或教授式訓練」時，IRBs才被視爲有裁決能力。[79] Ellis本人後來將他的任期視爲「重塑規章」。但是，如同他前任的McCarthy，Ellis削減了社會科學家辛苦得來的特許權利，迴避了本應伴隨正式規章的告知與評論期。雖然Ellis聲稱他僅僅想讓機構正視規章，但他從未指責任何機構違背了規章中所宣稱的，排除大部分社會科學研究。[80]

有些觀察者覺得執行推動反應過度。作爲國家委員會的顧問，Robert Levine曾是IRB的擁護者。但是現在他抱怨，研究風險保護室常對僅僅是文書的失誤給予誇張的懲罰。「如果你不喜歡IRB的記錄方式」，他抱怨，「你可以直說，你不需要關閉一個機構來改變。」Ellis的鎮壓已經增加了他在耶魯的IRB每一位成員的工作量，從大約每兩週8小時變成11或12小時。同樣，現在華盛頓大學要求IRB成員，閱讀200頁的計畫申請書，而非僅那些有關風險與效益部分。「我不確定我們能從所花費的時間中獲得全部的資訊，」一位行政人員在此抱怨。[81] 衛生與公衆服務部總監察員辦公室，雖然讚揚在場監督的人數增加，但也警告研究風險保護室活動，並沒有產生令人感到滿意的結果；1988年建議的改革，只有少數在後續兩年中被制定。[82]

然而沒有當權者願意承擔讓一個惡質計畫通過的罪責。1999年，年僅18歲的Jesse Gelsinger，因在賓州大學的基因治療研究中擔任志願者而逝世。1980年城市規劃部門的助理祕書，Donna Shalala論爭社會科學研究帶來的危害「發生頻率和嚴重性還沒有到需要強加一種全新的審查與限制，還有審查隨之產生的直接或間接的成本。」[83] 但是，在2000年，作爲衛生與公衆服務部的祕書，她放棄了規章應該與風險成比例的想法，反過來論道「即使一個過失都嫌多。」[84] 她提出了許多新要求：監督計畫、培訓方案、知情同意之嚴格規範、反利益衝突規則以及更多升級的強制措施。[85] 最戲劇性地是，在2000年6月Shalala以健康祕書處下新的人類研究保護室代替了研究風險保護室，放在國家衛生研究院之下。因爲這個移動將帶來更多資源，並使這一辦公室的組織層級提高，有些觀察家認爲這將使研究監督的努力眞正生效，[86] 其他人則視其爲除掉Gary Ellis的方法，Ellis被認爲對研究太有敵意。[87]

人類研究保護室的第一個指揮官，麻醉師Grey Koski認爲這種鎮壓已經適得其反了。「在更大的研究社群中，尤其是IRBs本身，」他之後寫道：「這種擱置導致了自信危機和恐懼氣氛，常常導致不成比例地謹慎解讀與實踐，沒有增加研究參與者的保護卻不必要地阻礙了研究。這種『反應式的過度保護主義』並未有效地服務研究社群、參與者或公衆，應該被避免。」[88] 在他任期之初，他告訴國家生物倫理諮詢委員會：「我相信現在的模式危及根基。這是一個集中於順從的模型，我不相信它能滿足我們在未來20年研究中將遇到的挑戰。」[89] 他之後強調「爲什麼我們在規章中有全面審查、快速審查、豁免審查的規範類型，但沒有研究參與者的類型。」[90] 但是當Koski將人類研究保護室塑造爲一個比研究風險保護室更大的企業時，他並不能改變其基礎文化。[91]

結果，無論在Koski任期之內還是之後，人類研究保護室對醫院和大學持續加緊束縛。例如：在2002年3月，人類研究保護室開始向美國的機構保證「所有的機構中的研究參與者活動和所有IRBs的所有活動，都是在品質保證下指派的，無論資金來源爲何，將受以下的倫理原則指導：(a)貝爾蒙特報告……或(b)由聯邦部門和機構採取研究參與者保護之政策所認可的適當倫理規範。」[92] 這直接違反組織可以選擇任何「合適的倫理原則現存準則、宣言與聲明，或者是機構本身起草的聲明。」[93] 儘管不是特別重要，它象徵著人類研究保護室持續增加對機構微管理的慾望，以及逐漸漠視被編寫進規章之自由。

觀察到這些改變，生物倫理學家Jonathan Moreno論道他們標誌著一個時代的結束。1974與1981年的規定產生了一個「適度保護主義的時代……一種結合研究者的自我裁量權與最小限度的官僚主義實行規則之間的妥協。」他論道，20年裡，這種妥協已經確立，但是其重要性、複雜性與醫學研究的創新性卻被摧毀。在其領地上，聯邦立法者正在建立一種全新的「強烈保護主義……在任何程度都有賴於科學研究者基於保護被研究者之美德。」[94] 儘管沒有通過立法，也未改變任何規章，1995到2002年之間的研究風險保護室與人類研究保護室之行動，已根本改變了研究者、機構與聯邦政府之間的關係。權力早已從研究者轉移到聯邦監督者。被夾中間的大學無論做什麼，都必須避免來自聯邦的連續打擊。

大學的鎮壓

1979年，曾經爲國家委員會工作的Robert Levine，向研究者們承諾「每一個IRB都是機構自身的一個部門。它並不是研究風險保護室的分支辦公室，不是任何基金或管理組織的分支辦公室。」[95] 此言不眞。自從1970年初期，當衛生教育福利部鎮壓了柏克萊的宣誓系統，當地的IRBs就被聯邦的反對聲浪威脅所限制。但是Levine的聲明變得更加不眞實，當聯邦強制執行者摧毀大學的IRBs，有效地將其轉變爲分支辦公室。

其中一個影響是IRBs放棄了他們對社會科學的袖手旁觀。1994年，Fluehr-Lobban回憶：「1970與1980年代『權宜之計』（modus vivendi）是大多數行爲科學研究落入了……低風險名錄，因此從聯邦規章中得以豁免。」但是她從人類學家那裡聽到了太多的抱怨，表示權宜之計已結束，「即使是小規模的、個別的研究計畫都臣服於機構審查。」[96] 在1996年寫的一篇懷念二戰後的十年半芝加哥大學社會學家使用方法的文章中，Alan Sica擔心重複他們的工作已不可能，被「墨守成規的知情同意書」要求浪漫的社會學家細察或言說『服務於』每一個研究參與者」，被「眼光敏銳的知情同意書監工」。[97]

到90年代中晚期，有些社會學家似乎已經將IRB視爲本質的東西。曾寧願接受監禁也不願透露他研究來源的Rik Scarce，建議在帶學生們去國會、宗教服務或商場實地考察之前，先得到倫理審查的批准。[98] 另一位社會學家，在1996年的文章中報告，取得IRB批准對一整個班級用質性研究方法。他也讓研究生通過長達20頁的IRB指導與表格，籌劃了假的IRB會議，指定了譴責聯邦規章的閱讀材料。「我從未意識到做這樣簡單的事也有如此多的（繁文縟節），」一位學生寫道：「當決定一項研究計畫時，一定是你需要牢記於心的事情。」[99]

1996年的繁文縟節較1998年關閉計畫之後出現的事來說簡直不值一提。緊隨幾個機構聯邦研究資助的擱置，2000年2月，高等教育編年史（Chronicle of Higher Education）報導「全國範圍內，大學行政管理者與研究者感到焦慮，甚至恐慌，同樣的事情也有可能在他們的機構發生，來自……衛生的國家機構和藥商上百萬美元的研究資金正危若累卵。」[100] 這一恐慌被大學日益依賴國家衛生研究院基金所強化，這樣的依賴在1998到2003年間增加了一倍。[101]

大學以強加自身對研究的鎮壓來回應聯邦鎮壓。例如：杜克大學通過增加所有領域之研究審查，反應1999年醫學中心研究的暫停；再一次地，社會研究者要為醫學科學家罪惡所苦。[102] 在一次聯邦IRB查帳之後，Missoiri大學對新聞學計畫開始進行審查。[103] 大學的IRB行政管理者並未直接受到避免聯邦懲罰的嚴格化規則關閉所影響。一位在IRB工作的社會學家觀察到委員會的審查從聯邦資助的研究到教員與研究生未受資助的研究，甚至到課堂作業。[104] 正如一位人類學家，也是芝加哥大學的IRB成員解釋道，「在歇斯底里症流行之後，IRB已經變成了練習防禦反抗醫學治療不當間的平衡。」[105] 從人類研究保護室返回哈佛的Koski，在2007年更加坦率地提到「在過去10年中發展的『蓋住你的屁屁』心態下，我們現在來到了這樣的情境，IRBs確實在做一些笨蛋、愚蠢的事情，以保護研究參與者之名，實為掩蓋自身的醫學醜聞。」[106]

更重要地是緊隨著聯邦鎮壓，大學將倫理審查放在新的管理階級者手上。在這裡，IRBs權力從僅僅是教員，轉變到安排教室分配到商業包裝的專業職工，更廣闊的大學趨勢中之一部分。正如政治科學家William Waugh在2003年指出「（大學的）官僚體系愈來愈由少有或根本沒有學術經驗，並且不懂學術事業的人組成」，造成行政與教員之間的緊張關係。[107]

當談到倫理審查時，這些職員的到來標誌著一個潛藏在IRB系統下的假設轉變。在1979年中的論爭，生物倫理學家與IRB的支持者Arthur Caplan曾在《紐約時報》討論「考慮到IRBs成員由專業的學者組成，來自大學社群，而這些審查員在生醫及社會科學自由調查，可以想像結果多令人心寒。」[108] 當然，正如被生物醫學和心理學研究者主導的IRB，從未以任何綜合的（或公平的）方式代表大學社群。現在，1990年代末期，Caplan的專業學術正讓位給行政管理者，或者說，他們開始為自己定型的所謂「IRB專業人士」。[109] 例如：在西北大學，這次鎮壓使得人類保護的職員人數從2個增加為26個。[110] 除了數量之外，專業人士通過假定的研究倫理與規範中的專業技能獲取權力。[111] 在西北大學，社會科學家對於改進審查方式提供了建議，但僅被行政管理者告知，人類研究保護室不會批准的。正如觀察者指出，「IRB的成員叫行政人員不專業（依有識別力的人類研究保護室之意圖），沒有任何選擇而只能接受行政管理者所說的內容。」小組的成員也沒有動機去挑戰他們被告知的內容。[112] 不像IRB行政人員，他們以倫理審查當做職涯，一位教員可能只為IRB工作2到3年，不想浪費太多時間學習複雜的系統。

從學者到行政管理者之權力轉變，由設計創立用於幫助IRB行政運作的數個國家機構所強化。醫學與研究公共責任協會，一個建立於1974年的非營利組織引導；1999年，它創造了IRB的認證方案……（與將CIP縮寫置於某人名字之後的權利）提供給有兩年「相關IRB經歷」的參與者專業認證。這一經驗包括非常多類型的管理工作，但是不是作為IRB成員或作為研究者的經歷，這是一項提供給管理者而不是大學教員的專案。[113] 醫學和研究也通過給人類研究保護方案認證（Accreditation of Human Research Protecton Programs, AHRPP）提供資金的方式，提供所有機構專業認證。最終，2000年邁阿密大學與……佛烈德品區森癌症研究中心（Fred Hutchinson Cancer Research

Center）建立了訓練倡議合作組織（Collaborative Institution Training Initiative, CITI），一個針對研究者的線上訓練方案。到了2007年10月，這個網站訪問量暴增，「訓練倡議合作組織計畫被超過830個來自世界各地的機構與設施使用，超過600,000人註冊並完成了這套訓練倡議合作組織課程。」[114]

這些發起者有三個共同點。首先，他們將權力與責任從研究者與IRB成員轉移到全職行政管理者。這不會是Caplan想像中的「從大學社群中選取的專業學者」，他們到處參加昂貴的醫學和研究會議以積攢持續再教育的學分做CIPs再認證，而這正是行政管理者的任務。相似地，很多訓練倡議合作組織的訓練計畫並不是由研究者而寫，而是服從的行政人員起草的。[115] 第二，所有的方案定位都非常醫學取向，尤其CIP專案建議參與者要專心研讀紐倫堡守則和赫爾辛基宣言，但是並沒有提到任何關於社會科學的讀物。[116] 進而一旦被認證之後，CIPs進而建議持續尋求護理、藥物學或醫學教育委託機構註冊的再教育學分。[117] 人類研究保護方案認證專案是一個更爲包容、承諾的標準，可以「清楚、具體並適用於所有範圍背景之研究」。[118] 然而，在2008年，執行者委員會囊括了幾位生理學家，但是並沒有任何一所大學社會科學部門的成員。[119] 最終，這三個發起計畫似乎沒有一個考慮學術自由的重要，聲明學術自由足以成爲一項基本原則。

如同1981年麥肯錫模式的品質認證損害了社會科學家反抗而得來不易的成果，這些非官方但有影響力的發起者也抹去了Pool、Pattulo和他們的同事在70年代末的批判與政策成就。例如：1981年Pool曾誇耀將IRBs決定「研究方法要和研究相關領域的目標相適配」這一要求已從規章中除去。[120] 但是截至2007年，人類研究保護方案認證告訴大學，大學應該詢問「這一研究使用了與合格的研究設計相一致的程式嗎？」並且「研究設計足以產生預期知識嗎？」[121] 一份被管理者使用的2003年研究指導告訴讀者，只有IRB主席或管理者才能決定一個專案是否不受審查。[122] 這一聲名不僅與聯邦規章相違背，也和研究指導之教科書相違背。[123] 教科書本身，在調查研究的一個章節中，警告道「一項發現西班牙或亞洲人有更強的家庭暴力傾向的研究，不合適地創造一種影響到整體西班牙裔美國人或亞裔美國人群體的汙名化。」[124] 這一警告忽視了聯邦規章，幸虧有了Bradford，這一條例聲稱「IRB不應該將應用從這一研究獲得的知識可能帶來的長期影響……視爲這些研究所帶來屬於其責任之範圍內的風險。」[125]

正如調查研究者Norman Bradburn在2000年所證明的，這一非官方系統的影響是使IRB變得更加嚴格。IRBs：

> 變得愈來愈保守，（因為）有一種網絡……IRBs的行政管理者習慣於和另一個管理者交流，他們整理審查計畫，説這有一個新的問題，你怎麼去處理它，然後每一個人進行各類回應。之後發生的是最保守的觀點勝出了，因為人們看見，哦不，激勵他們以那種方式詮釋，我們或許也可以做得更好。所以隨著時間的推移，我發現倫理審查變得愈來愈嚴格，主要因為似乎只有一種補救措施，那就是你關閉掉整個機構，我看得很清楚，很確定我們大學的其他人也看的很清楚，自從，你知道的，杜克和其他地方被關閉之後，IRB的行事方式發生了顯著的改變。

Bradburn原則上並不反對IRB對於社會研究的審查，但是他抱怨道：「在最後的4到5年壓力已經變得愈來愈重，愈加嚴格，這是一種官僚主義的任務偏離。」[126]

儘管人類研究保護室並沒有重複1998年的血腥大屠殺，但它的確持續穩定的發出「監察糾正函」，對一、兩個瑕疵提出警告，卻很少指出對研究參與者的實際傷害爲何。截至2005年，已經累計了一份足以接受警告的32個問題機構名單。不出所料地，許多包含指控IRB對研究者的審查太過鬆散了，但是人類研究保護室從來未曾爲不必要地戕害研究而指責IRB。[127] 大學以更多的表格、程式和訓練來回應，導致兩位觀察者論到「審查正在持續培養一種官僚主義的文化，而不是道德倫理的文化，滿足人類研究保護室需求，需要愈來愈多的機構資源投入，導致研究參與者獲得愈來愈少的益處。」[128] 儘管暫停研究只是少數，但確實發生。例如：在2008年的夏天，人類研究保護室開始一項印第安那大學Bloomington小鎮的研究調查，在印第安那波利斯（Indianapolis）導致計畫轉向一種更醫學化倫理審查取向。雖然大學保證其IRB成員與職工將參加訓練、研習，並與一個前人類研究保護室官員做半天的檢討，學生和教員已放棄了研究計畫，或者修改研究計畫以避免與人互動。[129]

「不要和人講話！」2000年9月出版的《通用語》（*Lingua Franca*），一份致力於知識與學術事業的雜誌封面故事這樣警告。報告者Christopher Shea指出大學的IRBs主張他們對使用調查問卷、田野調查，並且甚至個人訪談，無論從歷史到音樂的研究都要進行審查，日益增長的趨勢，他描述了這樣一個世界，所有被Pool與Pattulo達成的協議在面臨新的實踐與詮釋中變得毫無意義，並且「甚至豁免研究也必須報告給IRB」。[130] 距離Pool「接近的勝利」20年之後，在1981年妥協中化爲烏有，社會科學家將要從頭來過。

結語

隨著1981年妥協後的十五年，顯示社會科學家有足夠的力量可以影響聯邦政策。Pool和他們的同盟爲學者贏得了一段時期的和平，在這段時間內社會學家自己爭論與培養社會科學的研究倫理。有些學者做了不良選擇，就像他們在早期體制下會做的選擇。但是對1981年社會科學的放寬管制並沒有導致一種研究倫理濫用的模式。

緊隨1990年鎮壓（就像1960與1970年代的規範力量）是一種對

於醫學實驗的回應，同時是歷史的（冷戰之後的輻射試驗）與最近的（Gelsinger的死亡和其他報導個案）回應。在1960與1970年代社會科學家發現自己被激流裹挾著向前，不是因爲他們曾做的事，而是因爲制定規則者偏好管控整所大學，而不是在學科之間謹慎區分。

1990年代與過去數十年不同的是規模、力量和管理機器的祕密行動。自1981年McCarthy品質認證模式至1995年Ellis的指導方針，研究者本身不能宣稱豁免之規章，立法者建立起了一套比1981年1月承諾更爲嚴苛的系統。他們早已悄悄地進行，但是幾乎沒有公共評議的機會，也沒有延伸至社會科學組織，沒有冒進的強制性措施，就像1976年科羅拉多大學個案一樣招致批評。在強制性措施確實來臨之前，1998年與之後時間，立法者將系統表現爲一種既成事實，而社會科學家發現他們在回應中也開始分化了。

CHAPTER 7

社會科學的第二戰役

1990年代，IRBs讓全世界的社會科學家再次頭痛，引發了一系列的抱怨，令人回想起1970年代晚期。那場戰役中的「老兵」再次出現，爲舊理想而戰；現已年逾古稀的人類學家Murray Wax重申他二十年前曾提出的辯駁。[1]然而，先前努力中碩果最豐的領袖卻已經離開了這場戰役。Ithiel de Sola Pool教授於1984年逝世，E. L. Pattullo也安然退休。儘管有些學者嘗試重燃對IRBs反抗之焰，但另外有些人建議與體系和解，像當初1990年代時一樣。由於後繼者缺乏團結，新世紀的社會科學家發現自己既不能重塑IRB的體制，也不能逃脫它的控制。

妥協

個別學者不與羽翼漸豐的IRB權力鬥爭的部分原因是，他們的專業學會現在願意接納曾於1970年代抗拒的研究倫理規範與審查形式。人類學家願意接受IRBs審查。對於熟悉1960、70、80年代論爭的人來說，這無疑是件令人驚訝的事。例如：早在1966年，Margaret

Mead公開宣稱反對將醫學倫理應用於人類學田野工作，並且在1977年召開的IRB聽證會上，美國人類學學會曾要求田野工作排除於審查之外。在平靜的1980年代，人類學家與貝爾蒙特報告中的醫學倫理規章距離愈來愈遠。由於學術就業市場的不景氣，有更高比例的美國人類學家發現自己不再是消極的觀察者，無論在其他國家的發展問題抑或本國的社會問題上都是積極的參與者。這通常意味著爲政府部門工作，使得人類學家很難不遵守禁止祕密研究、研究者視研究對象爲首要責任的要求。在1984年，美國人類學學會考慮將這些概念從倫理準則中突顯出來。然而，1989年新的國家實踐人類學學會（隸屬於美國人類學學會）採取的倫理指南，尋求平衡研究資助人與被研究者間利益。[2]

人類學在1990年代扭轉了航向。1994年，Carolyn Fluehr-Lobban主張人類學家應該接納知情同意的理念，部分是基於「道德與人文的理由」，部分是因爲他們受制於醫學與心理學研究的規範。[3] Wax被上述言論惹怒，回答道「知情同意的教條是由一群哲學家、理論學家與物理學家產生，這些人根本就不瞭解社會學或人類學的研究，並且……不需要迎合他們的無知。」[4] 儘管Fluehr-Lobban持續擁護知情同意的理念，她不再嘗試爲規範脫罪，爲了回應Wax之言，她寫道：「最後，知情同意並非用來限制人類學家研究自由的書面形式或是聯邦指南。」而是「人類學研究與涉及研究參與者的其他研究並無差異，不論是社會研究、行爲學、醫學或生物學。」[5] Fluehr-Lobban贏得了這場論戰，1998年美國人類學學會的倫理準則首次採用了知情同意的語彙。[6]

美國社會學學會軟化了自1966年以來不斷堅持反對IRB的態度。1997年，學會採用了新的倫理準則，比之前的版本更貼近醫學與心理學研究的倫理守則。這或許反映了社會科學家對於生理與心理衛生問題日益高漲的興趣，但也可能反應了美國社會學學會執行理事Felice Levine的社會心理學背景。[7] 新版倫理守則明確承認美國心理學學會的心理學倫理原則與行爲準則來源，也借用聯邦研究參與者規範的語彙。例如：它告誡社會學家，強調參與者有不受懲罰地從研究中撤離的權力，就好像研究者在進行藥物研究一樣，而不是在做參與觀察。[8] 更令人注目的是，儘管1989年倫理守則將IRB的審查視爲是一種必要之惡，1997年倫理守則卻將其看作一種正面善行。雖然並未聲稱社會學者需要將每一個田野調查研究計畫都諮詢IRBs委員，但建議「如果對最好的倫理策略不清晰時，社會學者應該諮詢機構審查委員會，而缺少審查程式者，可以諮詢倫理審查權威機構的專家。」它給出了其他八個相似的參考建議。當執行人員抱怨「專業研究計畫中要求一個未成熟的規範，已經成爲質化研究中非常重要的障礙」時，顯示其違背了1977年學會所持之立場。[9]

1997年倫理守則的擬定人看來似乎並沒有理解他們所作的轉變有重要意義。調查研究者John M. Kennedy，同時也是訂定倫理守則的倫理委員會主席，事後回憶，當時沒有人提出美國社會學學會早先反對IRB的立場，或者關注IRBs的問題。他認爲委員會只是提供「一種幫助沒有足夠資源理解研究之倫理意義的研究者溫和的協助」，而非翻轉政策。不管對錯，他相信大多數社會學者已經開始尋求IRB的核准，「所以這對於他們而言也是一種資源。」[10] 當Kennedy在美國社會學學會的通訊上描述草案版本時，他並沒有提到IRB的語彙是對於之前倫理守則的一項「重大改變」。[11] 僅僅在美國社會學學會會員核准倫理守則之後，兩位社會科學者才抱怨道「美國社會學學會完全投降了。這意味著不管IRB要求什麼，都將變成它的倫理立場。」[12]

歷史學者的組織也開始尋求與新進而強勢的IRBs成員與立法者之間的合作。在1970年代的爭論中，歷史學者大都置身事外，原因很簡單，IRB審查對於口述歷史依然是一個假設性的威脅。例如：自1954年以來即負盛名的加州大學伯克萊分校的地方口述歷史工作室，歷史學者對1970年代早期的爭論袖手旁觀，因爲似乎沒有人認爲他們會進行需接受IRB的「研究參與者實驗」。[13] 國家委員會曾有一個記錄提到口述歷史研究，應該受一些人類研究定義的規範，但是委員會中沒有人支持這種規定。[14] 當Pool蒐集選票支持Pattullo提出的豁免條款時，美國歷史學會簽名支持了這項決議，但並沒有扮演積極的角色。[15]

縱觀1980到1990年代，大多數口述歷史學者從事自身工作，沒有考慮過他們應該諮詢IRB。第一個被記載的口述歷史IRB裁決聲明，可能出現在1989年。口述歷史學會（Oral History Association, OHA）通訊報導一個不記名的大學已經提出新的指南，要求口述歷史研究的審查。這個學會的執行祕書並不確定應該如何回應，部分原因在於他不知道這件案例「是莫名遭殃，還是我們這一領域的未來發展標誌。」[16]

第二個警訊出現在1995年秋天。8月份，Nina de Angeli Walls，一個德拉瓦大學的博士生遞交了一份關於費城女子設計學院歷史的論文。儘管大多數論文是基於文本或出版材料，其中有些追溯到1850年代，Walls仍然採訪了七位該校的女校友，並與第八位通信聯絡。[17] 當Walls把她的論文遞交給研究生工作室時，有位工作人員標註這本論文，因爲它並沒有獲得學校研究參與者審查委員會的核准。幾番討論之後，大學委員會同意Walls可以拿到她的博士學位，但是其他歷史學者需要將他們現在、未來的研究計畫送審。[18] 這樣的事以前從未在德拉瓦大學發生過，不知哪裡發生了改變。一位副教務長警告道：「過去類似研究計畫我不會再談，但未來這類計畫將需要被審查。」[19] 他特別表明口述歷史「經常」被視爲豁免，但是只有IRB說了才算數。

德拉瓦大學的口述歷史學者倍感迷惑，他們警告口述歷史學會，並在口述歷史討論會上喊冤，不是所有的口述歷史學者都如此驚慌。威斯康辛大學密爾瓦基分校的Michael Gordon寫道：「我們研究參與者審查委員會的成員偶爾會作出荒唐的請求，要求修正我的研究議程，但大體來說他們還算公允、樂於助人。」他和他的學生曾經和委員會一起工作，讓他們的知情同意書盡可能完整、清晰，他們並未爲了訪談計畫獲得核准而與他們的目標或原則妥協。[20] Margie McLellan報告說道當她在明尼蘇達大學接受研究生訓練之時，審查委員會曾經協助解釋了報告兒童虐待情況的法律要求。[21] 但是一些讀者報告了恐懼或問題，尤其是當訪談目的是報導個人故事時不恰當的匿名要求。[22] 到了1997年，口述歷史學會和美國歷史學會的會長接收到了大量的的擔憂，針對他們向研究風險保護處尋求建議此事。[23] 部分原因是基於建議，美國歷史學會提出歷史學者要明確遵守法律、規則和適用於其研究活動的組織政策。[24]

歷史學者不相信這些法律、規定和政策是明智或公平的，所以在1997年9月三位口述歷史先鋒學者——Howard Green、Linda Shopes和Richard Cándida Smith與聯邦高層官員會面，包括研究風險保護室的執行官Gary Ellis，討論是否能夠達成一項協議。Smith後來說儘管這次會面是「友善而平等的」，它也暴露了歷史學者的倫理判斷與官員對聯邦管理條例解讀之間的重大分歧。兩者都關乎方法論上的：歷史學者想要在訪談之後簽署知情同意書（當訪談者知道她或他說了什麼的情況下），而不是像醫學或心理學研究中典型的訪談之前簽署的方式。他們想要IRBs明白在口述歷史中，匿名是罕見的。最關鍵的是傷害的問題。歷史學者解釋，例如：在對公務員、3K黨成員或者煙草行業代表上的研究可能最好包括「對抗性的成分」。在處理主要矛盾的時候，他們認爲學者「可能決定需要揭露，而公共研究發現的產出具有淩駕於保護提供他們研究材料的對象義務的優先權。他們可能決定公眾對知的需求，比獲得聯邦管理條例的許可有更強的道德急迫性。」但是研究風險保護室官員什麼都不認可，Smith把這議題標示爲口述歷史倫理與規定之間潛在衝突來源。

儘管有歧見，雙方的確找到了一些共同的基礎。他們一致認爲聯邦法規和口述歷史學會的倫理指南「內容大致相仿」。研究風險保護室邀請歷史學者告知國內的IRBs成員關於歷史學會的倫理指南。Ellis

表明如果口述歷史在大學被「普遍執行」的話，那麼會要求機構在IRB納入歷史學者。最後Ellis告訴歷史學者他的辦公室準備更新最小風險程式清單，方便快速審查資格，他表示歷史學者建議的口述歷史也應該被加進此清單中。[25]

儘管仍有質疑，歷史學者還是接受了這一說法。在1998年3月，代表口述歷史學會、美國歷史學會、美國歷史學者組織和美國研究學會，Shopes（美國歷史學學會AHA的理事長）正式地要求，口述歷史訪談使用知情同意程式和簽署合法許可表的格式，應該進行快速審查。他們建議，不使用此程式和規範的訪談者才須進行IRB的全員審查。[26] 11月，研究風險保護室正式將口述歷史納入快速審查的清單中。[27] 這份協議讓聯邦認可既有的專業倫理指南，而未施加過分沉重的審查流程。正如美國口述歷史學會前會長Don Ritchie曾指出的：「任何遵循美國歷史學會評估指南的原則和標準之口述歷史學者，應該可以滿足研究風險保護室，或他們所在大學的審查委員會的擔憂……或許在審查中明確包含口述歷史，將有助於使其餘的歷史專家更意識到訪談需有適當的倫理標準。」[28]不是所有人都同意這個說法。被學生發現遭到IRB調查的佛羅里達州歷史學者Neil Jumonville，驚恐地知道美國歷史學會如此漫不經心地就簽掉了歷史學者的自由。[29] 但是反抗精神仍未熄滅，在20世紀末，不同學門的社會科學家們嘗試重建Pool在1979年的聯盟。

失敗的共識

努力將社會科學家引向共同理想的領袖，是美國大學教授協會的Jonathan Knight。作爲一位政治科學家和學會的學術自由與終身職委員會（Committee on Academic Freedom and Tenure）的成員，Knight或多或少地參與了美國大學教授協會在1981年對社會科學IRB的批判。但是1980到90年代，他只聽到了少數來自社會科學家的抱怨。這種情況在90年代晚期改變，他決定是發表一份新報告的時候了。[30] 在1999年11月，Knigh讓美國人類學學會、美國民俗學會（American Folklore Society, AFS）、美國歷史學會、美國政治科學學會、美國社會學學會、口述歷史學會與美國歷史學者組織的代表聚集一堂，分享報告。在會議上，他們決定每一個組織應該對其研究者成員和IRB成員投票。[31] 每一學科和美國大學教授協會本身，都以時事通訊和電子郵件發出意見徵詢。這份調查並沒有詢問任何生硬的、對或錯問題，例如：受訪者是否認為IRB的優點勝過帶來的負擔，有些回答顯示了他們對於IRBs有複雜的感受。這些學會或美國大學教授協會也沒有準備整理出結果的正式記錄。但歸根究柢來說，社會科學家仍然對IRB相當不滿。

歷史學者是最憤怒的。那些回覆美國歷史學會意見的142位成員，指出他們在規範申請前後矛盾的作法，IRB要求他們毀掉紀錄，否則便違反了歷史研究的原則，導致研究者訪談研究為之卻步的風氣。[32] 政治科學研究者提供的回應較少，但仍憤憤不平。其中一人抱怨他的IRB行政人員「總想極端談風險與效益評估，這些調查工具全然不適合。」雖然他認為這一過程有助於明確指出議題，但他希望可以簡單化。[33] 另一個人警告「很多社會科學家都害怕委員會，我相信他們當中有很多人不遞交研究計畫審查。」第三位受訪者發了一封檔案紀錄，Gary Ellis要求大範圍資料蒐集的使用需要經過IRB主席，即使不需進行全員審查。[34]

有些社會學者和人類學者發出了同樣的挫敗之聲。一位人類學者報告他的IRB用了整整四個月的時間來核准一個計畫，而追溯到核准日期，之後可以進行記錄的時間只剩一個月。一位研究斯里蘭卡內戰（Sri Lankan civil war）的同儕曾被告知不要詢問兒童關於暴力的事。她開玩笑說她也可以「更大幅度『修正』這個計畫，改寫一本斯里蘭卡的烹飪書。」[35]一位社會科學家譴責長達4個月的延遲「要麼沒效率，要麼是對我們社會科學計畫的刻意忽視。」[36] 但是其他人則較爲含糊。一位社會學者兼IRB成員指出：「審查所有計畫的必要性違反學術自由，但我仍然從委員會中學到很多。」[37]

儘管這些回覆顯示對IRB的憤怒，但是來自人類學、政治學和社會學的美國大學教授協會代表卻不願意譴責IRBs成員。美國社會學學會的執行長Felice Levine堅稱，這份報告並非不顧一切地譴責IRBs成員。她聲稱「一些對美國社會學學會詢問的回覆是相當負面的……但是也有很多是正面的……許多都有建設性意義，無論在他們服務IRBs，還是接受IRBs的經驗上。」並且：

> 我不認為主流的社會科學家抵制IRBs，或他們必然覺得IRBs在所有參與者研究上不具普遍性的角色（注意美國社會學學會倫理守則反覆提及倫理審查機構，或在缺乏IRBs的情況下，擁有倫理學專業知識的相似機構），表示美國社會學學會與投票成員壓倒性地支持對於研究參與者議題的獨立審查。我從來沒有在活躍的學術界聽到過任何同行有過關於學術自由的論爭；如果從回覆中出現，必然也是低頻率的。[38]

Levine的立場反映了大多數社會學者的觀點嗎？美國社會學學會會員曾以IRBs的語彙投票通過了1997年的倫理守則。但是因爲納入這種語彙並不是美國社會學學會主要政策改變，政策擬定人也沒有考慮這麼多，1997年的投票很難爲Levine的提議背書。許多社會學者對美國大學教授協會號召評價的回覆是反對IRBs高於支持者。[39] 儘管如此，Levine還是姑且相信IRBs。美國政治科學學會的代表Robert Hauck和Levine的態度一致。

相反地，來自經驗的歷史學者反而更加懷疑IRBs，他們對Levine期望一份不痛不癢的報告感到沮喪。「（你）提議刪除的部分，移除了我們會員明確表達『危及研究自由』的抱怨，」口述歷史學會代表Ritchie這樣說道。「這難道不是努力的核心嗎？」[40]

最後，Knight爲美國大學教授協會報告做了圓融的措辭，說服Levine允許使用美國社會學學會的名義，儘管Knight放棄了原來報告，那份報告已經被所有社會科學組織正式採納。[41] 最終報告指出IRB的社會科學審查有嚴重問題，引用了一位調查回應者的抱怨，社會研究者「感到困惑和諷刺的是對倫理審查和規範的過程充滿不信任，因爲這眞的似乎不適用於他們。不幸的是，也有天眞的IRB成員，容易困惑、厭惡風險、非常頭大無腦。」嘲諷爲滿足IRBs要求而「窒礙難行」，IRBs決定了研究預期產出知識的重要性，警告「是否爲特定研究計畫，不確定性在關乎風險考量時仍爲重要的，這種模糊的詢問方式，可能會抑制挑戰傳統思維習慣、測試新理論或批判社會與政治機構的熱情。」

另一方面，美國大學教授協會的報告，避開對IRBs非法、或本身不適合審查的社會科學之譴責。這份報告聲稱「一所大學努力確保所有的研究者都遵守其研究參與者的管理規範，並不會侵犯學術自由」，儘管對學術自由削減，「如果IRBs想禁止一項被認爲具侵犯性的研究，如有些人可能堅稱發生在流產、種族和智力方面的研究。」它建議社會科學家與IRBs合作，甚至大批加入他們的隊伍。這兩種立場都顯示出美國大學教授協會從1981年的立場中撤退了，過去的立場表明任何訪談或觀察研究上的限制都「非常可能」會侵犯學術自由，並且要求這類研究從審查中豁免。[42] 如果IRBs是「對社會科學家計畫的實務與倫理深思熟慮」，新的美國大學教授協會報告承諾：「社會科學家們將對IRB的決策給予應得的尊重態度。」[43]

這場論辯的贏家是Levine，後來成爲呼籲嘗試在IRB體系下共同工作的領頭羊。在接下來的幾年裡，她贏得了官方委員會的任命，諸多學會——包括美國政治科學學會、美國心理學學會、美國社會學學會、社會科學學會聯盟、法律與社會學學會——紛紛爲她在人類研究保護室上的言論背書。[44] 當Levine意識到IRB的問題時，她仍然能夠想出對大部分社會科學進行審查的合法性角色。[45]

諷刺的是，正當美國的社會科學家開始接受IRB的評判體系，海外學者，尤其是在其他英語母語系國家，開始發出與1970年代Pool與Pattullo同樣的擔憂。有些國家極少或幾乎沒有在社會科學上施加審查，但是利用美國與外國研究者間的合作、以及外國學者想要在美國期刊上發表文章的期望，美國規則移向海外授予的研究。[46] 更重要的是，自1990年代開始，其他國家和他們的大學，即採用源於美國的結構與理念，包括委員會審查、快速審查、最小風險和貝爾蒙特原則的各個版本。儘管這些國家反對「機構檢查委員會」的術語，支持更為描述性的「研究倫理委員會」（加拿大）或「研究倫理委員會」（英國），但是基本理念卻相同。[47]

其他國家的倫理檔案比美國的規範條例要廣泛地多。英國2005年研究倫理框架（Research Ethics Framework）將研究定義為「任何學門探究的形式，旨在促進一個知識或理論體系」，並且把研究參與者定義為任何活著的人類。[48]2007年的澳洲國家人類研究倫理執行聲明，反過來看到一項類似於英國參與者研究的定義「可以將詩歌、繪畫和表演藝術視為研究」，無法提供一項能清楚地排除這些努力的定義。它繼續說道「人類研究的執行對非參與者的生活經常產生影響」，提出一位小說家甚至不用跟人交談可能就違反澳大利亞的倫理規範。[49]

社會科學家在這些國家文件的準備工作上扮演一定的角色。結果不像貝爾蒙特報告一樣，有些說法的確辨識出社會研究的批判性功能。例如：加拿大關於研究倫理委員會（REB）的三方會議政策聲明（Tri-Council Policy Statement）指出「某些研究——尤其是生物學、藝術批判或公共政策研究——可能對組織或政治、藝術或商業的公眾人物形象上有負面效果。這些研究並不要求研究參與者的知情同意，研究不應該僅建立在利弊權衡的分析，因為研究結果的潛在負面性質而受到阻礙。」[50] 相似地，英國的研究倫理框架稱：「有些研究……以一種合法方式給研究參與者帶來風險……許多社會科學研究都以批判角色探索和追問社會、文化、經濟結構和運作過程（例如：關於權利與社會不平等的模式）、及機構動態和體制，無論有意無意而使某些社會群體處於劣勢。」這樣的研究結果可能對某些研究參與者有負面衝擊。[51]

儘管這樣的言論體現了社會科學家的擔心，如同在美國一樣，這些國家對於倫理觀點的異議卻經常消失不見。正如英國學者Robert Dingwall感歎：「英國的大學，已經愈來愈趨向於像美國大學一樣過度順從。」[52] 同樣地，阿爾伯塔大學的Kevin Haggerty觀察道：「儘管三方會議政策聲明的指南強調彈性的需要，但是委員會似乎期望某種類似形式上公平的方式，對於計畫一視同仁。」[53] 甚至這些指南的辯護者知道他們可能被個別的研究倫理委員會（REB）成員錯誤解讀，他們建議研究者引用指南強調他們允許逃離醫學倫理模型。[54] 2004年，一個由加拿大人文社會科學學者組成的專案小組，沮喪地抱怨道：「資助單位想創造一個管理結構去處理老舊的臨床試驗，讓缺乏適當專業廣度的倫理委員（REBs）自由強加錯誤假設，威脅自由調查而無益於倫理。」[55]

2000年初，有個學術團隊觀察澳大利亞、加拿大、紐西蘭、英國、美國和加拿大的委員會，發現儘管口音和字母縮寫字不一樣，卻顯示出不同國別中倫理程式「驚人的共通性」。[56] 其他學者總結道在所有那些國家中：「社會科學家既憤怒、又沮喪。」[57]

排除

在1997-2000年間，想要建立反對IRB審查的共同立場失敗之後，一群歷史學者繼續堅持單獨作戰，一段時間過後，他們似乎取得了個別的勝利。儘管歷史學者對IRBs某些方式的反應與其他訪談研究者相似，但是他們從IRB干涉中的長期豁免權，迥然不同於那些參與1960與1970年代論爭的學科。雖然社會學者與人類學者可能爭辯道他們不應該臣服於IRB的規章制度，但是至少對沒在1981/1991版本的規定中豁免者，無庸置疑的是他們確實臣服了。許多問題已經在國家委員會的工作期間與之後的爭論中釐清。相反地，國家委員會從未明確聲明建議倫理審查納入口述歷史、民俗或新聞學，而45 CFR 46幾個版本中的作者也未提出。這給予那些領域的研究者一些空間，爭論他們不僅不應該向IRBs臣服，他們也不屬於規範定義下的研究。此一爭論是爭取排除的好例子。儘管民俗學者與新聞工作者也參與了這場爭辯，主導的是歷史學者。他們引人注目卻未成功的努力，顯示對於學者而言，打破聯邦立法中的生物醫學假設有多困難。

歷史學者要求排除於IRB之外，是由Linda Shopes和Don Ritchie所領導，他們是1990年代末曾心不甘情不願地接受研究風險保護室建議的同一批學者，將口述歷史置於IRB監管但明確獲得快速審查。Shopes和Ritchie都參加了美國大學教授協會在1990-2000年的社會科學組織會議，Shopes代表美國歷史學會，而Ritchie則代表口述歷史學會。他們從歷史學者那裡收到憤怒的回覆，再次加深了他們早先懷疑的態度。到了2000年4月，Shopes開始強調適用於歷史學者的倫理規範和IRBs規則全然不同。[58] 她對國家生物倫理學諮詢委員會抱怨道：「45 CFR 46所發展的生物醫學與行為研究框架，造成IRBs在評估口述歷史計畫時，依循不適合歷史學研究的標準與協議，進而讓人對同儕審查的潛在假設產生懷疑。」她報告道，IRBs詢問了關於招募和同意書一些不相關問題，或不合理地要求更詳細的問卷，銷毀錄音帶，對敘述者匿名，或者迴避敏感主題。她進而報告「當前基於生物醫學研究模式的研究參與者規章，背離歷史學者或其他人文社會科學者的研究模式。」她解釋IRBs決定避免紀錄任何關於個人犯罪的資訊，將會使民權運動研究變得無法進行。雖然歷史學者應該用真誠與尊重對待敘事者，但是他們也需要堅守「批判性質問，一種具有挑戰性、可能對抗、甚至可能揭露事實的質問，如同訪談Klansmen和女性對納粹共謀者所做的工作。」[59]

歷史學者確認這種分歧使他們想逃離IRB的審查。即使繼續與美國大學教授協會合作時，他們也開始探尋在其他社會研究納入審查的情況下，排除口述歷史的策略。2000年8月，Shopes和其他歷史學者與正致力於聯邦研究參與者保護法更新草案的女國會議員Diana DeGette會面。他們的目標是無論對其他學門的影響如何，讓口述歷史盡可能被清楚明確地排除在審查之外。[60] 到了11月，Felice Levine逐漸走向特殊管道認可，暗示作爲人類學科，歷史和新聞學比其他社會科學較少使用IRBs。[61]

在2001年8月的《涉及人類參與者研究的倫理與政策公報》中，國家生物倫理諮詢委員會也接近認可此觀點。委員會發現「某些調查和訪談的類型被認爲是研究，但是他們可以在沒有聯邦監督的情況下自行控管以避免傷害，因爲風險很少且參與者相當容易決定他們是否願意參與。」儘管相比以往的規章，報告自身並沒有提供關於涉及人類參與者研究更好的定義，但是倫理與政策公報的確建議聯邦政府「應該開創一種方式，讓來自不同學科和專業（例如：社會科學、人文科學、商業、公共衛生和衛生服務）的代表，發展受監督體系的研究活動之定義及清單。」[62]

歷史學者並不確定是否需要一個新的定義。2000年12月，曾與倫理審查發生爭執的歷史學者Michael Carhart，與羅格斯大學的IRB爭論，歷史根本不是科學，不能被現有聯邦規章定義爲研究。「我相信IRB規章受『概推化』所有研究的導引，」他解釋說，「歷史的整體觀點是我們的結論，並不具概推性。歷史學者並不像科學—社會科學或自然科學—試圖預測未來；我們研究的假設是在一個獨一無二的環境結構下，對出現的事件進行描述。」[63]

Carhart並非孤軍奮戰，藉由定義爭論口述歷史應免於IRB。1999

年國家科學與技術委員會（National Science and Technology Council）的一個工作小組主張依循人類研究受試者保護共同規範的研究「通常不包括……新聞學、歷史學、自傳史與哲學」和一些其他類型的研究。[64] 儘管這一工作小組並沒有官方制定政策的地位，但其中一個成員James Shelton卻使他的單位——國際發展機構採用其中多項提議，包括將歷史學排除於審查之外。[65] 在2001年9月，國家衛生研究院研究參與者保護的主席認爲，基於口述歷史不具概推性的立場，國家衛生研究院本身的口述歷史計畫應該排除於IRB之外。[66]

在2002年初，Carhart詳述了這一觀點——歷史學並不滿足研究的規章定義，贏得了人類研究保護室領導者Greg Koski的興趣。[67] 美國歷史學會代表Shopes，起初有點感到懷疑，擔心資助單位可能會猶豫將研究經費提供給一個聲明自己並非做「研究」的學科。Shopes也擔心Koski可能改變主意。[68]但是正如他們曾從研究風險保護處的Ellis得到線索，建議快速審查解決口述歷史問題一樣，Shopes和Ritchie在Koski的領導下，尋求從研究的定義中排除。1月末，Shopes對國家人類研究保護諮詢委員會（National Human Research Protection Advisory Commission, NHRPAC）宣布歷史學者「不再追求被45 CFR 46作爲詞彙使用的『概化性知識』。」[69]

一年半後，Shopes和Ritchie尋求對此態度的官方認可，2003年的五月，他們被邀請給人類研究保護室員工簡報，陳述爲什麼他們認爲口述歷史研究的方法並不適用研究規章定義的原因。[70] 這項會議進行得不錯，官員們徵詢Shopes和Ritchie提供具體的提案。[71] 於是在2003年8月，Shopes和Ritchie擬定了一項說明，聲明「大多數口述歷史訪談項目……可以被排除審查，因爲他們不包含在衛生與公衆服務部規章所定義的研究中，」並且「主要基於口述歷史訪談無益於『概化性知識』，因而他們不用受衛生與公衆服務部規章所管控。」2003年9月22日，人類研究保護室的法務副局長Michael Carome給Shopes和Ritchie書函同意了他們的提案，儘管他將他們的說法——口述歷史訪談無益於概化性知識——限制爲更保留的說法，即「總的來說，口述歷史訪談並非爲助於『概化性知識』而設計。」[72] 當口述歷史學會於下月，在人類研究保護室的家鄉馬里蘭州的貝賽斯達舉辦會議時，一位人類研究保護室官員順道重申了這項決定。儘管有點擔心Carome加上了狀語「總的來說」，Ritchie和Shopes仍宣告了勝利。他們號召口述歷史學者們和部門主席、院長、大學管理者和其他任何可能感興趣的人，與之分享這一新政策。美國歷史學會和美國口述歷史學會的新聞刊物都安上了相同而直白的標題：「口述歷史從IRB審查中排除了。」[73]

但是大學的IRB行政單位並不願意終結權力。10月30日，在Carome對歷史學者的信發出僅五週之後，加州大學洛杉磯分校的研究參與者保護處要他尋求更多的人類研究保護室的指導，針對「運用開放式訪談的質性研究，特別是被口述歷史學者和其他社會科學家執行的活動上。」此要求的紀錄，雖由加州大學洛杉磯分校所提，但明顯是Carome核准的，確認「口述歷史活動，正如由口述歷史學者代表向人類研究保護室所描述的那樣，總的來說是設計來創造特定歷史事件紀錄的，並且這類活動並未助於概化性知識。」但是這份紀錄冊之後繼續討論三項假設性提案——明顯是由加州大學洛杉磯分校的IRB所擬定，且未讓任何歷史學者涉入；這些例子的闡釋使得歷史學者和人類研究保護室間的9月協議顯得毫無意義。[74]

第一個例子看起來仍具希望：「一個口述歷史影片，紀錄對大屠殺倖存者的訪談……專爲在大屠殺紀念館觀看……以創造特定個人事件與經歷的歷史紀錄」不會被認爲是研究參與者的研究。但是第二、和第三個例子：「一段調查波斯灣戰爭（Gulf War）倖存老兵，以紀錄其經歷的開放式訪談」，和「開放式訪談……針對仍健在的黑人棒球聯盟（Negro League Baseball）運動員」，將被視爲研究，若「檔案的意圖是創建資料庫來爲其他調查者做研究的話」。換句話說，口述歷史可能不被規範，若設計來「創建歷史紀錄」；但可能必須接受審查，若設計來「創建資料庫」，紀錄冊對於存在於歷史記錄和資料庫之間可能的法律、道德或者方法論的差異，卻保持沉默。實際上，因為藉由定義口述歷史計畫創建資料庫來為其他調查者做研究，最後兩個例子將人類研究保護室之前的宣告，即口述歷史總的來說排除於審查之外的說法，完全打破。

除了這些令人沮喪的例子，加州大學洛杉磯分校紀錄提出了對概化性研究的新定義。無視之前在國家委員會1978年IRB報告、貝爾蒙特報告和其自身的規章中所用之詞彙，這份紀錄宣稱如果它「旨在下結論、執行政策或者概括發現成果的話」，研究是「概化性的」。對於想要發起審查的執行政策想法尤其激進。國家委員會（National Commission）——在它的IRB報告中曾建議，當考慮倫理接受度的時候不要考慮一項已經被寫進了1981年規定專案的政策意圖。正如Charles Fried向國家委員會指出的那樣，法院尤其討厭當他們發表關於公眾利益的演講時政府所加的限制。[75] 然而Carome現在同意了特別針對這種演講提議。

最終，加州大學洛杉磯分校紀錄發表聲明，Carome同意「附在2003年9月22日（Carome博士）信上的，2003年8月26日的政策聲明，並非由人類研究保護室所擬定的，並不構成人類研究保護室指南，並且政策聲明第三段中描述的口述歷史活動的性質，單獨上並未給人類研究保護室提供充分的基礎，來定奪整體上口述歷史活動不納入衛生與公眾服務部規章，在45 CFR part 46中所定義的研究中」。在兩位歷史學者代表其所在組織，勞心勞力一年半，使人類研究保護室對於口述歷史定義的要求被所有人接受之後，人類研究保護室的Carome否定了此定義，重申最初IRB的權威。Carome在給另一所大學的監察官員電子郵件中，證實了加州大學洛杉磯分校紀錄的關鍵要點。[76] 不同於9月22日信，Carome並沒有在人類研究保護室信紙上簽名，所以很難分辨這份拒絕究竟是官方意見，還是源自其身的放棄，但是傷害就這麼造成了。12月，加州大學洛杉磯分校紀錄的一個版本（現在直接歸因於Carome），在來自全國的IRB行政人員參加的一次會議中呈遞了出去。[77]

Ritchie和Shopes氣瘋了。Shopes後來寫道：「加州大學洛杉磯分校檔案確切表明了所有的檔案類研究皆須依循於IRB，與之前的政策聲明根本兩碼事。」[78] 他們對Carome抱怨，但是他拒絕承認背棄了之前的說法，他向他們擔保：「人類研究保護室不相信在9月22日對你們的信中說法，和我們之後對來自IRB、與已接洽人類研究保護室的研究社群中之成員的說法有甚麼衝突。」[79] 2004年1月，他說九月信件的內容還是好的，但是他不願發布，如IRB行政人員和口述歷史學家所期望的「口述歷史活動的正式書面指南」。「考慮到現在的處理優先性，」他補充道，「人類研究保護室並不會在短期內考慮擬定這樣的指南。」[80] 5年後，人類研究保護室仍然在此議題上保持沉默。

可以預測的是當面臨含混不清的狀況，IRB行政人員決定選擇在審查過多而非審查過少上犯錯。截至2004年底，美國歷史學會（AHA）警示其成員，很多IRBs成員支持加州大學洛杉磯分校的檔案勝過Carome自身所簽署的信件。[81] 正如一份對大學政策更系統性的網路調查裡面，美國歷史學會員工發現在「差不多95%的大學網站上，教員或學生在指南中唯一會發現的是在眾多依循『快速審查』之研究方法中，對口述歷史蜻蜓點水地帶過」，而沒有提及2003年險勝中的排除信。美國歷史學會承諾會持續遊說聯邦官員，但是成員卻漸漸失去希望。「考慮我們過去與人類研究保護室的溝通與協議的有限效果，」他們提出警訊：「我們的期待是相當有限的。」[82] 在這年中嘗試與人類研究保護室合作的大段歲月，歷史學者們已窮途末路。

諷刺地是，正如全國的大學IRBs作出的結論，口述歷史須依循於審查，但是人類研究保護室發起自身的口述歷史計畫卻免除審查。2004年夏秋，包括Bernard在內的資深人類研究保護室員工，訪談了國家委員會以前的成員、員工和顧問，和以前國家衛生研究院的官員。這段訪談以錄像保存，且兩段視頻和文本都發布在人類研究保護室的網站上。[83] 此外，訪談的剪輯以短片的方式，用於慶祝貝爾蒙特報告發表在《聯邦公報》的25週年紀念。2007年當被問到這項計畫是否被IRB核准，一位人類研究保護室官員回答道：

人類研究保護室認爲取得來自國家委員會的員工和職員的口述歷史，不代表45 CFR 46中定義的研究。因爲這項活動並不是一項系統性的調查，非旨在助於概化性知識。這項口述歷史活動僅僅想要保存一系列個人的回憶；因此，這項活動不須依循IRB的審查。訪談者並沒有對這項活動相關的具體訓練；並且那些受採訪者也未簽署知情同意。[84]

無論人類研究保護室怎麼說，網站似乎看起來好像是「爲其他調查者做研究的資料庫」。確實，這本書也引用了這些訪問。人類研究保護室自身的影片使用訪談下了似乎目的是在執行政策的結論，但是沒有IRB敢質詢這項活動。對於歷史學者和其他領域觀戰的學者來說，這些教訓是殘酷的。IRBs，尤其是加州大學洛杉磯分校的委員會，在提議能監管這些科系工作的政策之前，對專業科系的諮詢是不可信的。人類研究保護室在信守諾言上，還以資深官員於信函上的官方簽署來確認，也不能被信任。人類研究保護室也無法讓自身堅持，並遵循與大學相同的規定。

簡而言之，基於對研究規章定義的口述歷史（和潛在的其他領域）排除策略，至少對一個群體的研究者效勞：人類研究保護室官員們，從反覆討論的非指南內容中完全絕緣。這對一小部分學術歷史學者也有幫助，例如：2007年末，學術性口述歷史的誕生地——哥倫比亞大學，宣布口述歷史計畫只有當「以有預測性價值的方式支援或導向假說發展時」，才會被認爲具有概化性，而必須依循審查。這不過是這類專案的一小部分。[85] 到了2009年，安默斯特學院、密西根大學、內布拉斯加大學林肯分校採取了相似的立場，並且密蘇里大學堪薩斯分校也發展了一項細緻的政策，在將IRB作爲資源呈現時，給予歷史學者相當大的自由裁量權。[86]審查仍保留有豁免權，到2009年，大多數依賴人類研究保護室在2000年初承諾之歷史學者，也在一些風險下這樣做了。

結語

1998年後幾年中，社會科學家有著對IRBs更深的恐懼，相較於當1978年Pool的改革活動開始之後時。的確，1970年代已創造出一些備受矚目的社會研究干涉案子，包含於加州大學柏克萊分校、科羅拉多州立大學、和Pool所在的麻省理工學院。但是這些在數量上，和在1990年代末至2000年初開始的幾十個案例相比，是相當少的。然而，相較於他們20年前提出的挑戰而言，社會科學家的反應顯得膽小了起來。

這種相對靜默的部分原因是，管理者在1980和90年代擴展IRB審查時採用的漸進主義。不管做錯了什麼，國家委員會至少在重寫參與者研究規定的意圖上是直率的。1978年的IRB報告給批評者一個可以重整而攻擊的目標。相反地，1990年代和2000年初的擴張是通過對規章的悄然改變、研究風險保護處的重新闡述、對個別IRBs的電話徵詢，以及僅針對大學行政人員的短信所共同造就的。新近體制中之人，例如：美國社會學學會中倫理委員會（REB）的John Kennedy，可以輕易地把實際上明顯的改變錯認爲對存在已久的規則微調。

第二個原因是性格。只有一個Ithiel de Sola Pool——一位聲名顯赫的學者，連結政府與學界的有權勢之人，奮不顧身地促進學術自由，並且樂意在他一生中最後幾年致力於挑戰IRBs。無論眞實抑或誇大，Pool對於此威脅嚴重性的信念，在贏得聯邦監管者的妥協上至關重要。與Jonathan Knight同樣關心，他從未將社會科學的IRB等同於麥肯錫主義（McCarthysim）、或漸進轉爲非終身聘任制，視爲對學術自由的威脅。相反，學者Felice Levine雖樂意，投入大部分時間在此問題上，然其尋求的是妥協而非對抗。

不是所有人都同意這一立場。縱觀21世紀的前十年，學者在如何處理IRBs的新要求上，仍持續分裂。一些像Levine的人，尋求最好的IRB制度，而其他Pool的追隨者，則試圖反抗。

CHAPTER 8

修正還是抵抗？

1995年通過的研究風險保護室和人類研究保護室重燃了IRB在社會和人文科學領域的利益與衝突。爲了因應前述的衝突，學者比以往更爲熱烈地探討IRB問題。雖然僅有少數人認爲這個制度在所有情況下都會運作良好，但學者的爭議點在於是要進行輕微修正，還是全面檢討制度理念上的根本性缺陷。前者是繼續保留IRBs的系統，而後者則試圖跳脫其管轄範圍——我將它們稱之爲「修正」與「抵抗」之爭，這兩個選項無法妥協。正如Pool和Pattullo在70年代末反對大多數社會科學的IRB，但卻接受其對某些類型研究的作用，2000年初有些研究者在接受IRBs合法性的同時，也要求內部體制的大改變。另一方面，關於存廢之間的辯論揭示了社會科學和人文學科在學術研究本質內的重大歧異。

恐怖事件

自70年代起IRB運動的高漲，使得90年代大量文獻類型的學術作品復甦。這種悲觀的論調來自於學者們給國家委員會的信件以及他們在1978年IRB聽證會上的證詞，引用Bradford Gray於1977年的「恐怖事件」一詞。[1] 1980-1990年間，IRB的恐怖事件鮮少發生，然而在2000年以後，有些領域的學術期刊開始刊登新的抱怨言論。

這些事件往往匿名出版，有些雖具名與機構名卻沒有日期，所以很難用來描繪精確的IRB趨勢，也不可能說明這些說法的代表性。支持IRB者以異類為由而排斥他們。2007年，社會學家Laura Stark說：「我們最初聽到同僚關於IRBs所導致的問題，如同官僚機構一樣，好的委員會可以帶來良好、平穩運作，默默無聲。」「根據定義，官僚機構應該有效率而不是令人混亂；但是聽到令人憤慨的個案，我們推斷是否所有倫理審查委員會都有類似問題。」[2] 事實上，有很多理由讓人相信這些問題甚至比那些令人憤慨的個案更糟糕，因為IRB委員會被披露的弊端非常可能只是冰山之一角。極少學者會公開談論IRB成員和管理者的惡行，因為這樣會與他們的院長和教務長針鋒相對。就像潛在的告密者一樣，由於害怕遭到報復，他們有很好的理由保持沉默，而很多事件都是在發生多年以後，當學者已經安全地轉向了新機構時才被揭露出來。當Debbie Dougherty和Michael Kramer想要蒐集學者與IRBs互動的故事時，他們自己的IRB對於提供者回應，包含警告：「您可能會有微小風險，如果您本身的IRB發現你參與其間，會對你寫下的東西採取懲罰措施。」[3]

不論是想像或真實，雖然有這樣被警告的風險，仍讓一些有良知的學者持續記錄IRBs的濫權及其運行模式。在70年代，恢復倫理審查委員會的做法已經讓社會科學家對於許多個案感到憤怒，最明顯的例子是要求不適當的書面知情同意書。例如：在2002年，IRBs要求一位人類學家在與不識字的非洲兒童談話前要求兒童簽署知情同意書。[4] 一位政治科學家進行投票行為研究，已獲得參與者同意，IRB卻要求他郵寄問卷前，需取得書面同意。[5] 另外一個IRB堅持研究者要先通過書信方式與所有的參與者聯繫。雖然，這種做法可能對美國的醫學試驗有意義，但是卻限制了田野研究人員在公共場所與所碰到的對象隨意交談。[6]

另外一些研究倫理委員會（REB）呼籲書面形式的知情同意書可能會危及研究對象的安全。有一個委員會堅持研究者要從精神疾病的研究參與者取得知情同意書。當學生的指導教授指出，知情同意書可能對研究參與者造成風險（由聯邦法規特殊認定），IRB打了退堂鼓。[7] 另一個IRB要求研究者取得受虐者的知情同意書，然後警告他們不得向任何人洩露其身分。那麼，爲什麼要求研究者都要取得同意書？因爲這是規則——或者說這是IRB所相信的規則。[8] 雖然聯邦政府法規特別允許豁免書面同意，IRBs卻非心甘情願引用這個規則。[9] 即使研究者成功獲得豁免，也浪費了太多時間和精力。[10]

有時候，當研究者準備知情同意書的時候，他們發現IRBs要求的標準格式更不準確，或者對於研究參與者而言難以理解。[11] 2003年，一組加拿大的研究團隊想對四所大學的學生進行調查。兩所大學的倫理審查委員會要求在研究者看來是「不友好或過於墨守成規的信件封面或知情同意書」，導致學生的參與度大幅降低。[12] 在其他案例，IRB的要求更稀奇古怪，或者完全不可能達成。倫理審查委員會的部門告訴一名同學，在進行參與式觀察時，如果她遇到一個未明確同意被觀察的人，要把臉轉開。[13] 另一個委員會則堅持焦點訪談研究法要以匿名方式進行，卻沒有向不知所措的研究者解釋這樣的焦點團體訪談要怎麼做。[14]

IRBs不承認並非所有研究都使用醫學實驗的研究方法。許多委員堅持要求研究者事先列出他們每一個決策以及每項問題。對實驗研究而言，在實驗設計中控制所有的變量而保留其中一個，這是非常簡單而直接的。但許多IRBs的委員似乎並不明白，質性研究並不是以這種方式展開的。[15] 有時，口述歷史學家會被要求隱匿敘述者的眞實姓名，或銷毀他們的訪談錄音和筆錄。這兩種要求都會使歷史學家違反他們的專業倫理，拒絕敘述者具名引用而匿名的選擇是很粗暴的做法。[16] 某些IRB要求與研究參與者保護並不相關，例如：委員會爲所欲爲地批評學生的研究計畫和問題假設，阻礙那些想幫助學生從錯誤中成長的指導老師。[17]

有時候，IRBs似乎極盡所能地搜尋可能存在、尚未被發現的風險。如同Kevin Haggerty指出，倫理委員會「一般不瞭解他們企圖規範可能帶來的潛在困難」，所以他們猜測。「既然這些委員會成員都是睿智、積極、善意的，善於處理假設性問題，那麼他們似乎不難想像日益繁重的規範管理所帶來的可能性。」[18]一個委員會基於一名學生可能觀察非法活動而扼殺了學生提出觀察脫衣舞俱樂部的計畫，即使沒有任何事實理由認定這必然會發生。[19] 另一個委員要求採訪科學家的研究者，先警告他們可能被政府機構調查，這稱爲「被敵對實體利用」，甚至是綁架。[20] 一名英國研究員抱怨說：「在我和我的孩子及他們的朋友研究食物做法以前被要求進行『犯罪背景檢查』；當我在自己家裡給朋友端上一杯茶和一份餅乾的時候，也不得不讓他們簽署保密協議和版權協議。」[21]

委員們尤其喜歡推測一個既定提問可能帶來研究參與者的傷害。一組研究人員被建議「如果我們在實驗室裡想要展開夫妻衝突議題的談話，我們需要一個有執照的治療師在旁，以便解決夫妻互動過程中可能需要的諮商。」研究者指出「數十個溝通期刊的相關研究，皆使用類似的研究方法而沒有提到有在線諮商師」之後，委員會讓研究者提供校園輔導中心和家庭暴力熱線而僥倖通過，[22]這種調整要求在當地開展研究。另一組研究者想要進行一項全國性線上調查，要求參與者回顧家庭成員死亡。IRB認爲這樣的研究可能引發嚴重的心理壓力，因爲研究者不能提供全國範圍的諮商，整個計畫胎死腹中。[23] 在另一個案例中，IRB禁止白人博士生對黑人博士生展開種族和職業期望的訪談，認爲那可能會爲黑人學生帶來創傷。[24] 將談話本身視爲危險行爲令經驗豐富的研究者Norman Bradburn費解，他解釋IRBs的主要擔心是「有人會被這些問題冒犯嗎……以想像覺得這些問題會擾亂所有人，即使他們有巨大的個體差異。」相反，他認爲眞正的倫理問題是，回答的內容是否被保密，[25] 受訪者自嘲笑說知情同意書是在警告他們單獨談話可能很痛苦。[26]

一旦IRBs認爲談話是危險的，他們自然開始管理最不尋常的遭遇。在加拿大，Haggerty —— 服務於阿爾伯塔大學的文學、科學和法律REB時 —— 重新審視自己對一位學生的要求，「爲了改善她的訪談技巧，想採訪她的父親對最近休假的感受。」[27] 在科羅拉多大學，一位IRB成員告訴學生，如果他們從非正式談話中學會了什麼，他們會想要運用在以後的研究中，他們必須追蹤資訊來源而取得書面同意。[28] 加州大學洛杉磯分校的IRB曾斥責一名大學生利用他在一次政治募款活動中出人意外的談話；而北卡羅萊納大學教堂山分校威脅要撤回一位新聞系學生的學位，因其透過電話而取得報導素材。[29]

也許最嚴重的是大學教授Ithiel de Sola Pool所預測的那些衝突 —— IRBs試圖壓制非一般大衆的想法。佛羅里達州立大學的IRB申請直截了當地問，「研究領域是否有爭議？你的計畫可能產生公衆影響嗎？」[30] 在西蒙弗雷澤大學，

> 儘管兩個研究倫理委員會（REB）委員之一是前政治人物，對某位計畫申請人在刑事司法政策方面的特定觀點公開反對，但是該成員仍然參加了此研究計畫的評估，研究結果可能損害該政策的信用，不理會研究者反對（REB）成員處於利益衝突，REB在沒有任何特殊理由下將研究擱置了八個月。[31]

楊百翰大學阻止關於同性戀摩門教徒的研究，而兩所加州的公立大學阻止平權法案與印第安博奕兩個主題的研究，因爲這在州內是敏感議題。[32]

想要瞭解犯罪行爲細節的研究者可能會遇到特殊的麻煩。在一所大學中，一位學者想詢問父母如何教養子女而不向有關當局通報涉

及虐待個案，無法找到讓研究進行的方法，IRB將案子轉給大學的律師，在焦慮的幾個月之後，研究者撤回了她的研究計畫申請。[33] 同樣的，政策學者Mark Kleiman在加州的緩刑制度研究也被限制，「在相當久的延遲之後，才知道原來是倫理審查委員會的某位委員討厭刑事司法系統，以阻礙研究來表現他的厭惡」，Kleiman寫道，「我終於被允許訪問緩刑監督官和法官。」但是IRB拒絕他訪問緩刑者，因為不能確保是否可以沒有脅迫地接近緩刑者，或者為他們帶來身分暴露的風險。以保護緩刑者的名義，IRB否決了記錄如何看待緩刑系統管理他們生命的機會。[34]

當研究者想要研究少數群體時，他們也會面臨麻煩。一位西北大學教授寫道，在審查學生的研究時，IRB：

> 揚眉檢視兒童研究以及一些更含糊不清的類別，如：男同性戀者和女同性戀者或貧窮勞工。令我憂心所有的研究，其對象不是適應力強、無犯罪記錄、中產階層、異性戀的白人（不能研究移民，因為其中一些可能是非法的，也不能研究黑人勞工，因為可能他們害怕被白人雇主報復），以及男性（因為婦女可能說出家庭暴力）。[35]

一位英國的研究者認為，知情同意書的複雜形式限定了研究是對「口齒伶俐的識字者……而排除了很多需要被研究的人。」[36]

任何提到性的相關研究都拉警報。Patricia Adler和Peter Adler看起來很沮喪，當IRBs提出關於同性戀青少年、公眾性行為和性傳播疾病的研究限制，研究生不得不放棄這些研究主題；一位學生厭煩著離開大學。[37] Tara Star Johnson想要和老師們談談教室裡的性動力，她被告知計畫有風險而不被允許進行訪談內容記錄。在她抗議之後，委員會判定她的研究計畫屬於最小風險。[38] 一位歷史學家訪問中年男同性戀者和女同性戀者之後，被要求使用匿名，並摧毀她的錄音帶和訪談筆記。[39]

這種對爭議主題過度敏感威脅到一些社會科學家進行最重要的研究。如人類學家Scott Atran，試圖通過與失敗的自殺式炸彈襲擊者對話，去瞭解如何與其他潛在的恐怖分子溝通。雖然炸彈客在獄中，但是密西根大學的IRB卻告訴他，他們不接受，且永遠不會授予他訪談他們的權限。IRB允許Atran與聖戰分子對話，但需要在限制提問和成果發表下進行，即使如此，這樣的同意仍可以隨時被撤回。Atran問：「如果沒有人能與多數涉案者交談，學術人員如何能夠在這一團混亂中尋找最多的可能性？」[40] 在英國，Robert Dingwall想調查350家醫院，找出一些醫院非法重複使用一次性醫學器材的原因。道德規範要求他獲得「每一家醫學的准許，可能產生約1,600個同意簽名、近9,000份的文檔」，「還需要我的同事接受大約300個職業健康檢查和犯罪記錄檢查。」無法滿足這些需求，Dingwall和他的同事們縮小他們潛在拯救生命的工作。[41]

在某些情況下，大學行政人員的主張遠超出聯邦章程制定者的想像。在90年代，研究風險保護室幾乎停止了加州大學洛杉磯分校的一切研究，十年之後，大學的研究參與者保護辦公室（Office for Protection of Research Subjects）仍小心翼翼地讓未經審查的計畫執行。[42] 官方在2007年宣布「唯一的權力機構可以決定加州大學洛杉磯分校的教師、職員、學生（或是被調查的加州大學學生）的活動，是否滿足『參與者研究』定義的規範，因而要求IRB審查、通過或批准其豁免IRB審查。」結果是「調查人員想要開展那些被認爲是『研究參與者』的計畫，就必須提交計畫審查。」研究者不僅要提交他們符合規範定義之研究協議，還被要求提供他們預測的、可能代表對有些無法辨識者的規範研究之協議。[43] 2008年，這樣壓倒性的審判宣示主張更清楚，加州大學洛杉磯分校向研究者提供指導：如何申請許可引用（或僅僅閱讀）一封給主編的公開信或一個部落格。[44]

在其他情況下，IRBs忽視了規範中的明確聲明，只有對於研究的個別研究參與者具有風險時才被考慮，而不是對研究結果的應用。地理學家Matt Bradley在1998-1999學年，正好是他所在的大學開始對質性研究實行IRB，由於這種審查是新的，無論是IRB還是Bradley的同事們都知道程序，基於他過去報導而非研究，幾乎想要逃離審查。但是IRB工作人員要求他提交一份計畫申請，在拖延數月之後，他的計畫被禁止了，理由是「社區裡的人可能會對畫面感到不安。」[45]

Bradley所面臨的延遲變得司空見慣。西北大學表示：「即使是最尋常的情況，社會科學計畫通過審查所需的時間從一般的48小時到數月之久」。[46] 這種延遲經常會徹底扼殺一個研究主題——如果，教師在夏天失去了做研究的機會，那麼學生們將不再期望在一學期內完成計畫。[47] 在另外一所大學，畢業生指責IRB整整延遲了他們一學期畢業。[48] 對於教師而言，如果資助金或參與者消失，這種延誤甚至可能扼殺整個研究計畫。[49]

也許，最令研究者沮喪的是對相似研究議程給予不一致的回應，以至於有位學者來電詢問IRB是否為「一種占卜遊戲」。[50] 教育學教授Jim Vander Putten本身是IRB主席，他訪問了五所研究型大學教員與職工，該計畫已經由一個IRB核可，所以當其他學校IRBs的要求出現小小的不一致變化時，Jim Vander Putten感到十分吃驚，其中一個委員會堅持用過去式時態書寫知情同意書，而另一個則禁止這種做法。為了遵循所有的要求，這個計畫因而延宕了數個月。他警告「4個尚未取得終身職的同儕」，「這種延宕可能成為滿足組織對於學術生產力而晉升終身職的可怕阻礙。」[51]

音樂教育者Linda Thornton和另一所大學的同儕想要在26所頂尖大學調查主修音樂教育者，瞭解他們為什麼會選擇音樂教育作為專業，這樣一種毫無利害的問題理應迅速地被豁免審查。相反地，IRB禁止這些研究者在他們自己的機構裡對學生進行訪談，並要求他們從想要進行研究的其餘24所大學的IRBs中取得同意。24所大學裡的9

所院校通過了Thornton計畫的IRB，其中之一要求簽署互惠協議。其餘15所院校，有些增加了額外的要求，從知情同意書上的微小改變（需要原來的IRBs重新核可），到要求地方院校教師負責分發和蒐集調查問卷，證明是人類研究中的研究參與者。申請格式從兩頁增加至八頁；至少有一個IRBs要求知道在每一所學校調查的音樂教育專業學生確切人數。結果是研究者減少了許多原本希望研究的學校，將研究樣本從幾千個降到250個。[52]

即使只是在一所大學中，類似的計畫也可能會做出不同的反應。一些研究者寫道：「我們經常被要求給參與研究的學生額外學分。」

> 一旦我們被告知給學生額外學分是不恰當的，就像我們的心理學系，我們寧可要求課程中的學生參與研究工作，這也是學生們一部分的成績。順便說一下，我們的心理學系事實上並沒有這樣的政策……在另一個例子中，我們提交了一份之前被核可的知情同意書，與先前的版本只有輕微的措辭和標題不同，看來完全一樣。然而，IRB反饋了11處重大改變，作為其獲得通過的前提條件。[53]

另一個記錄指出，兩個學生提交了類似的計畫申請，一個可能需要在電話訪談開始的4到5分鐘進行取得同意的繁瑣過程（與電話另一端忙碌的菁英人士進行冗長和不必要的序言），而另一名學生研究者完全不需要獲得任何形式的同意。[54]

在最悲慘的情況下，研究者甚至會在提交計畫審查前自我監督。一位西北大學的學者在2000年寫道，「由於IRB的要求，我的研究大部分變得更理論……我不再進行海外旅行中的訪問，而是將資料的蒐集限縮在被動觀察或報紙剪報。」[55]另一位研究員只被允許與青少年在網上聊天室裡進行互動，只能滿足觀察的工作，他感到絕望。[56]

「整個過程已經變得如此繁瑣和令人沮喪，我會認眞考慮這樣的工作還要繼續多久。」研究健康照顧的英國社會科學家抱怨說，「我不是開玩笑——這些日子，開展健康研究是一個損傷靈魂的、不健康的工作。」[57]

學生傾向於從一開始就放棄這樣的研究計畫。在英國，教授讓他的畢業生遠離關於健康的實證研究，因爲審查過程實在是太漫長了。[58] 在美國，教育專業的研究生想要與未成年的愛滋病人對話，但是卻被要求只能對學校裡與那些和青少年有互動的成年人談話。[59] 有一個聰明的學生，多年來參與愛滋病行動，避免提出和她一起行動者的民族誌研究，因爲目睹了之前同學們所面對的IRB困難，她提出了「健康的飲食習慣和大學生課外活動之間的統計顯著性研究。」在北卡羅來納大學教堂山分校，一位教授曾要求他的學生探索諸如酗酒、約炮和學術欺騙主題，旨在激發學生的研究興趣，在遭遇了太多次IRB的反對之後決定放棄，並自我設限在「淡而無味的主題和文獻記錄」。[60] 還有一位人類學家，發現自己的IRB無法提供重要的倫理建議，擔心她的研究生被「IRB疲勞症」困擾。[61]

有些學者擔心這種自我審查，加總起來可能會削弱社會探索的領域。在加拿大，人類學研究生仍然通過訪談與人們互動，但他們愈來愈多放棄了參與觀察法，這其實是他們學科最基本的研究方法之一。在此趨勢下，兩位學者警告說，「人類學的研究將變得貧困化」，特別是在「醫學模式的研究」下成長起來的新世代。[62] 在2004年Humphreys的傳記中，社會學家John Galliher、Wayne Brekhus和David Keys指責IRBs讓社會學成爲「馴服的社會學」，「只能調查研究人們如何談他們的行爲，這使得社會學家更難去研究人類行爲。」[63] 同樣地，Mary Brydon-Miller和Davydd Greenwood也擔心，「爲了提供（研究參與者）保護」，委員會審查「可能使社會研究的時間大量消耗在詢問個人資料，而不是眞正重要的社會議題。」[64]

大部分恐怖的故事是從沮喪的研究者角度來寫的。有些學者——

最知名的人類學家Maureen Fitzgerald和社會學家Laura Stark決定從另一個角度來看這個過程，他們獲准觀察IRBs的活動。他們從貝爾蒙特報告看到相似的流程，呼籲「系統的、有理據的分析」以及「從研究的所有方面去積累和評估相關資訊」，突顯出「對研究的評估應該更嚴格、更準確，同時使IRB成員和研究者之間的溝通儘量減少誤解、誤傳和誤判的衝擊。」Fitzgerald和Stark都看到了評估，是非系統的、任意的、含糊不清所導致的衝突判斷。Fitzgerald和她的同儕發現，IRBs成員可以隨意地基於最壞的情況設想，或是個人軼事而相信「都市神話或當代傳奇」。在所有Stark的觀察中，她看到成員們根據申請書的拼字和排版錯誤判定計畫書。[65]

然後，另一邊的平衡會是什麼？計算IRB的成功在於它干預了多少社會和人文科學的研究嗎？大多數IRBs的防禦策略是不干預。一位人類學家稱讚他所在的大學「IRB的工作做得很好」，但也指出「爲了IRB，我不得不改變我的研究。」[66] 或許還有一種觀點是建立在不做事的IRB好過完全沒有IRB，不過少有學者願意這麼做。IRB時將更多的注意力集中在計畫，有時委員會可能抓到錯誤，如找出與問卷不相符的指導語。[67] 有位IRB成員堅持「那些小學生參與的研究出版時應變更姓名。我知道這些改變可能有些官僚、瑣碎、甚至是令教職員惱火的」，學者說道「但是他們強調以道德手段來做研究的重要性。」[68] 然而，鮮少有人文學科或社會科學的學者認爲IRB有助於闡明研究倫理的重要性。

這並不是說IRB有助於研究倫理的事不會發生。在一項調查中，有32%已經通過國家衛生服務倫理審查的英國社會研究者報告說這些經歷改善了他們的計畫。然而，在同一研究中，51%的受訪者說倫理審查帶來的改變是更糟的，認爲IRB在總體上是弊大於利。[69] 口述歷史學家John Willard讚揚馬里蘭大學巴爾的摩縣分校（University of Maryland, Baltimore County）的IRB在三個計畫上給出了合理的條件：「採訪一名黎巴嫩德魯茲派穆斯林（Lebanese Druze Muslim）男子，可對他過去討論中的內容進行告發；40-50年代，訪問高齡男同性戀關於同性戀文化的計畫；還有涉及臨終的議題，受訪者在安寧之家接受訪談。」[70] 同樣的，社會學家Peter Moskos感謝哈佛大學的IRB，要求他在一所員警學院向他的同學們宣布民族誌目的（儘管如此，他仍然是IRB的懷疑論者）。[71] 英國社會學家Adam Hedgecoe很高興地看到倫理委員會禁止一名護士向她的團隊成員詢問他們對績效工資的態度；他和委員會認爲這項研究可能帶有強制性。研究者認爲她的工作被扼殺了，並提出控告。[72] 但是，就算把研究者認爲的恐怖事件和委員會認爲的成功事跡加總起來，太容易發現IRBs弊端遠比社會科學家弊端的案件要多得多。社會科學家弊端也很少能由事先審查來預防。

到2007年，即使是IRB的建制者也意識到了社會研究者的不滿。國家科學基金會（一個人類研究受試者保護共同規範簽署機構）的Deborah Winslow感嘆「一些IRBs的實際運作情況如此違背常識和研究現實，以至於讓有社會責任的研究者不得不忽略IRB，甚至是觸犯法律。」[73] 2008 年，人類研究保護認證協會的通訊上聲稱：「許多行爲與社會科學家感受到來自生物醫學研究系統的約束，因此，既不瞭解也不反映他們的關懷重點。」[74] 《紐約時報》記者做了報導回應這個問題，研究參與者保護的領導人Bernard Schwetz承認他的辦公室沒有給非醫學研究提供明確的指導方針。Schwetz承諾「會給出一些範例」，並稱人類研究保護室「將對於如何決定哪些是應該做的研究而哪些不是，給與更多的指導。」[75] 在2007年4月，Schwetz在一封給歷史學家Don Ritchie的信重申，他承諾「研究參與者保護將在指導草案出爐前徵詢公衆的意見。」[76]，然而，Schwetz在當年9月退休了，在他承諾的這一年乃至第二年年底，都沒有相關文檔的出現。

人類研究保護室不守承諾的傳統可以追溯到1966年，重視社會科學的保證被擱置在牆角。四十多年以來的IRB政策證明，要相關當局的人放棄他們的預設立場，如同社會科學家們期待政策可以關注他們的利益，很難。

修正

很多社會科學家，包括社會科學組織的領導者都呼籲學者們要與IRBs合作。這些學者並不反對90年代後期建立的審查制度，儘管它存在嚴重的問題，他們只是建議這套制度可以有所改變。然而，他們堅持要維持貝爾蒙特報告、人類研究受試者保護共同規範作爲IRBs既存的基本結構。他們尋求的是改革，而不是革命。

主張調整者分享了五個基本前提。第一個前提是社會研究在方法上、倫理上和法律上，與做爲IRB基礎學科的醫學和心理學研究結合。一位傳播學者，也是IRB成員之一宣稱，「我不需要在這裡詳細說明過去的調查研究（如同Milgram研究）；在意識型態上明顯已確立IRB的需要。」在這種情況下，一個40年前的心理實驗爲IRB對不同的研究方法監督提供了正當理由。[77] 人類學家Stuart Plattner寫道「如果盡最大可能，沒有人會因爲參與研究計畫而受到永遠的傷害」，醫學研究者的聲明雖然崇高，但並非完全適用於社會科學。[78]

相反，第二個前提是社會研究有別於新聞報導，不需要外部的IRB，經常只是大學內部的審查。例如：2004年，Charles Bosk和Raymond De Vries提出民族誌與新聞報導的兩點區別：首先，「新聞不是由公共經費支持的。」第二，新聞從業者「缺乏專業職業的先決條件——在理論知識本體中的長期成人社會化。」[79] 法學教授James Weinstein提供了第三個區別：社會科學只是不被重視，而無法獲得Ithiel de Sola Pool教授宣稱的憲法保護。第一修正案包括訪問關於「同性戀、墮胎或是在伊拉克戰爭的態度」，但「不像典型的新聞採訪和調查，許多社會科學的訪談和調查無助於民主自治。」[80] 2006年Plattner認同而建議：「新聞工作者有記錄當代社會眞實的義務，但社會研究者沒有……我們用記錄社會現實來解釋當代社會。我們的觀衆是專業的，社會沒有給我們憲法第一修正案的保護。」[81]

這些論點都沒有被非常認眞地推進。Bosk和De Vries檢視大學新聞專業的問題，他們收受公共資金、傳播知識，即使不是理論化進行。Weinstein認爲典型的社會科學計畫對民主的貢獻小於典型的新聞探訪或調查，我們只能認爲他沒有將《美國社會學評論》（American Sociological Review）和《時人》雜誌中的議題做對比——或閱讀Woodrow Wilson及Daniel Patrick Moynihan的作品。Plattner認爲，社會科學家從未與廣大的市民分享他們的研究成果，分享對於社會科學家確實是難事。

第三個前提是，由希望提升研究倫理的善意人士來擔任聯邦政府機構、大學研究辦公室和IRB的管理或職員。「IRBs的成員不是那些阻礙你研究的人」，流行病學家J· Michael Oakes在2008年說道:「在工作中，他們是研究同儕」，[82] Plattner同意「從參與者研究系統中所有參與者的誠信努力，可以在推進研究的同時儘量減少暴露的風險與危害。」[83]

第四個前提是，這些善意的人能夠完成任務是因爲聯邦政府的法規和指導方針相對有彈性。畢竟，並沒有什麼標準或規則明確禁止任何類型的研究。如Plattner認爲，「這些條例最初看起來是複雜艱難的，但事實上具客觀公正的靈活性。此假設都是由那些具有社會研究是一種公共利益的常識之人來管理，他們明白研究是公共財，不應該在沒有清楚的定義、合理的風險傷害下受到阻礙」。[84] 同樣地，Felice Levine和Paula Skedsvold聲稱，「創造性地使用當前系統內的彈性，可能解決一些社會和行爲科學調查人員迫切關注的問題，同時也能確保涉及人類研究參與者的計畫得到適當的監督。」[85] 2005年，Kristine Fitch確認她民族誌研究的同事在人類研究者保護室「可以向當地IRB通報可調整的地方。他們可以在有明確證據情況下，處理IRBs過度解讀和誤用。」[86] 然而，她從未說過人類研究者保護室有過度制裁的行爲。實際上，這些記錄忽視了聯邦執法的悠久歷史，這個歷史可以追溯到加州柏克萊大學研究風險保護室的崩潰，這個在1974年提出的系統，曾在2003年對於口述歷史學家做出不光彩的處分。

最後一個前提是規章，然而它不太可能改變，所以我們要學習與其共處。正如Bosk在2004年解釋，「事先審查打擊了我，作爲一般空洞的官僚要求的一套官僚程式，不適合完成旨在服務的目標。」不過，他接著說：

> 事先審查有一個過程上的漏洞，但不會讓做為社會科學家的我覺得應該抵制。畢竟，我們同意它的總體目標：我們的資訊提供者不應該面對不被告知的風險，應該捍衛他們的保密和匿名要求。考慮到這一點，我們不該浪費我們的精力去抵抗這個有著巨大官僚背景和社會共識的過程。相反，我們應該集中精力在改革和修訂程式方面；我們應該去調整系統漏洞。[87]

人類學家Patricia Marshall分享這種宿命論。她在2003年發表的文章裡承認「人類研究受試者保護共同規範的誤用，與IRBs不適當的要求計畫修訂，可能全面麻痺人類學研究，進而強化組織要求保護研究參與者的犬儒主義觀點，消耗那些原可以幫助研究參與者涉入更大風險的研究資源。」不過，她仍堅持「由IRBs監管是科學研究者的生活事實，人類學家不可避免，也不例外地需要進行倫理審查。」[88] Plattner也同意：「想要改變規則是浪費時間，畢竟那已經花費了十年的功夫。」[89] 在地方層級，有些學者願意接受審查過程，僅僅是因爲順從比抵抗來得容易。據一名匿名學者說：「這通常只不過是IRB要求的瑣碎更改。」「我認爲，如果他們能找到一些錯誤和需要改變的地方，會讓他們感覺自己在做一份有意義的工作……改變之後的計畫可以核准通過。所做的改變不一定是爲了保護研究參與者，但容易做到，不值得費口舌之爭。只要沿著這個路徑走，這場遊戲變得很容易。」[90]不需爭論IRBs是否捍衛社會研究中的參與者權利與福利，只有認可他們崇高的目標。Levine和Skedsvold認爲那僅僅是溝通不暢而製造的「系統挫折和懷疑，如果做些改變即可運作得更好」（強調重點）。[91]

有些人類研究保護室之外的聯邦官員試圖在不改變聯邦法規的前提下，限制IRBs而進行改革。1999年，曾建議過排除歷史學接受IRB的工作小組，呼籲IRBs「採取創新的行政與手段減少行政負擔，並集中關注於最重要的倫理問題。」[92]國家科學基金會——最可能簽署人類研究受試者保護共同規範——的受贊助社會科學研究，也提供了較人類研究保護室指導靈活得多的規範解釋。2002年左右，國家科學基金會出版了一套關於聯邦法規常見問題的回應。例如：注意到「當參與者可以輕易掛電話或拒絕郵件調查時，知情同意書可以非常簡單」，以及「在某些情況下，人們因其所處位置，要在參與研究之後才能決定是否同意。」[93] 2008年，國家科學基金會的文檔中包括社會科學家已經注意多年的一些討論，如「民族誌計畫中大都要求書面的知情同意書，似乎是可疑、不恰當、粗魯，甚至是具威脅性的。」國家科學基金會直接挑戰一般IRB的要求：

> 無關訊息的詳細說明是一種貶抑溝通和輕微侮辱。人們有能力決定是否參加民族誌的研究與調查。保證沒有風險和保證機密性的書面描述是無關緊要、令人不快、具誤導性，可能不會減少風險的傷害。[94]

研究者的問題是，這種指導只適用於由國家科學基金會直接資助的研究。沒有此類贊助的情況下，IRBs仍然轉向人類研究保護室的方向。

兩個半官方的諮詢委員會都意識到過度規範的問題，希望在現有系統內部改變。第一是源於國家人類研究保護諮詢委員會，2000年由Donna Shalala組建的「健康和人類服務」祕書處。2001年2月，該委員會在Felice Levine的共同主持下建立了社會和行爲科學工作小組（Social and Behavior Sciences Working Group）——包括心理學者、社會學者、教育研究者和醫學人類學者，但沒有歷史學者、政治科學者、新聞記者以及民俗學者。[95]

2000年國家人類研究保護諮詢委員會的許可終止，社會和行爲科學工作小組的成員仍持續討論。[96] 2003年在國家衛生研究院的經費支持下，這個工作小組在貝爾蒙特會議中心舉行本身的會議。[97]

2002至2004年期間，工作小組發表了一系列論文，討論有關風險與危害的評估，以及豁免審查的研究。這些論文知道研究者對IRBs的不滿，並注意到像IRBs「過於頻繁地操作而不瞭解涉入參與者的社會和行爲科學研究之特性，這樣的研究中可能的風險與傷害，以及研究中保護研究參與者群體的最佳方式。」[98] 他們也建議審查過程適度的結構改變，例如：在IRBs納入更多的社會和行爲研究者，授權部分審查給學術系所。[99]

然而，工作小組迴避了貝爾蒙特報告原來提出的倫理原則考量，也不將這個大問題視爲計畫事先送審是否爲確保社會科學倫理的最好方法，或者研究者如何保護自身免受反覆無常、但是具有無上權力的IRBs影響。出席2003年貝爾蒙特研討會的Raymond De Vries指出：「工作小組的建議激發了這種不滿，而不是熄滅它。」[100]

另一項半官方的改革成果，拗口的命名爲「倫理審查委員會、調查、社會科學研究的討論小組」，於2001年由國家研究委員會（National Research Council）召集，針對審查委員會、調研和社會科學研究。像工作小組一樣，專題討論小組包括社會學、心理學、醫學人類學和調查研究學者，但不包括歷史學、政治科學和民俗學以及新聞學。特別諷刺的是該小組被給予最終的建議是「任何要向聯邦政府提供關於人類研究參與者的保護政策建議的委員會設立，都要描繪出全面納入人類參與者的研究行爲準則。」[101] 如同先前的委員會一樣，專題討論小組未能定義社會科學，或是在該領域內探索新的行爲準則。因此，專題討論小組只針對調查和社會科學的研究，發表於2003年的最後一份報告標題名爲：「保護研究參與者和促進社會和行爲科學研究。」所以，到底專題討論小組是基於社會科學還是行爲與社會科學？什麼樣的研究適合在其分類標簽下進行？

保護研究參與者注意到現有體制的眞實問題，就像先前許多報告提出的，IRBs花費太多的時間去審查微小風險的研究，給研究者帶來很多不便且增加委員會成員負擔。[102] 同時也承認有些IRBs可能「要求改變研究設計，可以達到研究的科學有效性而不必然增加對研究參與者的保護。」[103] 也沒有實證經驗可以證實IRBs可以對研究參與者起保護作用。然而，專題討論小組並沒有提出IRBs的替代方案或其他可能性——「通過職業道德、社會習俗，以及他州和聯邦的法律，某些研究可能會被更好地調整。」[104] 專題討論小組採取貝爾蒙特報告提出的原則和應用程式，既沒有質疑其與社會科學的相關性，也沒有調查可能替代的倫理標準，[105] 更沒有要求改變規則，尋求的是「依據人類研究受試者保護共同規範，鼓勵靈活運用。」[106] 如同工作小組，專題討論小組呼籲人類研究保護室對過去大量的、未檢視指導的品質的主題，給出詳細指導原則。

保護研究參與者的結果是呼籲進行更多的研究。在追蹤1973到1998年的IRB所操作的所有研究，總結爲「IRB只有少量困難的資訊……IRBs如何詮釋人類研究受試者保護共同規範」，要求聯邦政府定期蒐集並支持IRBs的深入研究。[107]雖然人類研究保護室沒有回應這項建議，但在2006年，心理學家Joan Sieber——一個參與IRBs與倫理辯論的老手——成立人類研究倫理經驗研究期刊（Journal of Empirical Research on Human Research Ethics），蒐集各種類型研究的風險和收益，建立「以證據爲基礎的倫理」，取代目前IRB委員一般臆測的審查。[108] 這種研究擊破IRBs某些關於訪談和調查研究想像的危險性假設。[109] 雖然期刊編輯偶爾會批評個別IRBs，可是仍勸告社會科學家在現有的規則內工作。[110]

匯總工作小組、保護研究參與者的報告，以及其他形形色色自願擔任IRB或部門的IRBs的學者對其提出的修正文件，也許他們會「多花一些時間在教育和認識提升決策來補償。」[111] 一旦委員會從人類研究保護室持續、明智的指導獲得利益時，他們會放棄對過去法規的盲從。反過來說，研究參與者保護室也會受到聯邦委員會指導而不像現在的形式，由所有受制於倫理規範的學科代表組成。官員和委員們將會在每一個層面，協商大量社會科學的經驗研究和IRBs的運作。1998年的衝擊可能會被遺忘、恐怖的故事也會消失，雖然IRBs仍然掌握控制對個別研究者的巨大權力，他們會基於共同的利益而使用權力。而所發生的這一切將不會改變人類研究受試者保護共同規範或貝爾蒙特報告隻字片語。

到了2000年後期，這一願景的擁護者承認這仍然是模糊不清的。正如Felice Levine在2007年寫道：「儘管過去5年，甚至更長時間裡有大量的討論……但是卻對推進已被阻礙和限制的一些重要研究的社會科學與行爲科學研究沒有任何改善，不幸的是太多的研究者對此產生不滿，同時也分散IRBs對他們所需要花費的時間與注意力。」[112] 面對這些事實，其他學者總結IRBs的審查對社會科學研究而言具有先天缺陷。

抵抗

某些社會科學和人文科學的學者擁抱IRB的同時，另一些學者則在強力地抵制，如同70年代的Ithiel de Sola Pool教授一般。雖然主張抵抗與修正主張的人看到的事實相同，但是他們拒絕一種或多種修正的看法。

首先，他們通常擁抱的研究方法和倫理框架更接近新聞調查，而非醫學研究。民族誌研究學者尤爲堅定地批評爲實驗而設計的審查過程不能公正的評判開放式調查。社會學家Jack Katz抱怨說，「民族誌學者發現，無論他們多麼認眞地遵從規則，蒐集觀察和訪談的授權幾乎都是不可能的。」[113] Martin Tolich和Maureen Fitzgerald感嘆道「在我們的研究計畫中，如Fitzgerald在五個國家的倫理委員會（REB）研究……我們還未找到一個可以反映質性知識論的假設的倫理委員會（REB）。」[114]

關於倫理，IRB懷疑論者接受好的研究有可能帶來傷害的想法。正如歷史學家Linda Shopes在2007年說：「歷史學家最重要的責任是跟隨證據前進，辨別和感受複雜的過去，而不需要去保護個人。在這一點上，我們更像新聞記者，而不是那些被要求不可以造成任何傷害的醫學專業人員。」[115] 同樣地，人類學家Richard Shweder辯稱社會科學、人文科學和法律學者應該遵循蘇格拉底的路徑，儘管他被判處死刑，因爲「不厭其煩地提問，而社群中有權勢者不想被質疑。」[116] 英國教授Cary Nelson（美國大學教授協會候任主席）認爲：IRB成員在學術調查和新聞調查之間沒有看到原則區別，他們只是不敢公開承認而已。[117]

反對者也拒絕IRB第二和第三個修正的前提：IRB成員和職員都是善意的，致力於研究參與者保護，且規章條例和研究參與者保護室的指導沒有不當行爲。相反地，抵抗者看到使IRBs不關心研究對象的保護和研究者自由的誘因，而是去保護大學免於訴訟和不會損失聯邦資助獎勵，或者阻礙對既有政治觀點挑戰的研究。[118] 如Murray Wax在2000年證實「對於組織而言那是很自然的傾向……去保護菁英而獲得聯邦資助……不顧實際的倫理問題，規範者想要護衛5千萬美元的計畫，便讓5萬美元的計畫接受不當的要求。」[119] IRB成員偶爾承認這種優先順序。孟菲斯大學的一位IRB成員告訴社會學家Carol

Rambo，「我不在乎因你的研究參與者而遭受指責，這是職責所在，大學不喜歡訴訟或是任何可能有損形象之事。」[120] 一位芝加哥大學IRB主席誇耀IRBs「在研究獲准以前，清除政治上敏感的計畫，可以先發制人，維護公眾形象問題，保護機構聲譽。」[121] 雖然，自1966年以來有些激勵措施已就位，在90年代的壓迫之後反而更加強化。2007年的一篇論文發現「爲了避免組織被人類研究保護室發現不符合研究參與者保護的巨大風險，IRB壓倒一切的目標是很明確的。IRBs……必須看到他們周圍一切潛在的風險來源。」[122] IRB成員Nelson在2004年寫到，「害怕聯邦機構的規範，正如大學教員們害怕他們IRB的內部審查一樣。」[123]

沒有合理的解釋，甚至某些人懷疑個人利益被操作。IRB的行政本身就像是一種職業，行政人員只能取得工資、晉升和公務旅遊的資源，如果他們能證明他們的預算與活動有關，IRB的權限可以擴大。用Charles Bosk說過的話：「新官僚機構的工作人員能夠創造一種有效率的印象，那就是直接轉移他們的工作負擔給研究者與職員。對計畫回應是行政活力的衡量，因此，諸如字體大小、頁碼之類的小錯，就會是退件的原因。」[124] 法學教授Scott Burris感嘆一個系統的「服從的儀式和沾沾自喜的姿態，在自我任命的道德專家凝視下並沒有多大的效果。」[125]

至於在IRBs的職員，反對者質疑他們是在強加自己在方法論上的偏見，而不是保護研究參與者。一個質性研究人員抱怨說，「在我的學校，IRB主要由後實證主義的定量研究者組成」，「當我看到我的第一封延遲的信函，我意識到IRB只是不明白我的研究方法。」[126] 還有人建議IRBs的行爲是非理性的「道德恐慌」受害者。[127] 甚至有一些IRB的成員也承認這一點。加州大學洛杉磯分校的人類學家，也是IRB成員的Frederick Erickson說，「當我躲在幕後，我們的委員會看起來是相當合理的……現在，我有一個計畫在審查」，他補充道「這種被愚弄的方式讓我火冒三丈。」[128] 但是憤怒的學者——尤其是年輕教師和研究生只能遭受IRB成員和行政人員的威脅。太過寬鬆的審查方式較太過嚴格的，讓IRBs面對更大的危險。

對批評者而言，IRB的審查對達成眞正的倫理反思是一種障礙，而非助益。歷史學家和倫理學家Alice Dreger在2008年抱怨說，研究者「往往認爲，一旦他們的計畫得到IRB核准或取得研究參與者的『同意』，他們的倫理責任也就結束了……即使他們在研究所開始的IRB申請經驗，帶著眞正的倫理議題，他們到第三或第四輪也就丟在一旁了」。[129] Charles Bosk（在他2004年的論文中就記錄受IRBs挫折者愈來愈多）於2006年寫道：「現行的規則系統最嚴重的缺陷是減少和淡化研究倫理要求的範疇。」[130]

最後，反對者自然會看到改變公共政策的可能性，特別是人類研究受試者保護共同規範，甚至連官方機構也採取這種觀點。2000年，衛生與公衆服務部的總監察辦公室表示，雖然試圖讓十七個聯邦機構同意改變現有規章是很困難的，但立法的變化可能是有意義的。[131] 在報告的最後，全國生物倫理顧問委員會總結，太多研究受制於監督，呼籲新的聯邦辦公室，「啓動一個程序——由來自各種學科和專業的代表（如社會科學、人文、商業、公共衛生和健康服務等）發展出受制於系統監管的研究活動定義及列表。」[132]

學者們希望可以有多重管道來抵制IRB體系。最簡單的抵制就是做研究的時候不向委員會通報。[133] 這對資深學者而言是最簡單的。1998年，接近職業生涯尾聲的社會學家Howard Becker無視同儕提出的獲准IRB的警告，派學生們去公交車站與乘客進行交談。他指出IRB的執法者「不一定會對高級人物小題大作。」[134] 2005年，社會學家Edna Bonacich描述了類似的挑釁。「我個人認爲，IRB的主要任務是保護大學不被起訴，但它卻用『關照』研究參與者福祉的語言爲託詞。」她解釋：「我只是不去理會IRB……我知道我違反了大學規定，但我相信這個政策還有一個清楚、傾商業的面向。」然而，並非每個人都可以置身事外，就像Bonacich所說的，終身職學者要比研究生、博士後以及無終身職的教授少了很多風險。對年輕學者，她還是建議面對IRB，或者「用科學研究的語言掩飾你的政治意圖。」[135]

事實上，研究者學習掩飾的不僅是政治意圖，還有爲了實現工作的各種計畫與修正。尤其是民族誌學者，學習承諾IRBs一些事情，而在他們獲得批准之後忘記那些承諾。2000 年，社會學家Ann Swidler抱怨說，IRBs「把每個人都變成了低級的騙子……我不確定人們同意去做的和他們眞正去做的之間有多少關係。」[136] Kevin Haggerty同意，且在2004年寫說：「如果倫理被設想爲遵從很多簡單規則，那麼打破規則的時刻到了，打破這些『研究倫理委員會』所強加的規則，事實上不會導致不道德行爲。」[137] 一位澳大利亞的民族誌學者知道她可能會問一些使她的講述者困擾的問題，她也知道將會有不適當的要求，要她對任何一位「含著眼淚接受訪談的人」提供專業的諮詢。她隱去了在倫理應用方面可能存在的窘迫，「我們在塡寫這些表單的時候不能太老實。」[138] IRBs本身也可能是這種不誠實現象的一環，「默許這樣一種方式，使用一個眞實世界不可避免的灰色潛在因素，運用語言包裝來通過IRB」，即使語言掩蓋了研究者的眞實意圖。[139]

有些學者更進一步故意欺騙委員會。1999-2000學年，羅格斯大學的IRB與計畫採訪新澤西州議員的歷史學者陷入一場口水戰，經過數月的角力，該計畫得到了IRB的同意，但前提是研究者承諾要避免提出帶有壓力的問題——這是一個他們不願意遵守的承諾。[140] 另一位學者例行地開始他的研究，在申請尙未核可以前，「我不會標註數據蒐集的日期，這樣就沒有人可以證明我是尙未核准之前蒐集的。」[141] 還有人申請IRB時刪除合作者的名字，以免他們被要求完成無用的倫理訓練。[142] 在調查中，有8%至20%的非醫學研究者承認，他們曾經規避了一些研究參與者的要求。[143]

另外有些學者更公開抵制，爲使自己擺脫IRB嘗試說服大學採取有利的事實——只有聯邦政府直接資助的研究適用於聯邦的法律規定，除非大學承諾審查那些未經贊助的研究。到2006年1月為止，有174所美國大學和學院，其中有一些是國內最負盛名者，提出聯邦政府沒有約定審查那些未經聯邦政府資金支持的研究計畫。雖然在實務中，這些大學的行政部門還是繼續堅持對那些沒有資金支持的計畫的IRB管轄權。[144] 這有助於降低大學受到人類研究保護室對他們的制裁，但是並沒有為研究者尋求更大的自由。此外，有些州已經通過法律，要求IRB審查所有相關研究參與者的研究計畫，不論其資金來源或研究者的隸屬關係。即使研究者在其中一個州擺脫了聯邦政府要求的IRB審查，在理論上他們仍要面對他們所在地的審查。

法學教授，以及來自其他學科而具有法律意識的同儕，開始思考從法律角度對整個IRB制度提出挑戰。在70年代末期，IRB的合法性曾被爭論過，Ithiel de Sola Pool和其他人在1970年代末期宣稱，1979年的規範是不合法的。但是，John Robertson——一位擔任國家委員會顧問的法學教授——認為資助機構和大學在授予和簽約的時候有很大的自由度，沒有法律學者挑戰他的結論。[145]2000年代，其他學者重新探討這個課題，發現倫理規範是「憲法上薄弱的」，儘管他們承認要挑戰法律並取得成功是一條遙遠的路。[146]

2000年代中期，來自不同的學科IRB懷疑論者已經發現彼此，就像他們曾經在1978和1979年那樣。2003年4月，來自法律、新聞、人類學、英語、心理學和其他領域的學者在伊利諾伊大學厄巴納—香檳分校（University of Illinois at Urbana-Champaign）主辦非生物醫學研究的IRB監督會議，成果是「伊利諾白皮書」，報告指責IRBs委員害怕法律訴訟，或聯邦政府關閉對田野民族誌、新聞及口述歷史等，「幾乎沒有風險」或是不值得追究法律責任領域的延伸監督。[147] 白皮書警告說，這種「任務偏離」（mission creep）不僅干擾了社會科學家的自由，也妨礙了IRBs保護臨床和生物醫學研究參與者的主要任務。「任務偏離」成為了一個流行語彙，解釋IRB將其權力延展至生物醫學以外的研究，但大部分白皮書中的爭論早在1978年，甚至

1974年就已經存在。

對IRBs歷久不衰的批評，在2006年由美國大學教授協會主任委員Judith Jarvis Thomson編寫的報告中更爲明顯——作爲1981年美國大學教授協會小組委員會主席，他曾抱怨從聯邦政府新的法規中豁免是不夠的。這份新報告中體現了25年前Ithiel de Sola Pool教授的反抗精神，注意到這些規則「幾乎沒有給予研究者學術的自由，以及研究遭受IRBs延遲、篡改，或嚴厲阻止時，對國家可能造成的損失。」報告描述IRB焦慮的問題是「一種不可原諒的父權式管理，成年參與者有隨時可以結束他們參與的關係，或根本拒絕參加研究。」

美國大學教授協會的報告甚至提出了一個Pattullo公式版本，建議國家的規則修改成「對有自主能力的成年人，通過調查蒐集數據、面談或在公眾地方觀察行爲的所有研究方法，該從IRB規定獲得豁免——是直截了當地豁免，沒有附帶條件，也不是經過IRB批准的豁免。」[148] 總而言之，社會科學家現在發現自己回到了1978年，只有眞正認識到如何讓立法者可能詮釋免責條款而廢止研究倫理審查。報告還承認，談話是廉價的：「這些年來在各地發出的抱怨除了產生憤怒和文獻上的深度沮喪之外，沒有什麼建樹。」它建議透過美國大學教授協會本身的學術和教育協會共同努力來改變規則。

這個抵抗運動仍然只是1977-1980年的一個微弱影子。法學教授雖然願意從技術和理論層面對規範的合法性進行挑戰，但似乎沒有人急於提起訴訟。在抵抗陣營裡，沒有人像Ithiel de Sola Pool教授一樣，與白宮和國會議員成爲戰友。反而是早期運動團結的十幾個學術組織，大部分獲得了Pattullo豁免條款，30年後主要的群體——包括美國人類學學會、美國社會學學會和社會科學學會的聯合——是沉默或願意與IRBs和平共處。社會科學家在IRBs基本合法性立場分歧，大學行政人員、管理人和立法委員幾乎沒有理由選擇站在反對的一邊。

替代模式

儘管修正和抵抗倡導者之間經常有爭論，雙方學者都建議替代模式，使研究的監督可以繼續，但不同的程序導致不同的結果。

一個IRBs建議的改良方案，被Jack Katz稱爲「文化合法性」，有三個特點。首先，IRBs和大學行政人員將「不會要求不可能的事」。其次，他們不會設定尚未與受影響群體討論過的策略。第三，他們將公布決策以及這些決策背後的原因，以便任何大學的研究者都可以在自己的申請過程中引用。[149] 世界各地的IRBs，可能有潛力建立一個共同的知識體系，從而消除「占卜委員會」的專斷所引發的研究者反對情緒，以及對研究參與者保護權利的剝奪。雖然，Katz是一位對IRBs激烈批評的作者，他的想法至少被一些IRB的擁護者分享。例如：在2000年Harold Shapiro——國家生物倫理諮詢委員會主席——通過「公共參與的」決策，付諸實施發展「共同規範類型」的想法。[150] 2008年，在一篇修正主張的文章中，Felice Levine和Paula Skedsvold呼籲IRBs展示「程序正義」，包括「尊重小組成員的意見、訓練組員的權威性，以及決策過程中保持客觀中立。」[151] 像Katz一樣，他們希望這種回應和透明度可以降低研究者與審查委員會之間的敵意。

第二個修正建議是下放審查權利，讓大多的數據審查發生在個別系所或研究者單位層級。如同Levine和Skedsvold所寫的，「放權將帶來更多的專業知識，更好的倫理互動，更強的解決能力，以及對審查與核准協議更具有教育意義。」[152]在澳大利亞的麥克理大學出現一些類型，正如人類學家Greg Downey描述的，「委員會成員聚集起來，用他們各自所擁有的特殊專長，對初步審查和嚴格審查的申請計畫做出了顏色編碼的小組分級。」[153]

最後，第三個建議是學者可以通過取得某種學術界認可的特定形式研究認證，取代審查。更值得注意的是，2006年賓夕法尼亞大學認可了一種「演變研究」的政策，如民族誌學者，「有些研究問題可能只有在經過一段時間的觀察以及在當前研究發現下，才驅動下一步的研究。」認爲要求研究者在每次發現新問題的時候都提出新的申請是愚蠢的，大學允許學者用「對研究參與者的保護執行學科最適的教育」作爲轉寰餘地。因此，在確保社會研究者處於人類研究保護計畫的管轄範圍內，大學允許他們免除實驗設計的紙上作業，而進行質性的、開放式的研究。[154]

所有這些提案都對社會科學和人文科學的研究施加一定的監督，但是不像那些英語世界中多數大學裡進行的操作方式。他們想把審查的權力從醫學和心理研究者的委員會（或者「社會行爲委員會」）手中移交到審查的不同場域。這些想法早在70年代初期已經十分普遍，但是被極少關注社會科學的政策制定者拒絕。1973年，塔斯基吉梅毒研究特設諮詢委員會勸告說「IRB決策的公布，將允許他們在醫學界的內部和外部開展深入研究，是朝向治理人體實驗政策的個別發展第一步。我們認爲這樣的發展，類似普通法律的經驗，希望最終可以爲人類實驗過程的規範提供可行的標準。」[155]但是，國會拒絕了國家委員會的想法，1981年提供裁判過程或IRBs之間協調規則的失敗，造成高度地方化，因此形成了當今IRBs的特殊政策制定體系。權力下放也曾出現在70年代，只是被聯邦立法者扼殺，立法者阻止「在每個部門建立一個次委員會」的努力。[156]與此同時，立法者禁止加州柏克萊大學使用舉行承諾的宣誓系統，這種想法被扼殺超過了30年。

簡言之，2000年中期的改革家帶來了知識和創造力，提出更好的倫理審查建議，他們仍與決策奮戰了數十年。立法者已經設計了一個系統，強加制式的審查結構於所有組織與所有類型的研究，但卻不允許調和各委員會之間的歧見，或甚至是單一委員會內部之間的決策。他們的做法在未來的改革者之路上留下了障礙。

結語

1990和2000年代的恐怖事件顯示，Ithiel de Sola Pool教授的很多預測是對的。主張修正和主張抵抗者可能都同意，這個系統在2000年的後期，——或許已定期產生了壞的結果。當然，大多數人文和社會科學的學者在他們的工作上並沒有面臨來自IRBs的重大干擾，就像1910和1950年代大部分學者沒有懷疑和平主義或共產主義信仰。不過，在初期的學術衝突中，IRB濫權的負擔不成比例地落在年輕學者、從事有爭議研究的人，以及和那些不幸位於高度管理型大學工作的人身上。

在強調IRB的問題上，不論修正主張和抵抗主張的對峙已有幾十年的歷史。1979年建立起來的新且柔軟的規則和制度，到了1990年代晚期變得更加嚴格。一個世代的研究者已經被訓練成接受IRB發展研究計畫的一個標準步驟，而不再質疑其必要性。聯邦政府和大學行政部門之內的占據關鍵位置的人員，無法想像容許社會科學研究計畫在不經事先審查的情況下執行。已經出現的整個產業，再次確保委員會的審查是研究倫理執行不可缺少的核心。所有的改革者不該對這種結構性轉變的困難感到驚奇。改變倫理審查意味著挑戰歷史。

結　論

自從1966年以來，美國的學者歷經了四種不同的IRB制度。首先，是由美國公共衛生服務司在1966年發起的，主要適用於接受美國公共衛生服務司資助的醫學和心理研究人員。然而到了1972年，IRB已開始延伸到社會科學領域，甚至到那些沒有直接受到聯邦資金資助的科學家身上。第二個體制，是美國國會通過了國家研究法案，與美國衛生教育福利部協商的結果。然而1974年的規範不是要積極推動該法案的實行，而是傾向於在沒有國會干預下，由衛生教育福利部主導的方式。第三種體制始於1981年，主要有賴於1978年國家委員會的建議，但也反映出總統的委員會從國會而來的要求，以及從外部而來的批評聲浪——聯邦政府應該避免強加IRB對於研究的監督，在現實和倫理上是不恰當的。雖然Charles McCarthy從這一制度通過之初就做出了一些妥協，但直到1995或1998年前後，他的繼任者Gary Ellis基於聯邦處罰威脅，才提出了新的第四種制度。儘管延用至今的體制是相對較新的，但卻是建立在一開始就出現的走向。要理解和解決當今學者們所面對的問題，就必須考慮過去的是非功過。

歷史本身不能指引未來的行動，因爲過去的經驗經常是模稜兩可的。但人們若不鑑古知今，則可能被誘導而創造他們需要的事實。缺乏對社會科學與人文科學的IRB起源的認眞調查，政策的制定者和擁護者很容易接受那些消除疑慮卻誤導的做法。因此，伴隨我個人對

IRB未來懷有的強烈信念，我想可以由過去的一些簡單發現運用於這個辯論上。

第一個發現是：現行的IRB監督並非基於社會科學家之倫理濫用的實證調查。IRB體系在實證證據上是薄弱的，但至少在醫學研究的監督是基於Henry Beecher、Bernard Barber、Bradford Gray的作品，國家委員會、人體輻射實驗諮詢委員會以及其他委員會，包含在1970年代經歷漫長的國會聽證下而在1990年代呈現的結果。關於社會科學家的權利與責任則從未展開過官方研究，如保密性在政策制定中幾乎沒有發揮作用。IRB倡議以圍繞著Laud Humphreys的爭議，做爲約束所有社會科學家的充分理由，而非教育自身成員瞭解不同的工作以及社會科學研究的挑戰。但是Humphreys的故事不具備代表性，且容易混淆那些倡導者的視聽，在Humphreys完成他工作四十年之後，他們可能需要一個新的惡魔。

這並不是說社會科學家不會犯倫理錯誤。「我沉溺於在得到良好資訊的渴望中，使我無法預見行動所帶來的後果。」社會學家Sudhir Venkatesh在回應他的受訪者可能會因爲他對其財務狀況的公布而遭受詐欺風險時如是說。[1] 但這類事件是少見的，如Gary Ellis指出：「我們討論的是極大分母中的個位數。」[2] 如果政府和學校對保護研究自由的態度是認眞的，那麼他們可能必須接受爲了讓數千或數萬個計畫執行而不加以干預，而當中有一個不道德的計畫。

第二個發現是：政策的制定者並未探索可以防止濫權行爲發生的代替方案。無法瞭解社會科學家經常犯的錯，鼓勵社會研究的事先審查，IRBs也證明，削去社會科學家多樣的研究方法和研究主題是一個愚蠢的做法。Venkatesh不能預期到自己行動的後果，沒有理由認爲一個由實驗心理學家、教育研究者和非專業人員組成的委員會可能做得更好。當要求更多受歡迎的研究時，舉證的責任應由限制自由者承擔。當他們堅持「研究是特權」時，IRB的捍衛者從辛苦工作顯示，從調查其他選擇來看IRBs的安全與有效，最清楚的例子是有關研究資料的機密性。自70年代以來如學者們所顯示，保密性最嚴重的威脅不是不道德的研究者，而是政府的法庭傳票。如果政府對保護機密夠認眞，他們比較不強調倫理委員會（REB），而是以通過法律的方式，從法庭傳票取得掩蓋的研究資料。

第三個發現是：醫學和心理研究者在設有IRB政策的機構中做得很好，從1965年的國家健康諮詢委員會會議到現今的國家人類研究保護諮詢委員會的記錄，以及聯邦機構員工和非營利性團體，如醫學與研究公共責任協會。相反的，機構只包含一位社會科學的象徵代表（通常爲孤軍奮戰的醫學社會學家和醫學人類學家），甚至非生物醫學研究的委員會也無法區分實驗場域的重要差異——如心理學和教育學；以及更開放的質性研究工作——如民族誌學和口述歷史。由於法律治理的共識，國會委任傑出的醫學和心理研究人員作爲見證人和委員會成員，而以醫學和心理學研究的倫理規範框架了研究倫理的體系。社會科學和人文科學領域的學者們從來沒有被給予相對的尊重，這也難怪，爲什麼那麼多的社會研究者對研究倫理過程冷漠以對，蔑視其成果。

第四個發現是：延伸至大多數社會科學研究的IRB監督，主要是無意的、或者至少是有缺陷的，以至於沒有人願意負責。大學行政人員們說依聯邦規定行事，而規則的制定者聲稱他們無力避免規範的偏離。國家委員會的Bradford Gray說：「感覺我們好像被卡在研究參與者保護的邊界內做社會研究。」[3] 來自國家心理衛生學會的David Kefauver擔心：「如果我們放鬆管制，或因議題敏感而無法控管，我們可能要解除生物醫學研究的管制。」[4] 研究風險保護室的Gary Ellis用加強對社會研究的監督來回應大學校長對輻射實驗的關注。對這些官員來說，目標是控管醫學研究，而社會科學的管理只不過是附帶的損害罷了。這個模式可能的例外是Charles McCarthy爲反擊Pattullo和Pool的挑戰而做出的努力，但McCarthy對此的解釋卻是多變的和令人懷疑的，以至於沒有人可以說他到底想做甚麼。

相較之下，衛生官員一再反覆聲稱他們希望解除大部分或全部的社會研究管制。1966年9月，Mordecai Gordon承諾美國公共衛生服務司將爲對排除人類學和社會學田野研究而努力。1974年，衛生教育福利部也承諾說：「那些未受到關注的政策也會特別考量……社會科學研究的參與者，」但這些政策並未持續。1981年，衛生與公衆服務部聲稱新的政策將「在管轄範圍中排除大多數的社會科學研究計畫。」近期，聯邦政府官員指責大學機構未能在規範使用上體現「彈性」。[5] 依照監督者本身制定的標準，讓IRBs對社會科學研究進行例行審查是一個錯誤。但是，沒有人投入心力去糾正這個錯誤。

第五個發現是：雖然一些學者回顧了1998年研究風險保護室對醫學IRB鎮壓前，Robert Levine稱之爲「美好的舊時光」時期，但這從來不是社會科學IRB的黃金時代。[6] 早期的IRB被認爲是主流大學的權力濫用，驅使國家委員會和總統委員會蒐集令人髮指的證據。1981至1995年間的風平浪靜，不是因爲IRBs對社會研究的審查工作做得相當漂亮，而是讓社會科學家留在倫理審查之外，沒有堅持社會科學家需要審查才能工作。當1990年代管理者對社會研究施以權力後，再次展開了恐怖故事的新章。那些呼籲免於IRB的社會科學家，期望回到過去未曾受干涉的工作狀態。而那些想將IRB推至社會與人文學科工作者，則要求四十年未見的政治決策。

最後的發現是：當今IRB體系的創建者看待歷史是如此粗心，一如他們對待歷史學家與其他學者一般。他們聲稱要從過去的經驗中學習，指出塔斯基吉梅毒研究和人體輻射實驗的錯誤，視爲IRB必須延續的理由。但當他們拋棄過去而適用這一審查體系，如Gary Ellis在1990年研究風險保護室，對人類研究受試者保護共同規範的豁免條款重新解釋，要求對適用豁免條例之研究也有監督權時，正如當其決議對口述歷史研究也適用之時。在Ellis做出這些決定時，他完全知道，但他漠不關心。以這些規定的作者不能理解的方式解讀。鑑於過去處理方式的不一致，重新開始對管理者來說是最好的。國家人類研究保護諮詢委員會祕書處成員David Strauss，在2008年感歎時說得不錯：「我們眞的沒必要審查我們自己都覺得沒必要審查的研究，只不過因爲30年前的某些風俗……在一個漫長而炎熱的日子最後，決定使用『普遍化』這個詞。」[7] Strauss體認到——無論是貝爾蒙特報告還是人類研究受試者保護共同規範皆非神的傑作，可能指出當今問題一個更加開放看法的走向。」

我們也需要找到責任歸屬。雖然對社會科學家濫權的是IRB行政人員和委員會成員，但最終的責任卻在聯邦政府身上。自1960年代，聯邦立法者就開始告訴大學，除非他們加強對社會科學家的監督，否則將面臨失去聯邦政府研究補貼的風險。在某些個案，如1970年代的柏克萊大學和科羅拉多大學，聯邦官員直接制定大學政策。在其他案例中，雖然沒有那麼直接的影響力，卻也同樣重要。儘管，改革者爲聯邦政策結構內的大學提出了一些富有想像力的建議，但IRBs的歷史說明，只有結構本身發生變化，眞實、系統性的改革才可能發生。

聯邦政策依次存在於幾個層次：指導方向、管理規則和法律條文。改革之路可能包含發布新的導引方向、改變現有的管理規則，或是通過訴訟使那些違憲、違法的政策失效。所有這些步驟的問題在於，他們必須將規則的解釋權脫離那些從事醫學研究管理工作的官員手中。只要現狀依舊，眞正的變革難行。他們關於研究者之間的潛在利益衝突的所有討論，聯邦官員們對自己工作中的利益衝突卻一直閉口不提。受僱來保護醫學實驗中參與者的官員將焦點集中於攸關生死、牽涉數十億美元的任務，即使這意味著忽視了同等重要，但卻不受注目的社會科學研究，無論誰在這個位置上，承受的壓力都是一樣的。

我個人希望，國會可以解除衛生管理人員對社會科學的監督責任——這項不當的任務已經持續幾十年了。國會應該修訂國家研究法案，限縮適用的研究在1973年參議院聽證會上討論的範疇中，這仍然是此法的證據記錄。這種限縮的措辭根據1979年Pattullo的方案：「如果一項研究既不涉及欺騙行爲，也不涉及對主體的侵犯，也沒有對例常或必要資源限制或扣留，就沒必要對具行爲能力之參與者的研究進行事前審查。」

若此限制在1974年被列入法律，那麼社會科學家現在可能就不會面對這麼明顯的IRB問題，而修改法規的影響也會更小。剩下的將會是各州治理人文科學研究的法律、其他國家以美國之範例爲基礎的法律，還有最重要的，所有大學院校的行政管理者和顧問相信社會科學IRB的必要性。但爲這些IRB權力的枝芽提供滋養根源的，是設計不當的法規。剪掉此根基，紊亂的枝葉才可能枯萎。

當公平選出的睿智者，基於謹慎調查和深思熟慮來精心制定政策，他們的決定才值得尊重，不論產出成果是憲法或微小規章皆然。但是，當政策的制定者拒絕授權給專家以及被限制影響最大的代表者；當他們無視現有證據；當他們倉促地發布條例，而空承諾未來的修正；當他們將自由限縮成事後的想法，他們的行爲就不值得我們服從。社會科學和人文科學的IRB建立在無知、倉促和不予尊重的基礎上，愈多的人瞭解到現行系統是歷史的產物，他們就愈會看到改變的可能性。

注　釋

導論

1. Sherryl Browne-Graves與Andrea Savage致Bernadette McCauley函，2004年11月18日，作者持有。
2. Bernadette McCauley致Frederick P. Shaffer函，2005年2月15日，作者持有。
3. Bernadette McCauley, "An IRB at Work: A Personal Experience," Perspectives: Newsletter of the American Historical Association（2006年2月）；Patricia Cohen, "As Ethics Panels Expand Grip, No Field Is Off Limits," New York Times, 2007年2月8日；作者與McCauley7月之會談。
4. 參見第8章的研究案例。
5. Scott Burris and Kathryn Moss, "U.S. Health Researchers Review Their Ethics Review Boards: A Qualitative Study," Journal of Empirical Research on Human Research Ethics 2 (June 2006): 39-58; Simon N. Whitney, Kirsten Alcser, Carl E. Schneider, Laurence B. McCullough, Amy L. McGuire, and Robert J. Volk, "Principal Investigator Views of the IRB System," International Journal of Medical Sciences 5 (April 2008): 68-72.
6. CES在總統委員會上關於生科倫理的個人聲明。The Changing Moral Focus of Newborn Screening: An Ethical Analysis by the President's Council on Bioethics (Washington, DC: President's Council on Bioethics, 2008).
7. 例如2007年西北大學法律評論專輯（Northwestern University Law Review）中多位法學教授的論文。
8. Rena Lederman, "The Perils of Working at Home: IRB 'Mission Creep' as Context and Content for an Ethnography of Disciplinary Knowledges," American Ethnologist 33 (Nov. 2006): 482-491.
9. Debbie S. Dougherty and Michael W. Kramer, "A Rationale for Scholarly Examination of Institutional Review Boards: A Case Study," Journal of Applied Communication Research 33 (Aug. 2005): 183-188; 參見同期其他論文。
10. Jeffrey M. Cohen, Elizabeth Bankert, and Jeffrey A. Cooper, "History and Ethics," CITI Course in the Protection of Human Research Subjects, www.citiprogram.org [accessed 30 Oct. 2006;2006年10月30日取得；限組織成員].
11. Robert S. Broadhead, "Human Rights and Human Subjects: Ethics and Strategies in Social Science Research," Sociological Inquiry 54 (Apr. 1984): 107.引述兩篇

文章論及爭議性的研究，但不能證明這些爭議導致IRBs擴權。

12. Laura Stark, "Victims in Our Own Minds? IRBs in Myth and Practice," Law & Society Review 41 (Dec. 2007): 779.
13. Eleanor Singer and Felice J. Levine, "Protection of Human Subjects of Research: Recent Developments and Future Prospects for the Social Sciences," Public Opinion Quarterly 67 (Spring 2003): 149.
14. Murray L. Wax, "Human Rights and Human Subjects: Strategies in Social Science Research," Sociological Inquiry 55 (Oct. 1985): 423.
15. Lederman, "Perils of Working at Home," 486.
16. Robert L. Kerr, "Unconstitutional Review Board? Considering a First Amendment Challenge to IRB Regulation of Journalistic Research Methods," Communication Law and Policy 11 (Summer 2006): 412.引用指的是塔斯基吉梅毒研究，第二章將會討論。
17. C. K. Gunsalus, Edward M. Bruner, Nicholas C. Burbules, Leon Dash, Matthew Fink in, Joseph P. Goldberg, William T. Greenough, Gregory A. Miller, Michael G. Pratt, Masumi Iriye, and Deb Aronson, "The Illinois White Paper: Improving the System for Protecting Human Subjects: Counteracting IRB 'Mission Creep,'" Qualitative Inquiry 13 (July 2007): 618.
18. Constance F. Citro, Daniel R. Ilgen, and Cora B. Marrett, eds., Protecting Participants and Facilitating Social and Behavioral Sciences Research (Washington, DC: National Academies Press, 2003), 59.
19. 國會會議記錄謄本41，II-13，NCPHS-GU，1978年4月，會議謄本可在24-33號箱，NCPHS-GU看到。2007年Jonsen曾描述今日之人類研究規範作為倫理帝國主義之例（作者訪談Albert Jonsen，於2007年10月24日舊金山市），他概允以倫理帝國主義作為本書書名。
20. John Robert Seeley, The Expansion of England: Two Courses of Lectures (Boston: Little, Brown, 1922), 10.

第一章　倫理與委員會

1. Dorothy Ross, The Origins of American Social Science (New York: Cambridge University Press, 1991), 3-8.
2. Peter T. Manicas, "The Social Science Disciplines: The American Model," in Peter Wagner, Bjèorn Wittrock, and Richard Whitley, eds., Discourses On Society: The Shaping of the Social Science Disciplines (Boston: Kluwer Academic Publishers, 1991), 46.

3. Ross, Origins of American Social Science, 63.
4. Daniel G. Brinton, "The Aims of Anthropology," Science 2 (30 Aug. 1895): 242.
5. American Association for the Advancement of Science, "AAAS Sections," www.aaas .org [accessed 8 Feb. 2008].
6. George W. Stocking Jr., "Franz Boas and the Founding of the American Anthropological Association," American Anthropologist 62 (Feb. 1960): 1-17.
7. Ross, Origins of American Social Science, chapter 8.
8. Manicas, "Social Science Disciplines," 64.
9. Edward H. Spicer, "Beyond Analysis and Explanation? Notes on the Life and Times of the Society for Applied Anthropology," Human Organization 35 (Winter 1976): 336.
10. Roger Smith, The Norton History of the Human Sciences (New York: W. W. Norton, 1997), 520-528.
11. Thomas M. Camfield, "The Professionalization of American Psychology, 1870-1917," Journal of the History of the Behavioral Sciences 9 (Jan. 1973): 69-73.
12. Debora Hammond and Jennifer Wilby, "The Life and Work of James Grier Miller," Systems Research and Behavioral Science 23 (May/June 2006): 430-432.
13. Arthur W. Macmahon, "Review of A Report on the Behavioral Sciences at the University of Chicago," American Political Science Review 49 (Sept. 1955): 859.
14. Macmahon, "Review of A Report," 862.
15. Charles D. Bolton, "Is Sociology a Behavioral Science?" Pacific Sociological Review 6 (Spring 1963): 3-9.
16. Carolyn Fluehr-Lobban, "Ethics and Professionalism: A Review of Issues and Principles within Anthropology," in Carolyn Fluehr-Lobban, ed., Ethics and the Profession of Anthropology: Dialogue for Ethically Conscious Practice (Philadelphia: University of Pennsylvania Press, 1991), 17-20; David H. Price, Anthropological Intelligence: The Deployment and Neglect of American Anthropology in the Second World War (Durham, NC: Duke University Press, 2008), 266-273.
17. David Price, "Interlopers and Invited Guests: On Anthropology's Witting and Unwitting Links to Intelligence Agencies," Anthropology Today 18 (Dec. 2002): 16-20.
18. Irving Louis Horowitz, "The Rise and Fall of Project Camelot," in Irving Louis Horowitz, ed., The Rise and Fall of Project Camelot: Studies in the Relationship

between Social Science and Practical Politics, rev. ed. (Cambridge, MA: MIT Press, 1974), 5-13.
19. Joseph G. Jorgensen and Eric R. Wolf, “A Special Supplement: Anthropology on the Warpath in Thailand,” New York Review of Books (19 Nov. 1970); George M. Foster, Peter Hinton, A. J. F. Köbben and reply by Joseph G. Jorgensen, Eric R. Wolf, “Anthropology on the Warpath: An Exchange,” New York Review of Books (8 Apr. 1971).
20. Seymour J. Deitchman, The Best-Laid Schemes: A Tale of Social Research and Bureaucracy (Cambridge, MA: MIT Press, 1976), 421-422.
21. Joy Rohde, “Gray Matters: Social Scientists, Military Patronage, and Democracy in the Cold War,” Journal of American History 96 (June 2009): 99-122.
22. Herbert C. Kelman, A Time to Speak: On Human Values and Social Research (San Francisco: Jossey-Bass, 1968), chapter 8; Thomas Blass, The Man Who Shocked the World: The Life and Legacy of Stanley Milgram (New York: Basic Books, 2004), chapter 7.
23. Kai T. Erikson, “A Comment on Disguised Observation in Sociology,” Social Problems 14 (Spring 1967): 367.
24. Howard S. Becker, “Problems in the Publication of Field Studies,” in Arthur J. Vidich, Joseph Bensman, and Maurice R. Stein, eds., Refl ections on Community Studies (New York: John Wiley & Sons, 1964), 268; Myron Glazer, The Research Adventure: Promise and Problems of Field Work (New York: Random House, 1972), 30, 103-106.
25. Erikson, “Comment on Disguised Observation,” 366; Norman K. Denzin, “On the Ethics of Disguised Observation,” Social Problems 15 (Spring 1968): 502-504; Kai T. Erikson, “A Reply to Denzin,” Social Problems 15 (Spring 1968): 505-506.
26. Margaret Mead, “Research with Human Beings: A Model Derived from Anthropological Field Practice,” Daedalus 98 (Spring 1969): 363.
27. J. E. Hulett Jr., “Interviewing in Social Research: Basic Problems of the First Field Trip,” Social Forces 16 (Mar. 1938): 365.
28. 對於整個社區以匿名處理始於1920年代，「是為了增加特殊的氛圍而非保護研究參與者。」Stephan Thernstrom, Poverty and Progress: Social Mobility in a Nineteenth Century City (Cambridge, MA: Harvard University Press, 1964), cited in Robert Roy Reed and Jay Szklut, “The Anonymous Community: Queries and Comments,” American Anthropologist 90 (Sept. 1988): 689.
29. Arthur J. Vidich and Joseph Bensman, “ ‘Freedom and Responsibility in

Research': Comments," Human Organization 17 (Winter 1958-59), reprinted in Arthur J. Vidich and Joseph Bensman, Small Town in Mass Society: Class, Power, and Religion in a Rural Community, rev. ed. (Urbana: University of Illinois Press, 2000), 405.
30. Vidich and Bensman, Small Town in Mass Society, chapter 14.
31. Harold Orlans, "Ethical Problems and Values in Anthropological Research," in House Committee on Government Operations, Research and Technical Programs Subcommittee, The Use of Social Research in Federal Domestic Programs: Part 4, Current Issues in the Administration of Federal Social Research, 90th Cong., 1st sess., 1967, 362.
32. Ralph L. Beals, Politics of Social Research: An Inquiry into the Ethics and Responsibilities of Social Scientists (Chicago: Aldine, 1969), 35.
33. Lee Rainwater and David J. Pittman, "Ethical Problems in Studying a Politically Sensitive and Deviant Community," Social Problems 14 (Spring 1967): 364-365.
34. James D. Carroll and Charles R. Knerr Jr., "The APSA Confidentiality in Social Science Research Project: A Final Report," PS: Political Science and Politics 9 (Autumn 1976): 418.
35. Joseph H. Fichter and William L. Kolb, "Ethical Limitations on Sociological Reporting," American Sociological Review 18 (Oct. 1953): 544-550.
36. Brian M. du Toit, "Ethics, Informed Consent, and Fieldwork," Journal of Anthropological Research 36 (Autumn 1980): 277.
37. Mead, "Research with Human Beings," 361.
38. Gresham M. Sykes, "Feeling Our Way: A Report on a Conference on Ethical Issues in the Social Sciences," American Behavioral Scientist 10 (June 1967): 9.
39. Fichter and Kolb, "Ethical Limitations," 549.
40. William F. Whyte, "Freedom and Responsibility in Research: The 'Springdale' Case," Human Organization 17 (1958-59), reprinted in Vidich and Bensman, Small Town in Mass Society, 401.
41. Rainwater and Pittman, "Ethical Problems," 361, 366.
42. Mead, "Research with Human Beings," 366.
43. Becker, "Problems in the Publication of Field Studies," 271.
44. "Minutes of the 1963 Annual Business Meeting," Human Organization 22 (Winter 1964): 313; "Statement on Ethics of the Society for Applied Anthropology," Human Organization 22 (Winter 1964): 237.
45. Society for Applied Anthropology, "Statement on Professional and Ethical Responsibilities," 13 Mar. 1974, box 8, meeting #18, tab 14, NCPHS-GU.

46. Fluehr-Lobban, "Ethics and Professionalism," 25.
47. American Anthropological Association, "Statement on Problems of Anthropological Research and Ethics," Mar. 1967, Codes of Ethics Collection, Center for the Study of Ethics in the Professions, Illinois Institute of Technology, Chicago, Illinois.
48. "Full Report of Ethics Committee Presented by Board," Newsletter of the American Anthropological Association (Nov. 1970): 15.
49. Foster et al., "Anthropology on the Warpath."
50. Glazer, The Research Adventure, 96.
51. "Toward a Code of Ethics for Sociologists," American Sociologist (Nov. 1968): 316-318.
52. Paul Davidson Reynolds, Value Dilemmas Associated with the Development and Application of Social Science (Paris: UNESCO, 1975), II-82.
53. American Political Science Association, "Final Report of the American Political Science Association Committee on Professional Standards and Responsibilities: Ethical Problems of Academic Political Scientists," PS: Political Science and Politics 1 (Summer 1968): 3-29.
54. William Manchester, Controversy and Other Essays in Journalism, 1950-1975 (Boston: Little, Brown, 1976), 3-76.
55. Willa Baum, "A Code of Ethics for Oral Historians?" Oral History Association Newsletter (Apr. 1968): 3.
56. "Oral History Association Adopts Statement about Goals and Guidelines during Nebraska Colloquium," Oral History Association Newsletter (Jan. 1969): 4.
57. "Proposed Revision of OHA Goals and Guidelines," Oral History Association Newsletter (Fall 1975): 4; "Oral History Evaluation Guidelines: The Wingspread Conference," Oral History Review 8 (issue 1, 1980): 8.
58. American Psychological Association, Ethical Principles in the Conduct of Research with Human Participants (Washington, DC: American Psychological Association, 1973), 3.
59. Nicholas Hobbs, "The Development of a Code of Ethical Standards for Psychology," American Psychologist 3 (Mar. 1948): 82-83.
60. American Psychological Association, Ethical Principles, 5-6.
61. Reynolds, Value Dilemmas, II-82.
62. Howard S. Becker, "Against the Code of Ethics," American Sociological Review 29 (June 1964): 409-410; Eliot Freidson, "Against the Code of Ethics," American Sociological Review 29 (June 1964): 410; Köbben in Foster et al., "Anthropology

on the Warpath."
63. Becker, "Against the Code of Ethics."
64. John F. Galliher, Wayne H. Brekhus, and David P. Keys, Laud Humphreys: Prophet of Homosexuality and Sociology (Madison: University of Wisconsin Press, 2004), 27.
65. Laud Humphreys, Tearoom Trade: Impersonal Sex in Public Places, enlarged ed. (Chi- cago: Aldine, 1975), xviii.
66. Humphreys, Tearoom Trade (enl. ed.), 25.
67. Galliher et al., Laud Humphreys, 29.
68. Laud Humphreys, "Social Science: Ethics of Research," Science 207 (15 Feb. 1980): 712.
69. Humphreys, Tearoom Trade (enl. ed.), 24 n. 16, 30-42, 104, 169.
70. Nicholas von Hoffman, "Sociological Snoopers," Washington Post, 30 Jan. 1970.
71. Laud Humphreys, Tearoom Trade: Impersonal Sex in Public Places [1st ed.] (Chicago: Aldine, 1970).
72. Donald P. Warwick, "Tearoom Trade: Means and Ends in Social Research," Hastings Center Studies 1 (issue 1, 1973): 31-32, 37.
73. Irving Louis Horowitz and Lee Rainwater, "On Journalistic Moralizers," Trans-Action 7 (May 1970), reprinted in Humphreys, Tearoom Trade (enl. ed.), 187.
74. Julia S. Brown and Brian G. Gilmartin, "Sociology Today: Lacunae, Emphases, and Surfeits," American Sociologist 4 (Nov. 1969): 288.
75. Richard A Shweder, "Tuskegee Re-Examined," spiked-essays, 8 Jan. 2004, www.spiked-online.com/Articles/0000000CA34A.htm [accessed 2 May 2008].
76. Galliher et al., Laud Humphreys, 27; Glazer, The Research Adventure, 114.
77. Humphreys, Tearoom Trade (enl. ed.), 227.
78. Humphreys, "Social Science," 714.
79. Galliher et al., Laud Humphreys, 72-73.
80. Warwick, "Tearoom Trade: Means and Ends," 29.
81. Glazer, The Research Adventure, 112, 116.
82. Humphreys, Tearoom Trade (enl. ed.), 230.
83. Victoria A. Harden, "A Short History of the National Institutes of Health," http://history.nih.gov/exhibits/history/index.html [accessed 3 Mar. 2008]; Albert R. Jonsen, The Birth of Bioethics (New York: Oxford University Press, 1998), 142.
84. Robert N. Proctor, "Nazi Doctors, Racial Medicine, and Human Experimentation," in George J. Annas and Michael A. Grodin, eds., The Nazi Doctors and the Nuremberg Code: Human Rights in Human Experimentation

(New York: Oxford University Press, 1992).
85. David M. Oshinsky, Polio: An American Story (New York: Oxford University Press, 2005), 226, 238.
86. David J. Rothman and Sheila M. Rothman, The Willowbrook Wars: Bringing the Mentally Disabled into the Community (1984; reprint, New Brunswick, NJ: Aldine Transaction, 2005), 260-266; Walter Sullivan, "Project on Hepatitis Research Is Now Praised by State Critic," New York Times, 24 Mar. 1971.
87. Elinor Langer, "Human Experimentation: Cancer Studies at Sloan-Kettering Stir Public Debate on Medical Ethics," Science 143 (7 Feb. 1964): 552.
88. Mark Frankel訪談James A. Shannon, 1971年5月13日於紐約市，作者持有錄音檔。
89. House Committee on Government Operations, Use of Social Research, Part 4, 217.
90. William J. Curran, "Governmental Regulation of the Use of Human Subjects in Medical Research: The Approach of Two Federal Agencies," Daedalus 98 (Spring 1969): 575.
91. PHS, "PPO #129: Clinical Investigations Using Human Subjects," 8 Feb. 1966, Res 3-1, Human Subjects Policy & Regulations 1965-67, RG 443.
92. "PPO #129, revised policy, 1 July 1966," in Senate Committee on Labor and Human Resources, National Advisory Commission on Health Science and Society, 92nd Cong., 1st sess., 1971, 66.
93. James A. Haggarty, "Applications Involving Research on Human Subjects," 28 Feb. 1966, Res 3-1, Human Subjects Policy & Regulations 1965-67, RG 443.
94. NIH Study Committee, Biomedical Science and Its Administration (Washington, DC: GPO, 1965), 130-131. 心理學似乎占主導位置，例如1972年會計年度，NIH獎助的研究訓練案中，心理學58件，社會學13件，人類學6件。Senate Committee on Labor and Human Resources, National Research Service Award Act, S. Report 93-381, 93rd Cong., 1st sess., 1973, 10.
95. Dael Wolfl e to Patricia Harris, 11 Dec. 1980, box 25, Human Subjects Corresp. 1981 1/2, IdSP.
96. Frankel 訪談Shannon。
97. Ron Felber, The Privacy War: One Congressman, J. Edgar Hoover, and the Fight for the Fourth Amendment (Montvale, NJ: Croce, 2003), 46-48; Cornelius E. Gallagher, telephone interview by the author, 6 June 2008.
98. John D. Morriss, "House Unit Opens Polygraph Study," New York Times, 8 Apr. 1964.

99. 作者電話訪談Gallagher。
100. Cornelius E. Gallagher, "Why House Hearings on Invasion of Privacy," American Psychologist (Nov. 1965), reprinted in House Committee on Government Operations, Special Inquiry on Invasion of Privacy, 89th Cong., 1st sess., 1966, 397-399.
101. House Committee on Government Operations, Special Inquiry on Invasion of Privacy, 5, 192.
102. House Committee on Government Operations, Special Inquiry on Invasion of Privacy, 38, 91, 136.
103. House Committee on Government Operations, Special Inquiry on Invasion of Privacy, 278-281.
104. House Committee on Government Operations, Special Inquiry on Invasion of Privacy, 301.
105. House Committee on Government Operations, Special Inquiry on Invasion of Privacy, 19-22.
106. House Committee on Government Operations, Special Inquiry on Invasion of Privacy, 355.
107. House Committee on Government Operations, Special Inquiry on Invasion of Privacy, 295.
108. Cornelius Gallagher to Luther L. Terry, Surgeon General, 13 Sept. 1965, Res 3-1, Human Subjects Policy & Regulations 1965-67, RG 443.
109. Morris S. Ogul, Congress Oversees the Bureaucracy: Studies in Legislative Supervision (Pittsburgh: University of Pittsburgh Press, 1976), 93.
110. 作者電話訪談Gallagher。
111. 作者電話訪談Gallagher。
112. Philip R. Lee to Cornelius E. Gallagher, 22 Nov. 1965, Res 3-1, Human Subjects Policy & Regulations 1965-67, RG 443.
113. PHS, "PPO #129," RG 443.
114. Haggarty, "Applications Involving Research on Human Subjects," RG 443.

第二章　倫理審查的擴張

1. Mark S. Frankel訪談 Mordecai Gordon，1974年4月27日於馬里蘭巴斯達，作者持有錄音檔。
2. Sykes, "Feeling Our Way," 11.
3. Mead, "Research with Human Beings," 361.

4. American Sociological Association, "Resolution No. 9," 1 Sept. 1966, in House Committee on Government Operations, Use of Social Research, Part 4, 256-257.
5. "Minutes," Social Problems 14 (Winter 1967): 347.
6. Ernest M. Allen, "PPO #129, Revised, Supplement #2," 16 Dec. 1966, Res 3-1, Human Subjects Policy & Regulations 1965-67, RG 443.
7. Frankel訪談 Gordon。
8. Mordecai Gordon to Ralph S. Halford, 7 Sept. 1966, in House Committee on Government Operations, Use of Social Research, Part 4, 255.
9. PHS, "Investigations Involving Human Subjects, Including Clinical Research: Requirements for Review to Insure the Rights and Welfare of Individuals; Clarification," 12 Dec. 1966, Res 3-1, Human Subjects Policy & Regulations 1965-67, RG 443.
10. House Committee on Government Operations, Use of Social Research, Part 4, 220.
11. House Committee on Government Operations, Research and Technical Programs Subcommittee, The Use of Social Research in Federal Domestic Programs: Part 3, The Relation of Private Social Scientists to Federal Programs on National Social Problems, 90th Cong., 1st sess., 1967, 104.
12. House Committee on Government Operations, Use of Social Research, Part 3, 75.
13. House Committee on Government Operations, Use of Social Research, Part 3, 12.
14. House Committee on Government Operations, Use of Social Research, Part 4, 15.
15. "Privacy and Behavioral Research," Science 155 (3 Feb. 1967): 535-538.
16. Richard Mandel, A Half Century of Peer Review, 1946-1996 (Bethesda, MD: National Institutes of Health, 1996), 126.
17. Mark Frankel, "Public Policymaking for Biomedical Research: The Case of Human Experimentation," PhD diss., George Washington University, 1976, 167.
18. Roger O. Egeborg, Assistant Secretary for Health and Scientific Affairs, to Director, NIH, 9 Feb. 1970, Res 3-1, Human Subjects Policy & Regulations 1966-72, RG 443.
19. "Origins of the DHEW Policy on Protection of Human Subjects," in Senate Committee on Labor and Human Resources, National Advisory Commission on Health Science and Society, 92nd Cong., 1st sess., 1971, 1-3.
20. Mark E. Conner, "Summary Minutes: DHEW Policy on Protection of Human

Subjects, Meeting at Massachusetts General Hospital, April 30, 1971," Res 3-1, Human Subjects Policy & Regulations 1966-72, RG 443.
21. "Origins of the DHEW Policy on Protection of Human Subjects," 4.
22. DHEW, The Institutional Guide to DHEW Policy on Protection of Human Subjects (Washington, DC: GPO, 1971), 2.
23. DHEW, Institutional Guide, 2-3, 23-24.
24. James H. Jones, Bad Blood: The Tuskegee Syphilis Experiment (1981; reprint, New York: Free Press, 1993), 1.
25. Jean Heller, "Syphilis Victims in U.S. Study Went Untreated for 40 Years," New York Times, 26 July 1972.
26. A Bill to Establish within the Executive Branch an Independent Board to Establish Guidelines for Experiments Involving Human Beings, S. 934, 93rd Cong., 1st sess., 1973.
27. Jacob K. Javits, remarks, Congressional Record 119 (15 Feb. 1973): S 4235.
28. Senate Committee on Labor and Human Resources, National Research Service Award Act, 23.
29. House Committee on Interstate and Foreign Commerce, Biomedical Research Ethics and the Protection of Human Research Subjects, 93rd Cong., 1st sess., 1973, 240.
30. Senate Committee on Labor and Public Welfare, Quality of Health Care: Human Experimentation, 1973, Part 3, 93rd Cong., 1st sess., 1973, 1052.
31. Emanuel M. Kay, "Legislative History of Title II—Protection of Human Subjects of Biomedical and Behavioral Research of the National Research Act, P. L. 93-348," 1974, 12-13, box 1, folder 10, NC-GTU.
32. House Committee on Interstate and Foreign Commerce, Biomedical Research Ethics, 92.
33. Senate Committee on Labor and Human Resources, National Research Service Award Act, 14, 15, 24.
34. Senate Committee on the Judiciary, Individual Rights and the Federal Role in Behavior Modification, 93rd Cong., 2nd sess., 1974, 21.
35. Sharland Trotter, "Strict Regulations Proposed for Human Experimentation," APA Monitor 5 (Feb. 1974): 8.
36. Frankel, "Public Policymaking for Biomedical Research," 187, 298; Richard B. Stephenson to Robert P. Akers, 4 Oct. 1972, Res 3-1-A, Study Group Review of Policies 1973-75, RG 443.
37. Patricia C. El-Hinnawy 訪談Charles R. McCarthy, 2004年7月22日. Oral

History of the Belmont Report and the National Commission for the Protection of Human Subjects of Biomedical and Behavioral Research, www.hhs.gov/ohrp/ belmontArchive .html/ [accessed 23 Dec. 2008]; Charles McCarthy to Study Group for Review of Policies on Protection of Human Subjects in Biomedical Research, 3 May 1973, Res 3-1, Human Subjects Policy & Regulations 1973-82, RG 443.

38. Frankel, "Public Policymaking for Biomedical Research," 187, 298.
39. Frankel, "Public Policymaking for Biomedical Research," 202.
40. Thomas J. Kennedy Jr. to Acting Director, NIH, 23 Mar. 1973, Res 3-1, Human Subjects Policy & Regulations 1973-82, RG 443.
41. Thomas J. Kennedy Jr. to Assistant Secretary for Health, 7 Sept. 1973, Res 3-1, Human Subjects Policy & Regulations 1973-82, RG 443.
42. D. T. Chalkley, draft letter to the editor of the Christian Century, 5 Apr. 1974, Res 3-4, National Comm. for the Protection of Human Sub., folder #1, 1974-1975, RG 443.
43. D. T. Chalkley to Mr. Secretary/Director/Commissioner, draft, 15 Oct. 1973, Res 3-1-B, Proposed Policy Protections Human Subjects 1973, RG 443.
44. Jerry W. Combs Jr., Ph.D., Chief, Behavioral Sciences Branch, Center for Population Research, to Dr. William Sadler, Acting Director, CPR, 25 Oct. 1973, Res 3-6-B, Proposed Policy Protection Human Subjects 1973, RG 443.
45. William A. Morrill to Bertram Brown, 22 Aug. 1973, Res 3-1-A, Study Group Review of Policies 1973-75, RG 443.
46. Director, NIH, to Assistant Secretary for Health, Designate, 11 Apr. 1977, Res 3-1, Human Subjects Policy & Regulations 1973-82, RG 443.
47. DHEW, "Protection of Human Subjects: Proposed Policy," Federal Register 38 (9 Oct. 1973): 27882.
48. DHEW, "Protection of Human Subjects," Federal Register 39 (30 May 1974): 18914, 18917.
49. Ronald Lamont-Havers to Robert S. Stone, 13 May 1974, Res 3-1-b-1, Interdept. Work. Group Uniform Fed. Pol., RG 443. notes to pages 42-45 203
50. Thomas S. McFee給祕書會，1974年6月5日，Res 3-1-B，人類受試者保護政策提案（Proposed Policy Protection Human Subjects）1974，RG 443。
51. McCarthy 給生醫研究人類受試保護的政策回顧研究小組(Study Group for Review of Policies on Protection of Human Subjects in Biomedical Research), RG 443; David F. Kefauver, Frankel引注, "Public Policymaking for Biomedical Research," 275, 320 n. 406.

52. Charles R. McCarthy, "Refl ections on the Organizational Locus of the Office for Protection from Research Risks," in NBAC, Commissioned Papers and Staff Analysis, vol. 2 of Ethical and Policy Issues in Research Involving Human Participants (Bethesda, MD: National Bioethics Advisory Commission, 2001), H-8, http://bioethics.georgetown.edu/nbac/ [accessed 21 Oct. 2009].
53. Richard A. Tropp, "A Regulatory Perspective on Social Science Research," in Tom L. Beauchamp, Ruth R. Faden, R. Jay Wallace Jr., and LeRoy Walters, eds., Ethical Issues in Social Science Research (Baltimore: Johns Hopkins University Press, 1982), 39.
54. National Research Act, Public Law 93-348, 88 Stat. 342.
55. DHEW, "Protection of Human Subjects," 18917; "Mechanisms for Applying Ethical Principles to the Conduct of Research Involving Human Subjects: The Institutional Review Board," preliminary draft, 5 Nov. 1976, 7, box 11, meeting #24, tabs 5-6, NCPHS-GU.
56. National Research Act, § 212.
57. D. T. Chalkley to Mary F. Berry, 25 Aug. 1976, box 219, folder 3, Chancellor's papers, UCB.
58. Kingman Brewster, "Coercive Power of the Federal Purse," Science 188 (11 Apr. 1975): 105.
59. National Commission, transcript, meeting #1, Dec. 1974, 87.
60. National Research Act, § 202.
61. DHEW, "Protection of Human Subjects," 18914.
62. R. W. Lamont-Havers, "Discussion Paper re. DHEW Administration of Ethical I ssues Relating to Human Research Subjects," draft, 3 Apr. 1974, Res 3-1-b-1, Interdept. Work. Group Uniform Fed. Pol., RG 443.
63. Ronald Lamont-Havers致副部長，1974年9月5日，Res 3-1-B，人類受試者保護政策提案1974，RG 443。
64. NIH公共健康部門法律顧問Richard J. Riseberg致Ronald LamontHavers，1974年10月29日，1974，Res 3-1-B，人類受試者保護政策提案1974，RG 443。
65. DHEW, "Protection of Human Subjects: Technical Amendments," Federal Register 40 (13 Mar. 1975): 11854-11858.
66. Eugene A. Confrey, "Status of Action to Revise Policy Statement on the Use of Human Subjects in PHS Sponsored Activities, and to Improve the Implementation of These Policies," 18 June 1968, Res 3-1, Human Subjects Policy & Regulations 1966-72, RG 443.

67. Stephen P. Hatchett, “Status Report of Experience with PPO #129,” 31 May 1968, Res 3-1, Human Subjects Policy & Regulations 1966-72, RG 443.
68. Galliher et al., Laud Humphreys, 27.
69. Mark S. Frankel訪談 Mark Conner，1971年2月16日，作者持有影印本版。
70. James Welsh, “Protecting Research Subjects: A New HEW Policy,” Educational Researcher (Mar. 1972): 12.
71. Howard Higman演講, National Association of State Universities and Land-Grant Colleges, Seminar on Safeguards for Human Subjects in Research, 16 Jan. 1978, box 25, Human Subjects Recent Info., Part II, 11/79, 1/3, IdSP.
72. Fred Greenstein to Ithiel de Sola Pool, 23 June 1979, box 26, Human Subjects Thank You Letters 2/2, IdSP.
73. McCarthy, “Refl ections on the Organizational Locus,” H-6. McCarthy suggests that the change took place in 1972; in fact, it took effect on 27 October 1974.
74. John A. Robertson, “The Law of Institutional Review Boards,” UCLA Law Review 26 (Feb. 1979): 497.
75. 國會會議記錄謄本24, Nov. 1976, 174, NCPHS-GU.
76. 加州大學的政策與程序，柏克萊校園，人類受試者保護的治理，1972年6月1日，8號箱，29號夾，NC-GTU。
77. Herbert P. Phillips, “DHEW Regulations Governing the Protection of Human Subjects and Non-DHEW Research: A Berkeley View,” box 3, meeting #10, tabs 13-14, NCPHS-GU.
78. Edward Shils, “Muting the Social Sciences at Berkeley,” Minerva 11 (July 1973): 292-293; Allan Sindler and Phillip Johnson to Bernard Diamond, 26 Apr. 1973, box 8, folder 29, NC-GTU.
79. 作者訪談Herbert Phillips, 2007年10月23日於加州奧克蘭。
80. Herbert Phillips致人類受試者保護委員會與學術自由委員會成員函，1973年5月2日，8號箱，29號夾，NC-GTU。
81. Herbert Phillips致Bernard L. Diamond函，1973年4月2日，8號箱，29號夾，NC-GTU。
82. Herbert Phillips致Dominick R. Vetri函，19746月10日，8號箱，29號夾，NC-GTU。
83. Eugene J. Millstein, “The DHEW Requirements for the Protection of Human Subjects: Analysis and Impact at the University of California, Berkeley,” July 1974, box 26, Human Subjects Thank You Letters 1/2, IdSP.
84. 作者訪談Phillips。
85. Herbert Phillips致Karen Lebacqz and David Louisell函，1975年3月14日，8號

箱，29號夾，NC-GTU。

86. Millstein, "DHEW Requirements," IdSP.
87. Phillips, "DHEW Regulations," NCPHS-GU.
88. 作者訪談Phillips。
89. Phillips, "DHEW Regulations," NCPHS-GU.
90. Louis A Wienckowski致John L. Horn函，1974年12月9日，8號箱，29號夾，NC-GTU。
91. D. T. Chalkley致Benson Schaeffer函，1975年2月20日，8號箱，29號夾，NC-GTU。
92. Phillips致Lebacqz and Louisell函，1975年3月14日，NC-GTU。
93. 作者訪談Phillips。
94. Jane Roberts致D. T. Chalkley函，1976年8月27日，219號箱，3號夾，Chancellor's papers, UCB。
95. DHEW, "Protection of Human Subjects: Technical Amendments," 11854.
96. University of Colorado, "Institutional General Assurance," 19 Feb. 1976, box 5, folder 22, NC-GTU.
97. University of Colorado Human Research Committee, "Review of All Human Research at the University of Colorado," 9 Apr. 1976, box 5, folder 22, NC-GTU.
98. Edward Rose致Mary Berry函，1976年7月16日，5號箱，22號夾，NC-GTU。
99. Roberts致Chalkley函，1976年8月27日，UCB。
100. Edward Rose致David Mathews函，1976年7月12日，5號箱，22號夾，NC-GTU。
101. William Hodges致社會系函，1976年8月17日；Howard Higman致Mary Berry函，1976年8月25日；兩者都在219號箱，3號夾與Chancellor's papers，UCB。
102. Howard Higman致William Hodges函，1976年8月25日；William Hodges致Edward Rose，1976年9月13日；兩者都在219號箱，3號夾與Chancellor's papers，UCB。
103. Edward Rose致Jonathan B. Chase函，1976年7月30日；Edward Rose致Mary Berry函，1976年7月16日；Edward Rose致J. B. MacFarlane函，1976年8月5日；Edward Rose致David Mathews函，1976年7月12日；所有都在218號箱，3號夾與Chancellor's papers，UCB。
104. Donald Chalkley致Edward Rose函，1976年9月28日，219號箱，3號夾，與Chancellor's papers，UCB；Chalkley致Berry函，1976年8月25日，UCB。

105. Omar Bartos與Robert Hanson致學術自由與公共法律協商委員會函（Committee for Reconciliation of Academic Freedom and Public Law）93-348，1976年11月23日，219號箱，3號夾，Chancellor's papers, UCB。
106. William Hodges致Charles Kenevan函，1977年3月24日，5號箱，10號夾，NC-GTU。
107. Howard Higman致Milton Lipetz函，1977年4月12日，219號箱，3號夾，Chancellor's papers, UCB。
108. Hodges致Kenevan函，1977年3月24日，NC-GTU。
109. Milton Lipetz致Carole Anderson函，1977年4月4日，219號箱，3號夾，Chancellor's papers, UCB。
110. W. F. Hodges致教評會成員函，1977年4月28日，30號箱，5號夾，Faculty Council papers, UCB。
111. "Nelson, Faculty Group to Meet on Research," Silver and Gold (27 June 1977), box 30, folder 5, Faculty Council papers, UCB.
112. Crane v. Mathews, 417 F. Supp. 532; 1976 U.S. Dist. LEXIS 16807.
113. DHEW, "Secretary's Interpretation of 'Subject at Risk,' " Federal Register 41 (28 June 1976): 26572.
114. Donald Chalkley致Philip G. Vargas函，1976年10月6日，219號箱，3號夾，Chancellor's papers，UCB。
115. Chalkley to Rose, 28 Sept. 1976, UCB.

第三章　國家委員會

1. Robert J. Levine, Charles R. McCarthy, Edward L. Pattullo, and Kenneth J. Gergen, panelists, "The Political, Legal, and Moral Limits to Institutional Review Board (IRB) Oversight of Behavioral and Social Science Research," in Paula Knudson, ed., PRIM&R through the Years: Three Decades of Protecting Human Subjects, 1974-2005 (Boston: Public Responsibility in Medicine & Research, 2006), 33.
2. Bradford H. Gray, "Human Subjects Review Committees and Social Research," in Murray L. Wax and Joan Cassell, Federal Regulations: Ethical Issues and Social Research (Boulder, CO: Westview, 1979), 47.
3. Bernard A. Schwetz訪談Dorothy I. Height, 30 June 2004年6月30日；LeRoy B. Walters訪談 Karen Lebacqz，2004年10月26日；Bernard A. Schwetz 訪談Tom Lamar Beauchamp，2004年9月22日；所有皆見貝爾蒙特口述歷史報告。
4. National Research Act, § 205.

5. National Research Act, § 202; Michael S. Yesley to Charles U. Lowe, 29 Nov. 1974, box 1, meeting #1, NCPHS-GU.
6. National Research Act, § 201.
7. 委員會部分是基於1968年參議員Walter Mondale的提案，要求「醫學、法律、科學、神學、哲學、倫理、健康行政及政府代表，研究「生物醫學進展的倫理、法律、社會及政治意涵」。哈佛大學的健康法教授 William Curran 曾就此質疑Mondale，「也要納入社會學家及神學家，他們對該領域極其重要。」因此，最初納入社會科學家時，顯然是基於其較神學家更貼近醫生。Senate Committee on Government Operations, National Commission on Health Science and Society, 90th Cong., 2nd sess., 1968, 1, 498.
8. Community Mental Health Centers Act, Public Law 95-622, § 1801.
9. 作者訪談Tom L. Beauchamp，2007年10月18日於華盛頓首府。
10. 作者訪談Bradford Gray，2007年8月7日於華盛頓首府。
11. 作者訪談Jonsen。
12. "ADAMHA's Suggestions for Organizations to Be Contacted in Regard to Nominations for the National Commission for the Protection of Human Subjects," Aug. 1974, Res 3-4, National Comm. for the Protection of Human Sub., folder #1, 1974-1975, RG 443.
13. DHEW, press release, 13 Sept. 1974, Res 3-4, National Comm. for the Protection of Human Sub., folder #1, 1974-1975, RG 443.
14. 1976年6月，NIMH的某位研究者抱怨此缺乏定義。見Arthur K. Leabman，犯罪與青少年犯罪中心，NIMH，致Natalie Reatig函，1976年6月11日，8號箱，會議19，tabs 9-11，NCPHSGU。次月，顧問Robert Levine 建議行為研究可被定義為：「為理解或修正行為的研究」，這個定義擴大到涵蓋小說寫作。Robert J. Levine, "Similarities and Differences between Biomedical and Behavioral Research," 16 July 1976, box 9, meeting #21, tabs 6-8, NCPHS-GU.
15. National Commission, transcript, meeting #8, June 1975, 178, NCPHS-GU.
16. Don A. Gallant, "Response to Commission Duties as Detailed in PL 93-348," 4, box 5, meeting #15(A), tabs 10-11, NCPHS-GU.
17. "Prison Inmate Involvement in Biomedical and Behavioral Research in State Correctional Facilities," 31 Oct. 1975, box 3, meeting #12, tabs 1-8, NCPHS-GU.
18. National Research Act, § 202.
19. "Presentation to the Commission by R. Levine," draft, 27 Nov. 1974, box 1, meeting #1, NCPHS-GU.
20. National Commission, transcript, meeting #1, Dec. 1974, 2-118, NCPHS-GU.

21. National Commission, transcript, meeting #8, June 1975, 233-236, NCPHS-GU.
22. "The Boundaries between Biomedical or Behavioral Research and the Accepted and Routine Practice of Medicine," 14 July 1975, box 2, meeting #9, tabs 1-5, NCPHS-GU.
23. DHEW, "Protection of Human Subjects," 18917.
24. Robert J. Levine, "The Role of Assessment of Risk-Benefit Criteria in the Determination of the Appropriateness of Research Involving Human Subjects," preliminary draft, 2 Sept. 1975, box 3, meeting #10, NCPHS-GU.
25. Robert J. Levine, "Similarities and Differences between Biomedical and Behavioral Research," 16 July 1976, box 9, meeting #21, tabs 6-8, NCPHS-GU.
26. 概略提及，見國會會議謄本8，1975年6月，236, 242，NCPHS-GU。
27. National Commission, transcript，會議15，1976年2月，317-324，NCPHS-GU。
28. Bradford H. Gray, Human Subjects in Medical Experimentation (New York: John Wiley & Sons, 1975), 237-250.
29. 作者訪談Gray。
30. 作者訪談Gray。
31. Paul Nejelski致Charles U. Lowe函，1975年5月19日；Michael S. Yesley致Paul Nejelski函，1975年9月26日；兩份皆在3號箱，會議11，tabs 8-11，NCPHS-GU。本書最終由Paul Nejelski主編出版，書名為Social Research in Conflict with Law and Ethics (Cambridge, MA: Ballinger, 1976)。
32. Bradford Gray致George Annas、Leonard Glantz與Barbara Katz函，1976年6月28日，9號箱，會議21，tab 11，NCPHS-GU。
33. George Annas與Leonard Glantz致Bradford Gray函，1976年7月7日，9號箱，會議21，tab 11，NCPHS-GU。
34. 作者訪談Gray。
35. 作者訪談Barbara Mishkin，2007年10月4日馬里蘭吉維蔡斯。
36. Gray致Annas、Glantz 與Katz函，1976年6月28日，NCPHS-GU。
37. National Commission, transcript, meeting #41, Apr. 1978, II-5, NCPHS-GU.
38. National Commission, transcript, meeting #40, Mar. 1978, 48, NCPHS-GU.
39. National Commission, transcript, meeting #38, Jan. 1978, 198, NCPHS-GU.
40. National Commission, transcript, meeting #41, Apr. 1978, II-10, NCPHS-GU.
41. 作者訪談Beauchamp。
42. National Research Act, § 202(1)(B)(v).
43. DHEW, Institutional Guide, 1; Phillips, "DHEW Regulations"; Bernard Barber, "Some Perspectives on the Role of Assessment of Risk/Benefit Criteria in the

Determination of the Appropriateness of Research Involving Human Subjects," Dec. 1975, box 5, meeting #15(A), tabs 14-17, NCPHS-GU.

44. National Commission, transcript, meeting #8, June 1975, 241, NCPHS-GU.
45. Bradford H. Gray致Jerry A. Schneider函，1976年3月16日，7號箱，會議17，tab 22，NCPHS-GU。
46. DHEW, "Institutional Review Boards: Report and Recommendations of the National Commission for the Protection of Human Subjects of Biomedical and Behavioral Research," Federal Register 43 (30 Nov. 1978): 56186.
47. 作者訪談Gray。
48. Survey Research Center, "Researcher Investigator Questionnaire," Winter 1976, 27, box 22, subject file: Instruments from IRB study, NCPHS 1976, tabs 1-3, NCPHS-GU.
49. Bradford H. Gray, Robert A. Cooke, and Arnold S. Tannenbaum, "Research Involving Human Subjects," Science, n.s., 201 (22 Sept. 1978): 1094-1101; 作者訪談Gray。
50. President's Commission, transcript of proceedings, 12 July 1980, 315, box 37, PCSEP-GU; 作者訪談Gray。
51. Survey Research Center, "Researcher Investigator Questionnaire," 5-6; Survey Research Center, "Research Involving Human Subjects," tables, 2 Oct. 1976, box 11, meeting #23, tab 3(b); both NCPHS-GU.
52. Survey Research Center, "Research Involving Human Subjects," table I.2, NCPHSGU.
53. Robert A. Cooke to Bradford Gray, 3 Nov. 1976, table 18, box 11, meeting #24, tabs 7-9, NCPHS-GU.
54. Survey Research Center, "Self-Administered Form for Research Investigator," Winter 1976, 23, box 22, subject file: Instruments from IRB study, NCPHS 1976, tabs 1-3, NCPHS-GU.
55. Survey Research Center, "Research Involving Human Subjects," table II.2, NCPHSGU.
56. Survey Research Center, "Research Involving Human Subjects," NCPHS-GU.
57. E. L. Pattullo, "Modesty Is the Best Policy: The Federal Role in Social Research," in Beauchamp et al., Ethical Issues in Social Science Research, 382. 聯邦政府所做的研究表達類似看法。1979年DHEW內部的官員發現多數調查沒有IRB的指導，副會長Peter Hamilton再附加「對於社會與教育研究的應用」，「也沒有證據顯示有任何反效果。」致Mary Berry等函，1979年3月27日，Res 3-1-B，人類受試者保護政策提案1978-79，RG 443。

58. Edward Rose致F. David Mathews函，12 July 1976年7月12日，10號箱，會議22，tab 12，NCPHS-GU。
59. Phyllis L. Fleming、Penelope L. Maza，以及Harvey A. Moore致Bradford Gray函，1976年3月3日，7號箱，會議17，tab 22，NCPHS-GU。
60. Roy. G. Francis致「親愛的主席」函1976年2月23日，7號箱，會議17，tab 22，NCPHS-GU。
61. Murray Wax致Bradford Gray函，1976年4月23日，8號箱，會議18，tab 14，NCPHS-GU。
62. Murray Wax致Bradford Gray函，1976年6月18日，9號箱，會議20，tabs 6-7，NCPHS-GU。
63. 國家委員會函稿，會議23，1976年10月，2-51，2-76，NCPHS-GU。
64. "Mechanisms for Applying Ethical Principles to the Conduct of Research Involving Human Subjects: The Institutional Review Board," preliminary draft, 5 Nov. 1976, 36, box 11, meeting #24, tabs 5-6, NCPHS-GU.
65. Staff paper, "Social Research," 3 Dec. 1976, box 12, meeting #25, tabs 7-9, NCPHS-GU.
66. 國家委員會函稿，會議25，1976年12月，15-26，NCPHS-GU。
67. National Commission, Appendix to Report and Recommendations: Institutional Review Boards, DHEW Publication No. (OS) 78-0009 (Washington, DC: U.S. Department of Health, Education, and Welfare, 1978), testimony of John Clausen, Wallace Gingerich, Howard Higman, Ada Jacox, Hans Mauksch, Virginia Olesen, Edward Rose, William Sturtevant, and Linda Wilson.
68. National Commission, Appendix to Report and Recommendations, 3-15.
69. National Commission, transcript of public hearings on institutional review boards, 1977, 339-341, box 10, folder 4, NC-GTU.
70. 國家委員會公聽會函稿，72，NC-GTU。
71. 國家委員會公聽會函稿，243，NC-GTU。
72. 國家委員會公聽會函稿，72，NC-GTU。
73. 國家委員會公聽會函稿，135，NC-GTU。
74. 國家委員會公聽會函稿，655-657，NC-GTU。
75. University of Wisconsin-Milwaukee, "Performance of the Institutional Review Board," 5 Apr. 1977, III-3, box 5, folder 14, NC-GTU.
76. Murray L. Wax, "On Fieldworkers and Those Exposed to Fieldwork: Federal Regulations, Moral Issues, Rights of Inquiry," Sept. 1976, box 11, meeting #23, tabs 7-8, NCPHS-GU.
77. Fleming, Maza, and Moore致Gray函，1976年3月3日；Rose致Mathews函，

1976年7月12日；兩者都在NCPHS-GU；Paul Kay致國家委員會，1977年2月28日，5號箱，10號夾，NC-GTU。

78. 國家委員會公聽會函稿，337，NC-GTU。
79. Herbert P. Phillips to Michael Yesley, 5 Aug. 1975, box 3, meeting #10, tabs 13-14; Phillips, "DHEW Regulations"; both NCPHS-GU.
80. Joe Shelby Cecil, "Summary of Reactions to the April, 1977 Third Draft of 'Protection of the Rights and Interests of Human Subjects in the Areas of Program Evaluation, Social Experimentation, and Statistical Analysis of Data from Administrative Records,' " Jan. 1978, box 20, meeting #40, tab 10, NCPHS-GU.
81. 國家委員會函稿，會議31，1977年6月，106-109，NCPHS-GU。
82. "Institutional Review Boards," draft report, 1 July 1977, 33, 53, box 16, meeting #32, tab 2, NCPHS-GU.
83. "Issues Relating to the Performance of Institutional Review Boards," ca. July 1977, box 16, meeting #32, tab 2, NCPHS-GU.
84. "Institutional Review Boards," draft report, 42-43, NCPHS-GU.
85. National Commission, transcript, meeting #32, July 1977, 132, NCPHS-GU.
86. Crane v. Mathews.
87. National Commission, transcript, meeting #32, July 1977, 134-139, NCPHS-GU.
88. "Definition of a Human Subject," 2 Aug. 1977, box 17, meeting #33, tabs 8-9, NCPHS-GU.
89. "Institutional Review Boards," draft report, NCPHS-GU.
90. National Commission, transcript, meeting #33, Aug. 1977, 182, NCPHS-GU.
91. 作者訪談Gray。
92. National Commission, transcript, meeting #33, Aug. 1977, 165-182, NCPHS-GU.
93. Staff draft, "IRB Recommendations," 2 Sept. 1977, box 17, meeting #34, tabs 1-2, NCPHS-GU.
94. 至少自1976年5月起，Gray就反對將人類研究納入審查的政策。
Bradford H. Gray, "The Functions of Human Subjects Review Committees," American Journal of Psychiatry 134 (Aug. 1977): 909. 在2007年作者對他的訪談中，Gray指出在Mishkin的反對下，他仍支持此條款。
95. Staff draft, "IRB Recommendations," NCPHS-GU.
96. Constance Row致Bradford Gray函，1976年10月21日，11號箱，會議23，tabs 7-8，NCPHS-GU。
97. Staff draft, "IRB Recommendations," NCPHS-GU.

98. National Commission, transcript, meeting #23, Oct. 1976, 2-52-2-57, NCPHS-GU; Survey Research Center, "Research Involving Human Subjects," NCPHS-GU.
99. 作者訪談Phillips。
100. 國家委員會函稿，會議36，1977年11月，II-176，NCPHS-GU。
101. 國家委員會函稿，會議34，1977年9月，30-31，46-50，NCPHSGU。
102. Linda S. Wilson致國家委員會函，1977年11月7日，18號箱會議36，tabs 9-10 (incomplete), NCPHS-GU; National Commission, transcript, meeting #36, Nov. 1977, II-182, NCPHS-GU.
103. 國家委員會函稿，會議36，1977年11月，II-89，NCPHS-GU。
104. 國家委員會函稿，會議37，1977年12月，49，NCPHS-GU。
105. 國家委員會函稿，會議37，1977年12月，85-109，與會議38，1978年1月，147-174；兩者皆在 NCPHS-GU。
106. 國家委員會函稿，會議37，1977年12月，49，NCPHS-GU。
107. 作者訪談Mishkin。
108. 國家委員會函稿，會議 #37，1977年12月，49, NCPHS-GU. NCPHS-GU。
109. President's Commission, transcript of proceedings, 324.
110. 國家委員會函稿，會議39，1978件22月，44，NCPHS-GU。
111. 國家委員會函稿，會議41，1978年4月，II-3-II-34，II-43-II-46，NCPHS-GU。
112. 國家委員會函稿，會議41，1978年4月，II-46，NCPHS-GU。
113. DHEW, "Institutional Review Boards," 56179.
114. DHEW, "Institutional Review Boards," 56196.
115. DHEW, "Institutional Review Boards," 56176.
116. DHEW, "Institutional Review Boards," 56190.
117. National Commission, transcript, meeting #5, Apr. 1975, 587, NCPHS-GU.
118. Gallant, "Response to Commission Duties," NCPHS-GU; Albert Reiss Jr., "Selected Issues in Informed Consent and Confidentiality with Special Reference to Behavioral/ Social Science Research/Inquiry, February 1, 1976," in National Commission, The Belmont Report: Ethical Principles and Guidelines for the Protection of Human Subjects of Research; Appendix, Vol. 2, DHEW Publication No. (OS) 78-0014 (Washington, DC: GPO, 1978), 25-13; Wax to Gray, 18 June 1976, NCPHS-GU.

第四章 貝爾蒙特報告

1. OHRP, “Federalwide Assurance (FWA) for the Protection of Human Subjects, 6 January 2005,” www.hhs.gov/ohrp/humansubjects/assurance/filasurt.htm [accessed 29 Apr. 2008].
2. 2008年，我向所有的美國大學要求保證不遵循貝爾蒙特報告，只得到兩個大學回覆：Northeast Iowa Community College 與 Langston University。Carol Maloney致作者函，2008年7月15日。
3. Mary Simmerling, Brian Schwegler, Joan E. Sieber, and James Lindgren, “Introducing a New Paradigm for Ethical Research in the Social, Behavioral, and Biomedical Sciences: Part I,” Northwestern University Law Review 101 (Special Issue, 2007): 838-839.
4. Jonathan Kimmelman, “Review of Belmont Revisited: Ethical Principles for Research with Human Subjects,” JAMA: Journal of the American Medical Association 296 (2 Aug. 2006): 589.
5. 美國憲法本身當然包含附加條款，有些研究倫理的文件，如赫爾辛基宣言卻無附加條款，但是他們的共同作者卻費盡苦心想進行必要的修訂。相對的，貝爾蒙特報告是由暫時組成的委員會制訂，沒有議會法規難以重新聚集委員會。
6. James F. Childress, Eric M. Meslin, and Harold T. Shapiro, eds., Belmont Revisited: Ethical Principles for Research with Human Subjects (Washington, DC: Georgetown University Press, 2005).
7. Simmerling et al., “Introducing a New Paradigm,” 840-841.
8. National Research Act, § 202(a)(A).
9. National Commission, Report and Recommendations: Research on the Fetus, DHEW Publication No. (OS) 76-127 (Washington, DC: U.S. Department of Health, Education, and Welfare, 1975), 63.
10. LeRoy Walters, “Some Ethical Issues in Research Involving Human Subjects,” 2, box 4, meeting #15(A), tabs 7-9, NCPHS-GU.
11. H. Tristam Engelhardt Jr., “Basic Ethical Principles in the Conduct of Biomedical and Behavioral Research Involving Human Subjects,” Dec. 1975, 9, box 4, meeting #15(A), tabs 5-6, NCPHS-GU.
12. “Ethical Principles and Human Experimentation,” 19 Jan. 1976, 13, box 4, meeting #15(A), tabs 1-2, NCPHS-GU.
13. Richard A. Tropp, “What Problems Are Raised When the Current DHEW Regulation on Protection of Human Subjects Is Applied to Social Science

Research?" 13 Feb. 1976, 16, box 5, meeting #15(A), Miscellaneous Memoranda & Reports, NCPHS-GU. Reprinted in National Commission, Belmont Report: Appendix, Vol. 2.
14. Bernard Barber, John J. Lally, Julia Loughlin Makarushka, and Daniel Sullivan, Research on Human Subjects: Problems of Social Control in Medical Experimentation, rev. ed. (New Brunswick, NJ: Transaction, 1979), xvi n. 2.
15. Barber, "Some Perspectives on the Role of Assessment of Risk/Benefit Criteria."
16. National Commission, Appendix to Report and Recommendations: Institutional Review Boards, 3-36-3-37.
17. Donald J. Black and Albert J. Reiss Jr., "Police Control of Juveniles," American Sociological Review 35 (Feb. 1970): 65.
18. Albert J. Reiss Jr., "Selected Issues in Informed Consent and Confidentiality, with Special Reference to Behavioral/Social Science Research/Inquiry," 1 Feb. 1976, 34-36, 42, 58, 161, box 5, meeting #15(A), tab 23, NCPHS-GU. Reiss borrowed the term "muckraking sociology" from an anthology of that title edited by Gary Marx.
19. Shils, "Muting the Social Sciences at Berkeley," 290-295.
20. 國家委員會函稿，會議15，1976年2月，14，118，NCPHS-GU。
21. 國家委員會函稿，會議15，1976年2月，260，NCPHS-GU。
22. 國家委員會函稿，會議15，1976年2月，232，NCPHS-GU。
23. 國家委員會函稿，會議15，1976年2月，73，NCPHS-GU。
24. 國家委員會函稿，會議15，14，NCPHS-GU。
25. 國家委員會函稿，會議15，1976年2月，313，NCPHS-GU。
26. "Identification of Basic Ethical Principles," 1 Mar. 1976, box 6, meeting #16, tabs 4-5, NCPHS-GU; for Toulmin's authorship, see National Commission, transcript, meeting #15, Feb. 1976, 316, NCPHS-GU.
27. 國家委員會函稿，會議15，1976年2月，315，NCPHS-GU。
28. "Identification of Basic Ethical Principles," NCPHS-GU.
29. Reiss, "Selected Issues in Informed Consent and Confidentiality," 25-66, NCPHSGU.
30. Leslie Kish, Survey Sampling (New York: John Wiley & Sons, 1965), 408.
31. 作者訪談Beauchamp。
32. Tom L. Beauchamp, "The Origins and Evolution of the Belmont Report," in Childress et al., Belmont Revisited, 15.
33. 作者訪談 Beauchamp。
34. 作者訪談 Beauchamp。

35. American Psychological Association, Ethical Principles.
36. American Psychological Association, Ethical Principles, 1-2.
37. 國家委員會函稿，會議41，1978年4月，II-25；作者訪談Beauchamp。
38. 作者訪談Beauchamp。
39. 國家委員會函稿，會議37，1977年12月，104，NCPHS-GU。
    1986年Beauchamp與人合著的書承認在社會與行為科學中倫理「方法論的差異」與「學派差異」，但是他仍獨厚心理學，「在行為和社會科學之內對共識問題的奮戰已久。」Ruth R. Faden and Tom L. Beauchamp, A History and Theory of Informed Consent (New York: Oxford University Press, 1986), 167.
40. 作者訪談Beauchamp。
41. "Discussion Paper: Some Issues Not Fully Resolved at Belmont," 4 Feb. 1977, box 12, meeting #27, tabs 2-3, NCPHS-GU.
42. "Belmont Paper: Ethical Principles for Research Involving Human Subjects," draft, 1 Apr. 1977, box 15, meeting #30, tabs 1-2, NCPHS-GU.
43. Beauchamp之後寫道：「行為研究方面，由我和Stuart E. Golann開始。」'Ethical Standards for Psychology: Development and Revisions, 1938-1968,' Annals of the New York Academy of Sciences 169 (1970): 398-405, 以及American Psychological Association, Inc., Ethical Principles in the Conduct of Research with Human Participants (Washington, DC: APA, 1973)." 看來在心理學之外，他沒讀過任何社會科學者的著作。Beauchamp, "The Origins and Evolution of the Belmont Report," 22 n. 10.
44. Nicholas Hobbs, "The Development of a Code of Ethical Standards for Psychology," American Psychologist 3 (Mar. 1948): 80-84; American Psychological Association, Ethical Principles, 3.
45. "Belmont Paper," draft, 1 Apr. 1977, NCPHS-GU.
46. Jonsen, Birth of Bioethics, 103; Jonsen, "On the Origins and Future of the Belmont Report," in Childress et al., Belmont Revisited, 5.
47. "Belmont Paper: Ethical Principles for Research Involving Human Subjects," draft, 2 Dec. 1977, box 19, meeting #38, tabs 2-3, NCPHS-GU.
48. 作者訪談Beauchamp。
49. 作者訪談Jonsen。
50. National Research Act, § 202 (B).
51. 作者訪談Beauchamp。
52. "Belmont Paper," draft, 2 Dec. 1977, 15, NCPHS-GU.
53. 作者訪談Beauchamp。

54. “Belmont Paper,” draft, 2 Dec. 1977, 20, NCPHS-GU.
55. Reiss, “Selected Issues in Informed Consent and Confidentiality,” 25-42, NCPHSGU.
56. “Belmont Paper,” draft, 2 Dec. 1977, 28, NCPHS-GU.
57. 應用人類學會確實推薦會員不要倡議沒有效益的行動，但並非要求對於研究施測。Society for Applied Anthropology, “Statement on Professional and Ethical Responsibilities,” 13 Mar. 1974, box 8, meeting #18, tab 14, NCPHS-GU.
58. Carl B. Klockars, “Field Ethics for the Life History,” in Robert Weppner, ed., Street Ethnography: Selected Studies of Crime and Drug Use in Natural Settings (Beverly Hills, CA: Sage, 1977), 222.
59. Reiss, “Selected Issues in Informed Consent and Confidentiality,” 25-69, NCPHSGU.
60. Jonsen, “On the Origins and Future of the Belmont Report,” in Childress et al., Belmont Revisited, 8.
61. National Commission, The Belmont Report: Ethical Principles and Guidelines for the Protection of Human Subjects of Research, DHEW Publication No. (OS) 78-0012 (Washington, DC: GPO, 1978).
62. 國家委員會函稿，會議39，1978年2月，II-40，NCPHS-GU。
63. 國家委員會函稿，會議39，1978年2月，II-92，NCPHS-GU。
64. 國家委員會函稿，會議39，1978年3月，II-13，NCPHS-GU。
65. 國家委員會函稿，會議40，1978年3月，II-35-II-56，NCPHSGU。
66. 國家委員會函稿，會議39，1978年2月，II-61-II-63，NCPHSGU。
67. 國家委員會函稿，會議40，1978年3月，II-12-II-14，NCPHSGU。
68. “Belmont Paper: Ethical Principles and Guidelines for Research Involving Human Subjects,” draft, 6 Apr. 1978, 4, box 20, meeting #41, tabs 2-3, NCPHS-GU.
69. “Belmont Paper: Ethical Principles for Research Involving Human Subjects,” 6 July 1978, box 3, folder 3, NC-GTU; “The Belmont Report: Ethical Guidelines for the Protection of Human Subjects of Research,” draft, 8 Sept. 1978, box 21, meeting #43, tabs 1-2, NCPHS-GU.
70. Levine et al., “Political, Legal, and Moral Limits,” in Knudson, PRIM&R through the Years, 33.
71. Finbarr W. O’Connor, “The Ethical Demands of the Belmont Report,” in Carl B. Klockars and Finbarr W. O’Connor, eds., Deviance and Decency: The Ethics of Research with Human Subjects (Beverly Hills, CA: Sage, 1979), 241.

72. National Commission, Belmont Report, 3.
73. "IRB Recommendations," draft, 12 Jan. 1978, 10, box 19, meeting #38, tabs 2-3, NCPHS-GU.
74. 國家委員會函稿，會議38，1978年1月，162，NCPHS-GU。
75. "Belmont Paper: Ethical Principles and Guidelines for Research Involving Human Subjects," draft, 3 Feb. 1978, 2, box 20, meeting #39, tabs 3-4, NCPHS-GU.
76. "IRB Recommendations," draft, 12 Jan. 1978, 10-13, NCPHS-GU.
77. DHEW, "Institutional Review Boards," 56179-56180.
78. 這些附錄不應視為貝爾蒙特的委員手上握有的紀錄。Donald T. Campbell 與 Joe Shelby Cecil's 對於方案評估的論文，特別指出1976年1月以及1977年2月所「書寫完成」，最終版本是在附錄中付梓。See Yesley to Commission Members, 10 Feb. 1977, box 13, meeting #27, tabs 4-7, NCPHS-GU.
79. Albert J. Reiss Jr., "Governmental Regulation of Scientific Inquiry: Some Paradoxical Consequences," in Klockars and O'Connor, Deviance and Decency.
80. 作者訪談Jonsen。
81. 作者訪談Beauchamp。
82. "Identification of Basic Ethical Principles," NCPHS-GU.
83. 作者訪談Beauchamp。
84. Frederick G. Hofmann致Kenneth J. Ryan函，1976年1月22日，5號箱，26號夾，NCGTU。

第五章　為社會科學而戰

1. Arthur Herschman, "Science and Technology: New Tools, New Dimensions; AAAS Annual Meeting, 12-17 February 1978, Washington," Science 198 (4 Nov. 1977): 493; Wax and Cassell, Federal Regulations.
2. Bradford H. Gray, "Comment," American Sociologist 13 (Aug. 1978): 161.
3. Thomas A. Bartlett, Robert Clodius, and Sheldon Steinbach to Charles McCarthy, 29 Jan. 1979, box 52, MIT Committee 2/2, IdSP. notes to pages 97-102 215
4. Daniel Patrick Moynihan致Joseph Califano函，1979年1月17日，25號函，Human Subjects Recent Information Part II, IdSP。
5. El-Hinnawy 訪談 McCarthy。
6. Charles McCarthy 與Donna Spiegler致Joel M. Mangel 及 Richard A. Tropp函，1978年8月2日，Res 3-1。Human Subjects Policy & Regulations 1973-82，RG 443。

7. Hamilton致Berry等人函，1979年3月27日，RG 443。
8. DHEW, "Institutional Review Boards," 56175.
9. Hamilton to Berry et al., 27 Mar. 1979, RG 443.
10. Dean Gallant致William Dommel函，1979年10月5日，24號箱，Human Subjects Corresp. 1979 1/3, IdSP。
11. DHEW, draft memo to the Secretary, ca. Sept. 1978, box 26, Human Subjects Basic Documents, IdSP.
12. Richard Tropp致Ithiel de Sola Pool函，4 Oct. 1979年10月4日，26號箱，Human Subjects Basic Documents, IdSP。
13. DHEW, draft memo to the Secretary, ca. Sept. 1978, IdSP.
14. "Applicability to Social and Educational Research," RG 443.
15. "Applicability to Social and Educational Research," RG 443.
16. 行政人員Gerald L. Klerman致健康與外科書記官函，1979年3月30日，Res 3-1-B Proposed Policy Protections Human Subjects 1978-79, RG 443。
17. Julius B. Richmond致行動委員會函稿（Acting General Counsel），1979年6月12日，Res 3-1-B Proposed Policy Protections Human Subjects 1978-79, RG 443。
18. Richmond致行動委員會函稿，1979年1月12日，RG 443。
19. "Applicability to Social and Educational Research," RG 443.
20. Richmond致行動委員會函稿，1979年1月12日，RG 443。
21. Hamilton to Mary Berry et al., 27 Mar. 1979, RG 443.
22. NIH理事長Donald F. Frederickson致健康與外科書記官函，1979年4月18日，Res 3-1-B Proposed Policy Protections Human Subjects 1978-79，RG 443。
23. 健康與外科書記官Julius Richmond, Assistant Secretary for Health and Surgeon General 致法務部副部長，函稿，附於 Frederickson 致健康與外科書記官函，1979年4月18日，RG 443。
24. Gerald L. Klerman致Dick Beattie、Rick Cotton及Peter Hamilton函，1979年1月11日，Res 3-1-B Proposed Policy Protections Human Subjects 1978-79，RG 443。
25. Klerman致書記官函，1979年3月30日；Peter B. Hamilton致書記官函稿，1979年6月4日，Res 3-1-B Proposed Policy Protections Human Subjects 1978-79；兩者皆於RG 443。
26. Charles R. McCarthy，對於議程 "The Political, Legal, and Moral Limits to Institutional Review Board (IRB) Oversight of Behavioral and Social Science Research," 的評論，收錄於 Knudson, PRIM & R through the Years, 36.

27. DHEW, "Proposed Regulations Amending Basic HEW Policy for Protection of Human Research Subjects," Federal Register 44 (14 Aug. 1979): 47693.
28. DHEW, "Proposed Regulations Amending Basic HEW Policy," 47688.
29. Ithiel de Sola Pool, "The Necessity for Social Scientists Doing Research for Governments," in Horowitz, Rise and Fall of Project Camelot, 268.
30. Pool, "Necessity for Social Scientists Doing Research for Governments," 267.
31. Ithiel de Sola Pool致Harvard Crimson函，1969年10月6日，180號箱，給Harvard Crimson的信，1969，IdSP。
32. Ithiel de Sola Pool致F. William Dommel函，1979年11月8日，24號箱，Human Subjects Mailings 2/4, IdSP; Ithiel de Sola Pool, "Censoring Research," Society (Nov./Dec. 1980): 40。
33. Ithiel Pool [sic], "Draft Statement on Procedures and Guidelines," May 1975, box 52, MIT Committee 1/2, IdSP.
34. Ithiel de Sola Pool致 Myron [Weiner?]函，1975年10月20日，52號箱，MIT Committee 1/2, IdSP。
35. Ithiel de Sola Pool, "Human Subjects Regulations on the Social Sciences," presented at the New York Academy of Sciences, 6 May 1981, box 24, Human Subjects Mailings 1/4, IdSP.
36. Pool致Myron函，IdSP。
37. Ithiel de Sola Pool致「敬啟者」函，1978年10月8日，26號箱，Human Subjects Thank You Letters 1/2, IdSP。
38. Ithiel de Sola Pool致John S. Nichols函，1979年12月29日，25號箱，Human Subjects Corresp. 1979 2/3, IdSP。
39. Pool, "Censoring Research," 40.
40. Ithiel de Sola Pool致Philip Abelson函，1979年12月30日，25號箱，Human Subjects Corresp. 1979, IdSP。
41. Anthony Lewis致Ithiel de Sola Pool函，1979件月5日，26號箱，Human Subjects Letters 1/2, IdSP。
42. Anthony Lewis, "Pettifog on the Potomac," New York Times, 15 Jan. 1979.
43. Correspondence in box 24, Human Subjects Mailings 2/4, IdSP.
44. Antonin Scalia致Ithiel de Sola Pool函，1980年月24日，25號箱，Human Subjects Corresp. 1980 3/3, IdSP。
45. Ithiel de Sola Pool致Irving Horowitz函，1980年11月28日，25號箱，Human Subjects Corresp. 1980 2/3, IdSP。
46. Ithiel de Sola Pool致「委員會相關者」函，1979年9月9日，24號箱，Human Subjects Mailings 4/4, IdSP。

47. J. W. Peltason致「與聯邦倫理審查委員會規範相關部門」函，1979年10月3日，24號箱，Human Subjects Mailings 2/4, IdSP。
48. 加州大學大維分校社會學系致 F. William Dommel Jr.函，1979年10月17日，25號箱，Human Subjects Corresp. 1979 2/3, IdSP。
49. Lauren H. Seiler 致 F. William Dommel Jr.,1979年11月7日，25號箱，Human Subjects Corresp. 1979 3/3，IdSP。這篇論文隨後被 Lauren H. Seiler 與 James M. Murtha出版，篇名為"Federal Regulation of Social Research," Freedom at Issue (Nov.-Dec. 1979): 26-30。
50. "Issues Related to HHS Human Subject Research," ca. 20 May 1980, Res 3-1-B Proposed Policy Protections Human Subjects 1979-80, RG 443.
51. Linda S. Wilson致F. William Dommel Jr.函，1979年11月5日，24號箱，Human Subjects Corresp. 1979 1/3，IdSP。
52. Seiler to Dommel, 7 Nov. 1979, IdSP.
53. E. L. Pattullo, e-mail to the author, 14 Aug. 2007.
54. E. L. Pattullo to Richard Tropp, 23 Aug. 1978, box 26, Human Subjects Letters 1/2, IdSP.
55. Fred Hiatt, "Watchdogs and Guinea Pigs," Harvard Crimson, 15 Dec. 1975.
56. E. L. Pattullo, "Comment," American Sociologist 13 (Aug. 1978): 168.
57. Pattullo to Tropp, 23 Aug. 1978, IdSP.
58. Ithiel de Sola Pool to E. L. Pattullo, 19 Sept. 1979, box 25, Human Subjects Corresp. 1979 2/3, IdSP.
59. Richard T. Louttit and Edward L. Pattullo, workshop facilitators, "When Is a Subject a Subject?" in Knudson, PRIM&R through the Years, 30.
60. Levine et al., "Political, Legal, and Moral Limits," in Knudson, PRIM&R through the Years, 38-40.
61. Levine et al., "Political, Legal, and Moral Limits," in Knudson, PRIM&R through the Years, 40.
62. John Ball to Gil Omenn, 21 Nov. 1979, box 24, Human Subjects Corresp. 1979 1/3, IdSP.
63. American Association of University Professors, "Regulations Governing Research on Human Subjects," Academe (Dec. 1981): 363. The full text is printed as J. W. Peltason, "Comment on the Proposed Regulations from Higher Education and Professional Social Science Associations," IRB: Ethics and Human Research 2 (Feb. 1980): 10.
64. Levine et al., "Political, Legal, and Moral Limits," in Knudson, PRIM&R through the Years, 33.

65. Director, OPRR, to Assistant Secretary for Health and Surgeon General, 15 Oct. 1979, Res 3-1-B Proposed Policy Protections Human Subjects 1979-80, RG 443.
66. Robert Levine, interview by Bernard A. Schwetz, 14 May 2004, Oral History of the Belmont Report; McCarthy, interview by El-Hinnawy.
67. Ball to Omenn, 21 Nov. 1979, IdSP.
68. Reiss, "Governmental Regulation of Scientific Inquiry," 67.
69. Beauchamp, interview by the author; Constance Holden, "Ethics in Social Science Research," Science 206 (2 Nov. 1979): 537-538, 540. The conference proceedings were eventually published, but only after the new regulations went into effect and therefore too late to shape policy. Beauchamp et al., Ethical Issues in Social Science Research.
70. Pat [E. L. Pattullo] to Ithiel [de Sola Pool], 18 June 1980, box 25, Human Subjects Corresp. 1980 2/3, IdSP.
71. Ithiel de Sola Pool to Louis Menand, Myron Weiner, and Alan Altshuler, 12 Nov. 1979, box 25, Human Subjects Corresp. 1979 2/3, IdSP.
72. Ithiel de Sola Pool, "Prior Restraint," New York Times, 16 Dec. 1979.
73. "H.E.W. Line," Nation (31 May 1980): 645; "The Guinea Pigs," Wall Street Journal, 27 May 1980.
74. Edward J. Markey致Ithiel de Sola Pool函，1979年10月31日；J. Kenneth Robinson致William R. Nelson，1979年0月3日；Larry Pressler致Ithiel de Sola Pool函，1979年10月4日；所有都在24號箱，Human Subjects Mailings 1/4；Paul Tsongas致Ithiel de Sola Pool函，6 Oct。1979年10月6日，25號箱，Human Subjects Corresp。1979 3/3；Daniel Patrick Moynihan 致Ithiel de Sola Pool函，11 June 1980年月11日，25號箱，Human Subjects Corresp. 1980 2/3；所有都在 IdSP。
75. House Committee on Interstate and Foreign Commerce, Health Research Act of 1980: Report, Together with Additional and Minority Views, to Accompany H.R. 7036, 96th Cong., 2nd sess., H. Report 96-997, 1980, 140.
76. House Committee on Interstate and Foreign Commerce, Health Research Act of 1980, 37, 138.
77. Ithiel de Sola Pool致「委員會相關者」函，1980年6月5日，88號箱，Material on Human Subjects, IdSP。
78. 總統委員會，主要的書籍為公共會議，1980年7月12日，PCSEPGU。這本書包含Pool的論文及從他的陣營而來的其他資料，包含國家與華爾街期刊主編。
79. President's Commission, transcript of proceedings, 12 July 1980, PCSEP-GU.

80. President's Commission, transcript of proceedings, 12 July 1980, 333-340, PCSEP-GU.
81. President's Commission, transcript of proceedings, 12 July 1980, 273, 298, PCSEP-GU.
82. Morris Abram致HHS祕書Patricia Roberts Harris函，1980年9月18日，Res 3-4, President's Commission for Study of Ethical Problems in Medicine and Research, folder #4 1978-80, RG 443。
83. Abram致Harris函，1980年9月18日，RG 443。
84. Abram致Harris函，1980年9月18日，RG 443。
85. James T. McIntyre Jr. 與Frank Press致Patricia Roberts Harris函，1980年11月26日，Res 3-4 President's Commission for Study of Ethical Problems in Medicine and Research 1981, folder #1, RG 443。
86. Pat [E. L. Pattullo]致Ithiel [de Sola Pool]函，1980年3月31日，25號箱，Human Subjects Corresp. 1980 2/3, IdSP。
87. Parker Coddington致Pat Pattullo and Ithiel de Sola Pool函，1980年9月17日，24號箱，Human Subjects Articles 1980, IdSP。
88. El-Hinnawy訪談McCarthy。
89. Frederickson致祕書處函，1980年11月21日，Res 3-1-B Proposed Policy Protections Human Subjects 1979-80, RG 443。
90. Charles R. McCarthy致NIH理事長函，1980年11月20日, Res 3-1-B Proposed Policy Protections Human Subjects 1979-80, RG 443.
91. Julius B. Richmond致祕書處函稿，1980年11月25日，Res 3-4 President's Commission for Study of Ethical Problems in Medicine and Research 1981, folder #1, RG 443。
92. "Applicability to Social and Educational Research," RG 443; Tropp, "What Problems Are Raised," in National Commission, Belmont Report: Appendix, Vol. 2, 18-1.
93. Joan Z. Bernstein, "The Human Research Subjects H.E.W. Wants to Protect," New York Times, 24 Jan. 1980; Pool, "Censoring Research," 39.
94. Chalkley致Berry函，1976年8月25日，UCB。
95. McCarthy致NIH理事長函，1980年11月20日，RG 443。
96. Frederickson致祕書處函，1980年11月21日，RG 443。
97. Alexander Capron, "IRBs: The Good News and the Bad News," in Knudson, PRIM&R through the Years, 72.
98. DHEW, "Institutional Review Boards," 56188.
99. Julius B. Richmond致祕書處函，1981年1月8日，Res 3-4 President's

Commission for Study of Ethical Problems in Medicine and Research 1981, folder #1, RG 443. The memo indicates that it was drafted by McCarthy on 29 Dec. 1980 and revised on Dec. 30.

100. El-Hinnawy訪談McCarthy。
101. Charles R. McCarthy, "Introduction: The IRB and Social and Behavioral Research," in Joan E. Sieber, ed., NIH Readings on the Protection of Human Subjects in Behavioral and Social Science Research: Conference Proceedings and Background Papers (Frederick, MD: University Publications of America, 1984), 8-9.
102. DHEW, "Proposed Regulations Amending Basic HEW Policy," 47695.
103. Ithiel de Sola Pool, "Human Subjects Regulations on the Social Sciences," IdSP.
104. HHS, "Final Regulations Amending Basic HHS Policy for the Protection of Human Research Subjects," Federal Register 46 (26 Jan. 1981): 8369-8374.
105. Richard A. Tropp, "A Regulatory Perspective on Social Science Research," in Beauchamp et al., Ethical Issues in Social Science Research, 398.
106. Richard T. Louttit, "Government Regulations: Do They Facilitate or Hinder Social and Behavioral Research?" in Sieber, NIH Readings, 180.
107. Bettina Huber, "New Human Subjects Policies Announced: Exemptions Outlined," American Sociological Association Footnotes (Nov. 1981): 1.
108. Robert Reinhold, "New Rules for Human Research Appear to Answer Critics' Fear," New York Times, 22 Jan. 1981.
109. E. L. Pattullo, "How General an Assurance?" IRB: Ethics and Human Research 3 (May 1981): 8.
110. E. L. Pattullo,電郵給作者，2007年8月14日；E. L. Pattullo致Charles McCarthy函，1981年1月30日，Res 3-1，Human Subjects Policy & Regulations 1973-82，RG 443。
111. Ithiel de Sola Pool致「人類研究相關委員會委員及其他有部門有興趣者」函1981年1月30日，Res 3-1，Human Subjects Policy & Regulations 1973-82，RG 443。
112. Ithiel de Sola Pool致Arthur L. Caplan函，1979年12月30日，25號箱，Human Subjects Corresp. 1979 1/3, IdSP。

第六章　故態復萌與鎮壓

1. Senate Committee on Labor and Human Resources, National Advisory

Commission on Health Science and Society, 59.
2. HHS, "Final Regulations Amending Basic HHS Policy," 8374.
3. OPRR, "Sample Multiple Project Assurance of Compliance with the Department of Health and Human Services' Regulation for the Protection of Human Subjects," 45 CFR 46, 3 July 1981, rev. 11 Aug. 1981, box 24, Human Subjects Mailings 1/4, IdSP.
4. Richmond致祕書處函，1981年1月8日，RG 443。
5. Pattullo, "How General an Assurance?" 8-9.
6. E. L. Pattullo致哈佛大學人體受試者使用委員會函，1981年7月22日，24號箱，Human Subjects: (Materials Removed from Files for New Haven Talk), IdSP。
7. E. L. Pattullo致Charles McCarthy函，1981年7月30日，24號箱，Human Subjects: (Materials Removed from Files for New Haven Talk), IdSP。
8. Pool, "Human Subjects Regulations on the Social Sciences," IdSP.
9. Ithiel de Sola Pool, "To Sign or Not to Sign OPRR's General Assurances," IRB: Ethics and Human Research 3 (Dec. 1981): 8.
10. Charles R. McCarthy, 回應 Ithiel de Sola Pool, "To Sign or Not to Sign OPRR's General Assurances," IRB: Ethics and Human Research 3 (Dec. 1981): 8-9.
11. E. L. Pattullo, "Governmental Regulation of the Investigation of Human Subjects in Social Research," Minerva 23 (Dec. 1985): 529.
12. Charles R. McCarthy致健康與外科書記官函，1980年5月7日，Res 3-1-B Proposed Policy Protections Human Subjects 1979-80，RG 443。
13. El-Hinnawy訪談 McCarthy。
14. Lamont-Havers致Stone函，1974年5月13日，RG 443。
15. 健康書記官致HHS祕書處函稿附備忘錄，1984年1月，RES 3-1-D Proposed Mondel [sic] Federal Policy Protection of Human Subjects, OD-NIH。
16. 作者訪談Joan P. Porter，2007年8月2日於華盛頓首府。2007年我的資訊自由法要求記錄這些段落的記錄必須要滿足「非反應式記錄」的回應。
17. "Responses of Department and Agencies, Model Policy and Other Recommendations," 16 Sept. 1983, O&M 2-N-4, Office for Protection from Research Risks (OPRR), OD-NIH.
18. "Concurrences of Departments and Agencies Including Proposed Departures from Model Policy," 3 May 1985, RES 3-1-D Proposed Mondel [sic] Federal Policy Protection of Human Subjects, OD-NIH.
19. "Concurrences of Departments and Agencies," 3 May 1985, OD-NIH.
20. 作者訪談Porter。

21. Model Federal Policy for Protection of Human Research Subjects, Jan. 1984, RES 3-1-D Proposed Mondel [sic] Federal Policy Protection of Human Subjects, OD-NIH. 22. Charles R. McCarthy致Gordon Wallace函, 1984年4月10日, RES 3-1-D Proposed Mondel [sic] Federal Policy Protection of Human Subjects, OD-NIH.
23. Office of Science and Technology Policy, "Proposed Model Federal Policy for Protection of Human Subjects," Federal Register 51 (3 June 1986): 20206.
24. 作者訪談Porter。
25. 作者訪談Porter；"Federal Policy for the Protection of Human Subjects: Notice and Proposed Rules," Federal Register 53 (10 Nov. 1988): 45663, 45672.
26. Office of Science and Technology Policy et al., "Federal Policy for the Protection of Human Subjects: Notices and Rules," Federal Register 56 (18 June 1991): 28007.
27. 作者訪談Gary Ellis，2008年12月19日於華盛頓首府。
28. Citro et al., Protecting Participants, Appendix D.
29. "Communication Scholars' Narratives of IRB Experiences," Journal of Applied Communication Research 33 (Aug. 2005): 229.
30. H. Russell Bernard, Research Methods in Cultural Anthropology: Qualitative and Quantitative Approaches (Newbury Park, CA: Sage, 1988), 116.
31. H. Russell Bernard, Research Methods in Cultural Anthropology: Qualitative and Quantitative Approaches, 2nd ed. (Thousand Oaks, CA: Sage, 1994), 109.
32. H. Russell Bernard, Research Methods in Anthropology: Qualitative and Quantitative Approaches, 3d. ed. (Walnut Creek, CA: AltaMira, 2003), 138.
33. Fluehr-Lobban, Ethics and the Profession of Anthropology.
34. Carolyn Fluehr-Lobban, "Ethics and Professionalism in Anthropology: Tensions between Its Academic and Applied Branches," Business and Professional Ethics 10 (issue 4, 1991): 65.
35. Michael Dean Murphy and Agneta Johannsen, "Ethical Obligations and Federal Regulations in Ethnographic Research and Anthropological Education," Human Organization 49 (Summer 1990): 129-130.
36. Rik Scarce, Contempt of Court: A Scholar's Battle for Free Speech from Behind Bars (Lanham, CA: AltaMira, 2005), 13.
37. Alan Sica, "Sociology as a Worldview," American Journal of Sociology 102 (July 1996): 254; Christopher Shea, "Don't Talk to the Humans: The Crackdown on Social Science Research," Lingua Franca (Sept. 2000): 31.
38. Sudhir Venkatesh, Gang Leader for a Day: A Rogue Sociologist Takes to the

Streets (New York: Penguin, 2008), 119, 203. Venkatesh相信「研究生的工作被嚴重忽視。」他的經驗很可能只是反映他的工作年代（1990年代早期），而非學生處境。

39. Stefan Timmermans, “Cui Bono? Institutional Review Board Ethics and Ethnographic Research,” Studies in Symbolic Interaction 19 (1995): 154.
40. Patricia A. Marshall, “Research Ethics in Applied Anthropology,” IRB: Ethics and Human Research 14 (Nov.-Dec. 1992): 5 n. 37.
41. American Sociological Association, “Index to Issues and Articles, Footnotes,” www .asanet.org [accessed 23 June 2008].
42. Robert E. Cleary, “The Impact of IRBs on Political Science Research,” IRB: Ethics and Human Research 9 (May-June 1987): 6-10.
43. Committee on Professional Ethics, Rights, and Freedoms, “Resolution on Ethics and Human Subjects,” PS: Political Science and Politics 22 (Mar. 1989): 106.
44. American Sociological Association, Code of Ethics (Washington, DC: American Sociological Association, 1989), 3.
45. American Association of University Professors, “Regulations Governing Research on Human Subjects,” 368.
46. Keith Schneider, “Secret Nuclear Research on People Comes to Light,” New York Times, 17 Dec. 1993; editorial, “Experiments on Humans,” Washington Post, 20 Dec. 1993.
47. John H. Cushman, “Study Sought on All Testing on Humans,” New York Times, 10 Jan. 1994.
48. Department of Defense, “Report on Search for Human Radiation Experiment Records 1944-1994,” appendix 2, exhibit 4, www.defenselink.mil/pubs/dodhre/ [accessed 22 Dec. 2008].
49. ACHRE, Final Report (New York: Oxford University Press, 1996), 523-524.
50. NBAC, 1996-1997 Annual Report (Rockville, MD: National Bioethics Advisory Commission, 1998), 3.
51. General Accounting Office, Scientific Research: Continued Vigilance Critical to Protecting Human Subjects (Washington, DC: General Accounting Office, 1996), 24.
52. NBAC, Reports and Recommendations of the National Bioethics Advisory Commission, vol. 1 of Ethical and Policy Issues in Research Involving Human Participants (Washington, DC: National Bioethics Advisory Commission, 2001), 143.
53. General Accounting Office, Scientific Research, 2.

54. HHS, Institutional Review Boards: A Time for Reform (Washington, DC: Department of Health and Human Services, Office of the Inspector General, 1998), iii.
55. NBAC, Reports and Recommendations, 147.
56. General Accounting Office, Scientific Research, 2.
57. NBAC, Reports and Recommendations, 143.
58. NBAC, transcript, meeting, 17 May 1997, 102, http://bioethics.georgetown.edu/nbac/ [accessed 26 Dec. 2008].
59. Senate Committee on Labor and Human Resources, Human Research Subject Protections Act of 1997, S. 193, 105th Cong., 1st sess., 1997.
60. House Committee on Government Reform, Institutional Review Boards: A System in Jeopardy, 105th Cong., 2nd sess., 1998, 50-56.
61. 作者訪談Ellis。
62. NBAC, transcript, meeting, 4 Oct. 1996, 199, http://bioethics.georgetown.edu/nbac/ [accessed 26 Dec. 2008].
63. 作者訪談Ellis。
64. "Applicability to Social and Educational Research," RG 443.
65. HHS, "Final Regulations Amending Basic HHS Policy,"8367.
66. OPRR, "Sample Multiple Project Assurance," rev. 11 Aug. 1981, IdSP.
67. Louttit, "Government Regulations," in Sieber, NIH Readings, 179.
68. Robert E. Windom致Charlotte Kitler函，1988年9月13日，RES 6-01 Human Subjects, OD-NIH。
69. 作者訪談Ellis。OPRR, "Exempt Research and Research That May Undergo Expedited Review," OPRR Reports 95-02, 5 May 1995, www.hhs.gov/ohrp/humansubjects/guidance/hsdc95-02.htm [accessed 22 Aug. 2007].
70. 作者訪談Ellis。
71. James Bell, John Whiton, and Sharon Connelly, Evaluation of NIH Implementation of Section 491 of the Public Health Service Act, Mandating a Program of Protection for Research Subjects (Arlington, VA: James Bell Associates, 1998), 28.
72. 作者訪談Ellis。2009年，OHRR做了讓步，允許「規範並不要求研究者之外的其他人，介入研究為是否豁免的決定」但仍建議「未賦予研究者單獨決定人類受試者是否豁免的權力。」OHRP, "Exempt Research Determination," 14 Oct. 2009, www.hhs.gov/ohrp/policy/ [accessed 28 Oct. 2009].
73. 作者訪談Ellis。

74. Charles A. Johnson致John R. Giardino函，1999年8月4日，DAR; 45 CFR 46 sec. 101(b)(4)。
75. Richard E. Miller致Edward Portis函，2000年2月11日，DAR。
76. 作者訪談Ellis。
77. Jon F. Merz, "Is Human Subjects Research (Ethics) in Crisis?" Journal of Health Politics, Policy and Law 25 (October 2000): 980; Eliot Marshall, "Shutdown of Research at Duke Sends a Message," Science 284 (21 May 1999): 1246.
78. HHS, Protecting Human Research Subjects: Status of Recommendations (Washington, DC: Department of Health and Human Services, Office of the Inspector General, 2000), 2; John H. Mather and Terry Hartnett, "HSP and Accreditation: Growing Pains and Successes Mark First Seven Years," Medical Research Law & Policy Report (20 Feb. 2008): 3; Philip J. Hilts, "New Voluntary Standards Are Proposed for Experiments on People," New York Times, 29 Sept. 2000.
79. Marshall, "Shutdown of Research at Duke," 1246.
80. 作者訪談Ellis。
81. Jeffrey Brainard, "Spate of Suspensions of Academic Research Spurs Questions about Federal Strategy," Chronicle of Higher Education (4 Feb. 2000): A29-30.
82. HHS, Protecting Human Research Subjects, 2.
83. President's Commission, transcript of proceedings, 12 July 1980, 329, PCSEP-GU.
84. Donna Shalala, "Protecting Research Subjects," New England Journal of Medicine 343 (14 Sept. 2000): 808.
85. Shalala, "Protecting Research Subjects."
86. "More Teeth for Watchdog on Research Risks," Nature 400 (15 July 1999): 204.
87. Brainard, "Spate of Suspensions."
88. Greg Koski, "Beyond Compliance . . . Is It Too Much to Ask?" IRB: Ethics and Human Research 25 (Sept.-Oct. 2003): 5.
89. NBAC, transcript of proceedings, 12 Sept. 2000, 195, http://bioethics.georgetown .edu/nbac/ [accessed 5 Aug. 2008].
90. Jessica Aungst, Amy Haas, Alexander Ommaya, and Lawrence W. Green, eds., Exploring Challenges, Progress, and New Models for Engaging the Public in the Clinical Research Enterprise: Clinical Research Roundtable Workshop Summary (Washington, DC: National Academies Press, 2003), 33.
91. Rick Weiss, "Research Protection Chief to Leave HHS," Washington Post, 17 Oct. 2002.

92. OHRP, "Federalwide Assurance for Protection for Human Subjects," version date 20 Mar. 2002, http://web.archive.org/web/20050207045125/http://www.hhs.gov/ohrp/ humansubjects/assurance/filasurt.htm [accessed 10 Dec. 2008]. 2001年4月的前一版本鼓勵接納貝爾蒙特原則，但是注意到「特定的條款可以協商」（作者持有複本，依自由資訊法要求取得）。2002年版本刪除可協商的允諾。
93. 45 CFR 46.103(b)(1).
94. Jonathan D. Moreno, "Goodbye to All That: The End of Moderate Protectionism in Human Subjects Research," Hastings Center Report 31 (May-June 2001): 10, 16. 224 notes to pages 136-139
95. Levine et al., "Political, Legal, and Moral Limits," in Knudson, PRIM&R through the Years, 32.
96. Carolyn Fluehr-Lobban, "Informed Consent in Anthropological Research: We Are Not Exempt," Human Organization 53 (Spring 1994): 4, 5, 9 n. 7.
97. Alan Sica, "Sociology as a Worldview," 254.
98. Rik Scarce, "Field Trips as Short-Term Experiential Education," Teaching Sociology 25 (July 1997): 219-226.
99. Mike F. Keen, "Teaching Qualitative Methods: A Face-to-Face Encounter," Teaching Sociology 24 (Apr. 1996): 166-176.
100. Brainard, "Spate of Suspensions."
101. Caroline H. Bledsoe, Bruce Sherin, Adam G. Galinsky, Nathalia M. Headley, Carol A. Heimer, Erik Kjeldgaard, James T. Lindgren, Jon D. Miller, Michael E. Roloff, and David H. Uttal, "Regulating Creativity: Research and Survival in the IRB Iron Cage," Northwestern University Law Review 101 (Special Issue, 2007): 601-602.
102. Shea, "Don't Talk to the Humans," 33.
103. Mary Jo Feldstein, "Student Fights Research Board," Digital Missourian, 13 May 2001, http://ludwig.missouri.edu/405/IRBstory.html [accessed 27 Oct. 2009].
104. 匿名者致Felice Levine函，2000年4月19日，DAR.
105. Jeffrey Brainard, "The Wrong Rules for Social Science?" Chronicle of Higher Education (9 Mar. 2001): A21.
106. Samuel P. Jacobs, "Stern Lessons for Terrorism Expert," Harvard Crimson, 23 Mar. 2007.
107. William L. Waugh Jr., "Issues in University Governance: More 'Professional' and Less Academic," Annals of the American Academy of Political and Social

Science 585 (Jan. 2003): 91.

108. Arthur L. Caplan, "H.E.W.'s Painless Way to Review Human Research," New York Times, 27 Dec. 1979.
109. Mather and Hartnett, "HSP and Accreditation," 2.
110. Bledsoe et al., "Regulating Creativity," 612.
111. Jack Katz, "Toward a Natural History of Ethical Censorship," Law & Society Review 41 (Dec. 2007): 800.
112. Bledsoe et al., "Regulating Creativity," 616.
113. Council for Certification of IRB Professionals, Certification Examination for IRB Professionals: Handbook for Candidates, www.primr.org [accessed 6 Aug. 2008].
114. Collaborative Institutional Training Initiative, "About the Collaborative Institutional Training Initiative (CITI)," www.citiprogram.org [accessed 6 Aug. 2008].
115. CITI Course in the Protection of Human Research Subjects, www.citiprogram.org [accessed 30 Oct. 2006; available only to affiliates of participating organizations].
116. Council for Certification of IRB Professionals, Certification Examination.
117. Council for Certification of IRB Professionals, "Recertification Guidelines for Certified IRB Professionals (CIP)," www.primr.org [accessed 6 Aug. 2008].
118. Association for the Accreditation of Human Research Protection Programs, "Accreditation Principles," www.aahrpp.org [accessed 6 Aug. 2008].
119. Association for the Accreditation of Human Research Protection Programs, "Board of Directors," www.aahrpp.org [accessed 6 Aug. 2008].
120. DHEW, "Proposed Regulations," 47695.
121. Association for the Accreditation of Human Research Protection Programs, "Evaluation Instrument for Accreditation, Updated June 1, 2007," 14, www.aahrpp.org [accessed 6 Aug. 2008].
122. Susan Kornetsky, Amy Davis, and Robert J. Amdur, Study Guide for "Institutional Review Board: Management and Function" (Sudbury, MA: Jones and Bartlett, 2003), 37.
123. Ernest D. Prentice and Gwenn S. F. Oki, "Exempt from IRB Review," in Robert J. Amdur and Elizabeth A. Bankert, Institutional Review Board: Management and Function (Sudbury, MA: Jones and Bartlett, 2002), 111.
124. J. Michael Oakes, "Survey Research," in Amdur and Bankert, Institutional Review Board, 431.

125. 45 CFR 46.111(a)(2).
126. NBAC, transcript, 39th meeting, 6 Apr. 2000, 61-63, http://bioethics.georgetown.edu/nbac/ [accessed 24 June 2008].
127. OHRP, "OHRP Compliance Oversight Activities: Significant Findings and Concerns of Noncompliance, 10-12-2005," www.hhs.gov/ohrp/compliance/findings.pdf [accessed 22 Jan. 2009].
128. Scott Burris and Jen Welsh, "Regulatory Paradox: A Review of Enforcement Letters Issued by the Office for Human Research Protection," Northwestern University Law Review 101 (Special Issue, 2007): 673.
129. Ora H. Pescovitz to Kristina C. Borror, 24 July 2008, 12, www.heraldtimesonline .com/stories/2008/08/10/0808_allegations0811.pdf [accessed 10 Dec. 2008]; Nicole Brooks, "IU Research Oversight Office Has More Staff, but Projects Still Delayed," Bloomington Herald-Times, 8 Oct. 2008; Kevin Mackice, "Taking the H out of HCI," www .blogschmog.net [accessed 10 Dec. 2008].
130. Shea, "Don't Talk to the Humans," 28.

第七章　社會科學的第二戰役

1. NBAC, transcript, 39th meeting, 6 Apr. 2000, 105.
2. Fluehr-Lobban, "Ethics and Professionalism in Anthropology," 63.
3. Fluehr-Lobban, "Informed Consent in Anthropological Research," 4.
4. Murray L. Wax, "Reply to Herrera," Human Organization 55 (Summer 1996): 238.
5. Carolyn Fluehr-Lobban, "Rejoinder to Wax and Herrera," Human Organization 55 (Summer 1996): 240.
6. Fluehr-Lobban, Ethics and the Profession of Anthropology: Dialogue for Ethically Conscious Practice, 2nd ed. (Walnut Creek, CA: AltaMira, 2002), 93.
7. 作者電話訪問John M. Kennedy，2008年12月12日。
8. American Sociological Association, Code of Ethics and Policies and Procedures of the ASA Committee on Professional Ethics (Washington, DC: American Sociological Association, 1999), 13-14, 20.
9. National Commission, transcript of public hearings, 653, NC-GTU.
10. 作者訪談Kennedy.
11. John Kennedy, "Hot Off the Press: Revised Draft of ASA Code of Ethics," American Sociological Association Footnotes (July/Aug. 1996): 6, and "ASA

Members to Vote on Revised Ethics Code," American Sociological Association Footnotes (Mar. 1997): 7.

12. Patricia A. Adler and Peter Adler, "Do University Lawyers and the Police Define Research Values?" in Will C. van den Hoonaard, ed., Walking the Tightrope: Ethical Issues for Qualitative Researchers (Toronto: University of Toronto Press, 2002), 39.
13. Millstein, "DHEW Requirements," IdSP.
14. "Issues Relating to the Performance of Institutional Review Boards," NCPHS-GU; 作者訪談Gray。
15. J. W. Peltason等致F. William Dommel函，1979年11月8日，25號箱，Human Subjects Corresp. 1979 2/3, IdSP。
16. Richard Cándida Smith, "From the Executive Secretary," Oral History Association Newsletter (Winter 1989): 5.
17. Nina de Angeli Walls, "Art, Industry, and Women's Education: The Philadelphia School of Design for Women, 1848-1932," PhD diss., University of Delaware, 1995.
18. Anne Boylan致Reed Geiger函，1995年8月28日，DAR。
19. John Cavanaugh致Anne Boylan函，1995年8月28日，DAR。
20. Michael Gordon給口述歷史協會的討論提綱，1995年11月20日，DAR; Michael A. Gordon, "Historians and Review Boards," Perspectives: Newsletter of the American Historical Association (Sept. 1997): 35-37。
21. Margie McLellan給口述歷史協會的討論提綱，1995年11月25日，DAR。
22. Jon W. Stauff給口述歷史協會的討論提綱，1995年11月20日，DAR；Antoinette Errant給口述歷史協會的討論提綱，1997年4月16日，DAR。
23. Linda Shopes致 Dale [Treleven]、Don [Ritchie]與 Michael [Gordon]函，1997年1月31日，DAR。
24. American Historical Association, "Minutes of the Council Meeting, June 7-8, 1997," www.historians.org/info/annualreports/ [accessed 20 Aug. 2008].
25. Richard Cándida Smith致Stanley Katz函，1997年9月19日，DAR。
26. Linda Shopes and Rebecca Sharpless，給OPRR信，1998年3月2日，作者持有。
27. HHS, "Protection of Human Subjects: Categories of Research That May Be Reviewed by the Institutional Review Board (IRB) through an Expedited Review Procedure," Federal Register 63 (9 Nov. 1998): 60364-60367.
28. "OHA Involved in New Rules Affecting Academic Oral Historians," Oral History Association Newsletter 33 (Winter 1999): 3.

29. Shea, “Don’t Talk to the Humans,” 27.
30. 作者電話訪談Jonathan Knight，2008年9月18日。
31. Don Ritchie致Laurie Mercier函，1999年11月3日，DAR。
32. Linda Shopes致Don Ritchie函，2000年6月4日，DAR。
33. 回應Robert Hauck，2000年5月31日，DAR。因為某些學者給學術組織的意見表示希望匿名，我在此刪除那些學者姓名。
34. Ed Portis致Cathy Rudder函，2000年4月6日，DAR; Richard E. Miller致Edward Portis函，2000年2月11日，DAR。
35. 回應Kathleen Terry-Sharp，2000年4月12日，DAR。
36. 回應Felice Levine，2000年4月28日，DAR。
37. ASA網頁回應，19 Apr. 2000, DAR。
38. Felice Levine致Jonathan Knight函，2000年11月28日，DAR。
39. 我個人統計在Donlad Ritchies文章中回應的14位社會學者，有2位對於IRBs持肯定態度，6位否定，其餘為中性或混合。
40. Don Ritchie致Felice Levine 等函，n.d., ca. Nov. 2000, DAR。
41. Linda Shopes致AHA委員會成員函，2001年5月24日，DAR。
42. American Association of University Professors, “Regulations Governing Research on Human Subjects,” 363.
43. American Association of University Professors, “Institutional Review Boards and Social Science Research (2000),” www.aaup.org [accessed 17 Sept. 2008].
44. Felice J. Levine, “Comments on Proposed Revisions to the Expedited Review Categories of Research,” 21 Dec. 2007,作者持有複本。
45. Felice J. Levine and Paula R. Skedsvold, “Where the Rubber Meets the Road: Aligning IRBs and Research Practice,” PS: Political Science & Politics 41 (July 2008): 501.
46. Didier Fassin, “The End of Ethnography as Collateral Damage of Ethical Regulation?” American Ethnologist 33 (Nov. 2006): 522; Søren Holm, “The Danish Research Ethics Committee System—Overview and Critical Assessment,” in NBAC, Ethical and Policy Issues, F-10; Robert Dingwall, “The Ethical Case against Ethical Regulation in Humanities and Social Science Research,” 21st Century Society 3 (Feb. 2008): 2; Robert Dingwall, “ ‘Turn Off the Oxygen ...,’” Law & Society Review 41 (Dec. 2007): 788-789.
47. Mark Israel and Iain Hay, Research Ethics for Social Scientists: Between Ethical Conduct and Regulatory Compliance (London: Sage, 2006), chapter 4.
48. Economic and Social Research Council, Research Ethics Framework (Swindon, UK: Economic and Social Research Council, 2005), 7.

49. Australian National Health and Medical Research Council, Australian Research Council, and Australian Vice-Chancellors' Committee, National Statement on Ethical Conduct in Human Research (Canberra: Australian Government, 2007), 7.
50. Canadian Institutes of Health Research, Natural Sciences and Engineering Research Council of Canada, and Social Sciences and Humanities Research Council of Canada, Tri-Council Policy Statement: Ethical Conduct for Research Involving Humans, 1998 (with 2000, 2002 and 2005 amendments) (Ottawa, ON: Interagency Secretariat on Research Ethics, 2005), i.9.
51. Economic and Social Research Council, Research Ethics Framework, 22.
52. Dingwall, " 'Turn Off the Oxygen,' " 789-790.
53. Kevin D. Haggerty, "Ethics Creep: Governing Social Science Research in the Name of Ethics," Qualitative Sociology 27 (Winter 2004): 412.
54. Carolyn Ells and Shawna Gutfreund, "Myths about Qualitative Research and the Tri-Council Policy Statement," Canadian Journal of Sociology 31 (Summer 2006): 361-362.
55. Social Sciences and Humanities Research Ethics Special Working Committee, Giving Voice to the Spectrum (Ottawa, ON: Interagency Advisory Panel and Secretariat on Research Ethics, 2004), 10.
56. M. H. Fitzgerald, P. A. Phillips, and E. Yule, "The Research Ethics Review Process and Ethics Review Narratives," Ethics & Behavior 16 (issue 4, 2006): 379.
57. Israel and Hay, Research Ethics for Social Scientists, 1.
58. Linda Shopes給作者的電郵，2008年11月16日。
59. NBAC，草稿，第39次會議，2000年4月6日，142-147。
60. Linda Shopes致AHA研究部門函，2000年9月24日，DAR。
61. Levine致Knight函，2000年11月8日，DAR。
62. NBAC, Ethical and Policy Issues, 9.
63. Michael Carhart致Linda Shopes函, 2000年12月11日, DAR.
64. James D. Shelton, "How to Interpret the Federal Policy for the Protection of Human Subjects or 'Common Rule' (Part A)," IRB: Ethics and Human Research 21 (Nov.- Dec. 1999): 6.
65. Agency for International Development, "Guide for Interpreting the Federal Policy for the Protection of Human Subjects," www.usaid.gov [2008年9月12日取得].
66. Alan Sandler致Victoria Harden函，2001年9月21日，DAR。向Barbara

Mishkin解釋此點時，作為國家委員會職員，她對於規範中研究人員的定義著力頗深，認為那似乎合理，但也注意到委員會心中仍以醫學研究為主。「當我們說『可概推的知識』，意思是做一個小小的研究計畫，探究細菌A對於群眾是否具有影響，不論此影響是單獨作用或與B混合，總目標是對醫學知識有所貢獻。歷史，我猜是混合的知識，可否概推？我未曾想過。」作者訪談Mishkin。

67. Michael C. Carhart, "Excluding History from Bioethical Oversight," Jan. 2002, DAR; Greg Koski致Linda Shopes、Michael Carhart、Janet Golden、Jonathan Knight與Don Ritchie函，2002年1月8日，DAR。
68. Shopes致Ritchie函，2002年1月9日，DAR。
69. Linda Shopes，在National Human Research Protections Advisory Commission之前的評論，2002年1月29日，DAR。
70. Linda Shopes與Donald A. Ritchie致Greg Koski及Jeffrey Cohen函，2002年10月4日，DAR; Linda Shopes致Jonathan Knight函，2003年8月4日，DAR。
71. Shopes致Knight函，2003年8月4日，DAR。
72. Michael A. Carome, "Letter to Linda Shopes and Donald A. Ritchie, 22 September 2003," www.historians.org/press/IRBLetter.pdf [accessed 24 June 2008].
73. Linda Shopes致Don Ritchie函，2003年8月19日，DAR; Donald A. Ritchie and Linda Shopes, "Oral History Excluded from IRB Review," Oral History Association Newsletter 37 (Winter 2003): 1; Bruce Craig, "Oral History Excluded from IRB Review," Perspectives: Newsletter of the American Historical Association, Dec. 2003, www.historians.org/Perspectives/ [accessed 29 Oct. 2009].
74. University of California-Los Angeles, Office for the Protection of Research Subjects, "Oral History and Human Subjects Research," www.oprs.ucla.edu/human/ [accessed 8 Sept. 2008].
75. National Commission, transcript, meeting #15, Feb. 1976, 306, NCPHS-GU.
76. Michael A. Carome，電郵給Lori Bross，2003年12月1日，www.nyu.edu/ucaihs/ forms/oralhistory/email.php [accessed 24 June 2008]。
77. Linda Shopes致Michael Carome函，2003年12月19日，DAR。
78. Linda Shopes致Ron Doel函，2004年1月19日，DAR。
79. Michael Carome致Linda Shopes函，2003年12月23日，DAR。
80. Michael Carome致Linda Shopes及Don Ritchie函，2004年1月8日，DAR。
81. Robert B. Townsend and Mériam Belli, "Oral History and IRBs: Caution Urged as Rule Interpretations Vary Widely," Perspectives: Newsletter of the American

Historical Association (Dec. 2004): 9.

82. Robert B. Townsend, "Oral History and Review Boards: Little Gain and More Pain," Perspectives: Newsletter of the American Historical Association (Feb. 2006): 2.
83. OHRP, "Oral History Archive," www.hhs.gov/ohrp/belmontArchive.html/ [accessed 8 Sept. 2008].
84. Kevin Nellis電郵給作者，2007年1月10日。
85. Columbia University, "IRB Review of Oral History Projects, 27 December 2007," www.cumc.columbia.edu/dept/irb/policies/ [accessed 8 Sept. 2008].
86. Amherst College, "IRB Policies, Procedures, and Review Guidelines," www. amherst .edu/academiclife/funding/irb/; University of Nebraska-Lincoln, "IRB Review of Oral History Projects," 1 Oct. 2008, http://research.unl.edu/orr/docs/UNLOralHistoryPolicy .pdf; University of Missouri-Kansas City, "Social Sciences IRB and Oral History," web2 .umkc.edu/research/ors/Support/IRB/SS/OralHistory.html [all accessed 20 July 2009]; University of Michigan, "Activities Subject to the HRPP (July 2009)," www.hrpp.umich .edu/om/Part4.html [accessed 29 Oct. 2009]
87. 作者電話訪談 Knight。

第八章　修正還是抵抗

1. National Commission, transcript, meeting #38, Jan. 1978, 216, NCPHS-GU.
2. Stark, "Victims in Our Own Minds?" 783.
3. Dougherty and Kramer, "A Rationale for Scholarly Examination of Institutional Review Boards," 185.
4. Stuart Plattner, "Human Subjects Protection and Cultural Anthropology," Anthropological Quarterly 76 (Spring 2003): 287-297.
5. Joan E. Sieber, Stuart Plattner, and Philip Rubin, "How (Not) to Regulate Social and Behavioral Research," Professional Ethics Report 15 (Spring 2002): 1.
6. Dvora Yanow and Peregrine Schwartz-Shea, "Institutional Review Boards and Field Research," presentation at the American Political Science Association Annual Meeting, Chicago, Illinois, Aug. 30-Sept. 2, 2007, 29.
7. Charles L. Bosk, "The New Bureaucracies of Virtue, or When Form Fails to Follow Function," PoLAR: Political and Legal Anthropology Review 30 (Nov. 2007): 193.
8. "Communication Scholars' Narratives of IRB Experiences," 204-205.

9. Patricia A. Marshall, "Human Subjects Protections, Institutional Review Boards, and Cultural Anthropological Research," Anthropological Quarterly 76 (Spring 2003): 269-285.
10. NBAC, transcript, 39th meeting, 6 Apr. 2000, 104; Elisa J. Gordon, "Trials and Tribulations of Navigating IRBs: Anthropological and Biomedical Perspectives of 'Risk' in Conducting Human Subjects Research," Anthropological Quarterly 76 (Spring 2003): 299-320.
11. "Communication Scholars' Narratives of IRB Experiences," 220.
12. Léo Charbonneau, "Ethics Boards Harming Survey Research, Says York Professor," University Affairs, 6 June 2005, www.universityaffairs.ca/ethics-boards-harming-surveyresearch-says-york-professor.aspx [accessed 28 Oct. 2009].
13. Will C. van den Hoonaard, "Introduction: Ethical Norming and Qualitative Research," in van den Hoonaard, Walking the Tightrope, 11.
14. "Communication Scholars' Narratives of IRB Experiences," 204.
15. Lynne C. Manzo and Nathan Brightbill, "Toward a Participatory Ethics," in Sara Louise Kindon, Rachel Pain, and Mike Kesby, eds., Participatory Action Research Approaches and Methods: Connecting People, Participation and Place (Milton Park, UK: Routledge, 2007), 34; Jonathan T. Church, Linda Shopes, and Margaret A. Blanchard, "Should All Disciplines Be Subject to the Common Rule?" Academe 88 (May-June 2002): 62-69.
16. Linda Shopes, "Institutional Review Boards Have a Chilling Effect on Oral History," Perspectives: Newsletter of the American Historical Association (Sept. 2000): 6; Nancy Janovicek, "Oral History and Ethical Practice: Toward Effective Policies and Procedures," Journal of Academic Ethics 4 (Dec. 2006): 163.
17. "Communication Scholars' Narratives of IRB Experiences," 207.
18. Haggerty, "Ethics Creep," 403.
19. Church et al., "Should All Disciplines Be Subject to the Common Rule?"
20. Earl Lane, "AAAS Meeting Explores Ways to Improve Ethics Panels That Oversee Social Science Research," 7 Oct. 2008, www.aaas.org/news/releases/ [accessed 24 Oct. 2008].
21. Megan K. Blake, "Formality and Friendship: Research Ethics Review and Participatory Action Research," ACME: An International E-Journal for Critical Geographies 6 (issue 3, 2007): 417.
22. "Communication Scholars' Narratives of IRB Experiences," 207-208.
23. "Communication Scholars' Narratives of IRB Experiences," 214.

24. Sieber et al., “How (Not) to Regulate Social and Behavioral Research,” 1.
25. NBAC, transcript, 39th meeting, 6 Apr. 2000, 60.
26. Gordon, “Trials and Tribulations.”
27. Haggerty, “Ethics Creep,” 398.
28. Adler and Adler, “Do University Lawyers and the Police Define Research Values?” 35.
29. Jack Katz, “Ethical Escape Routes for Underground Ethnographers,” American Ethnologist 33 (Nov. 2006): 501; Church et al., “Should All Disciplines Be Subject to the Common Rule?”
30. Shea, “Don’t Talk to the Humans,” 29.
31. Ted Palys and John Lowman, “One Step Forward, Two Steps Back: Draft TCPS2’s Assault on Academic Freedom,” 15 Mar. 2009, 19, www.sfu.ca/~palys/ [accessed 9 July 2009].
32. Katz, “Toward a Natural History of Ethical Censorship,” 801-803.
33. Laura Jeanine Morris Stark, “Morality in Science: How Research Is Evaluated in the Age of Human Subjects Regulation,” PhD diss., Princeton University, 2006, 211.
34. Mark Kleiman, “The IRB Horror Show,” The Reality-Based Community, 2 May 2009, www.samefacts.com [accessed 9 July 2009].
35. Bledsoe et al., “Regulating Creativity,” 622.
36. Sue Richardson and Miriam McMullan, “Research Ethics in the UK: What Can Sociology Learn from Health?” Sociology 41 (Dec. 2007): 1124.
37. Adler and Adler, “Do University Lawyers and the Police Define Research Values?” 36.
38. Tara Star Johnson, “Qualitative Research in Question: A Narrative of Disciplinary Power with/in the IRB,” Qualitative Inquiry 14 (Mar. 2008): 212-232.
39. Kathryn L. Staley, “Re: Ethics & LGBT Mental Health Service Users,” H-Oralhist 15 Jan. 2007, ww.h-net.org/~oralhist/ [accessed 29 Oct. 2009].
40. Scott Atran, “Research Police-How a University IRB Thwarts Understanding of Terrorism,” Institutional Review Blog, 28 May 2007, www.institutionalreviewblog.com [accessed 24 Oct. 2008].
41. Dingwall, “Ethical Case Against Ethical Regulation,” 9-10.
42. 作者訪談Ellis。
43. University of California-Los Angeles, Office for the Protection of Research Subjects, “Policy Number 3: Human Subjects Research Determinations, 5 July

2007," www .oprs.ucla.edu/human/documents/pdf/3.pdf [accessed 7 Aug. 2008].
44. University of California-Los Angeles, Office for Protection of Research Subjects, "Policy Number 42: Research Involving Public Use Data Files, 17 June 2008," www.oprs .ucla.edu/human/documents/pdf/42.pdf [accessed 7 Aug. 2008].
45. Matt Bradley, "Silenced for Their Own Protection: How the IRB Marginalizes Those It Feigns to Protect," ACME: An International E-Journal for Critical Geographies 6 (issue 3, 2007): 340-342.
46. Bledsoe et al., "Regulating Creativity," 614.
47. Bledsoe et al., "Regulating Creativity," 620.
48. "Communication Scholars' Narratives of IRB Experiences," 222.
49. Jacobs, "Stern Lessons for Terrorism Expert."
50. "Communication Scholars' Narratives of IRB Experiences," 222.
51. Jim Vander Putten, "Wanted: Consistency in Social and Behavioral Science Institutional Review Board Practices," Teachers College Record, 14 September 2009, www.tcrecord .org [accessed 30 October 2009].
52. Linda C. Thornton, "The Role of IRBs in Music Education Research," in Linda K. Thompson and Mark Robin Campbell, eds., Diverse Methodologies in the Study of Music Teaching and Learning (Charlotte, NC: Information Age, 2008).
53. "Communication Scholars' Narratives of IRB Experiences," 206-208.
54. Sue Tolleson-Rinehart, "A Collision of Noble Goals: Protecting Human Subjects, Improving Health Care, and a Research Agenda for Political Science," PS: Political Science & Politics 41 (July 2008): 509.
55. Bledsoe et al., "Regulating Creativity," 619.
56. "Communication Scholars' Narratives of IRB Experiences," 224.
57. Richardson and McMullan, "Research Ethics in the UK," 1124.
58. Richardson and McMullan, "Research Ethics in the UK," 1125.
59. Mary Brydon-Miller and Davydd Greenwood, "A Re-Examination of the Relationship between Action Research and Human Subjects Review Processes," Action Research 4 (Mar. 2006): 123.
60. Church et al., "Should All Disciplines Be Subject to the Common Rule?"
61. Scott Jaschik, "Who's Afraid of Incestuous Gay Monkey Sex?"Inside Higher Ed, 14 Aug. 2007, www.insidehighered.com [accessed 28 Oct. 2009].
62. Will C. van den Hoonaard and Anita Connolly, "Anthropological Research in Light of Research-Ethics Review: Canadian Master's Theses, 1995-2004," Journal of Empirical Research on Human Research Ethics 1 (June 2006): 65.
63. Galliher et al., Laud Humphreys, 101.

64. Brydon-Miller and Greenwood, "A Re-Examination of the Relationship," 122.
65. Fitzgerald et al., "Research Ethics Review Process," 377-395; Stark, "Morality in Science." 更詳細的分析請參晚Zachary M. Schrag, "Maureen Fitzgerald's Ethics Project" and "How IRBs Decide-Badly: A Comment on Laura Stark's 'Morality in Science,'" 兩者皆在Institutional Review Blog, www.institutionalreviewblog.com.
66. Jenn Craythorne致 Kathleen Terry-Sharp函，2000年1月8日，DAR。
67. "Communication Scholars' Narratives of IRB Experiences," 206.
68. "Communication Scholars' Narratives of IRB Experiences," 225.
69. Richardson and McMullan, "Research Ethics in the UK," 1122.
70. John D. Willard V, "IRB Review of Oral History," H-Oralhist, 25 Apr. 2009, www .h-net.org/~oralhist/ [accessed 28 Oct. 2009].
71. Peter Moskos, "More on IRBs," Cop in the Hood, 15 Feb. 2008, www.copinthehood .com [accessed 24 Oct. 2008].
72. Adam Hedgecoe, "Research Ethics Review and the Sociological Research Relationship," Sociology 42 (Oct. 2008): 880.
73. Deborah Winslow, "NSF Supports Ethnographic Research," American Ethnologist 33 (Nov. 2006): 521.
74. "IRBs and Behavioral and Social Science Research: Finding the Middle Ground," AAHRPP Advance (Winter 2008): 1.
75. Cohen, "As Ethics Panels Expand Grip."
76. Bernard A. Schwetz致Don Ritchie函，2007年4月19日，DAR。
77. "Communication Scholars' Narratives of IRB Experiences," 226.
78. Plattner, "Human Subjects Protection and Cultural Anthropology."
79. Charles L. Bosk and Raymond G. De Vries, "Bureaucracies of Mass Deception: Institutional Review Boards and the Ethics of Ethnographic Research," Annals of the American Academy of Political and Social Science 595 (Sept. 2004): 255.
80. James Weinstein, "Institutional Review Boards and the Constitution," Northwestern University Law Review 101 (Special Issue, 2007): 493-562.
81. Stuart Plattner, "Comment on IRB Regulation of Ethnographic Research," American Ethnologist 33 (Nov. 2006): 527.
82. "IRBs and Behavioral and Social Science Research," 6.
83. Plattner, "Human Subjects Protection and Cultural Anthropology," 296.
84. Plattner, "Human Subjects Protection and Cultural Anthropology," 296.
85. Levine and Skedsvold, "Where the Rubber Meets the Road," 502.
86. Kristine L. Fitch, "Difficult Interactions between IRBs and Investigators:

Applications and Solutions," Journal of Applied Communication Research 33 (Aug. 2005): 275.

87. Charles Bosk, "The Ethnographer and the IRB: Comment on Kevin D. Haggerty, 'Ethics Creep: Governing Social Science Research in the Name of Ethics,' " Qualitative Sociology 27 (Dec. 2004): 417.
88. Marshall, "Human Subjects Protections," 272, 280.
89. Plattner, "Comment on IRB Regulation," 527.
90. "Communication Scholars' Narratives of IRB Experiences," 206.
91. Levine and Skedsvold, "Where the Rubber Meets the Road," 501.
92. Shelton, "How to Interpret the Federal Policy," 6.
93. Sieber et al., "How (Not) to Regulate Social and Behavioral Research," 3.
94. National Science Foundation, "Frequently Asked Questions and Vignettes: Interpreting the Common Rule for the Protection of Human Subjects for Behavioral and Social Science Research," www.nsf.gov/bfa/dias/policy/ [accessed 12 Sept. 2008].
95. "Social and Behavioral Sciences Working Group on Human Research Protections," www.aera.net/humansubjects/ [accessed 12 Sept. 2008].
96. Singer and Levine, "Protection of Human Subjects of Research," 153-154.
97. Bosk and De Vries, "Bureaucracies of Mass Deception," 250.
98. Social and Behavioral Sciences Working Group on Human Research Protections, "Risk and Harm," www.aera.net/humansubjects/ [accessed 12 Sept. 2008].
99. Social and Behavioral Sciences Working Group on Human Research Protections, "Institutional Arrangements for Reviewing Exempt, Expedited, or Other Research and Research-Related Activities," www.aera.net/humansubjects/ [accessed 12 Sept. 2008].
100. Bosk and De Vries, "Bureaucracies of Mass Deception," 251.
101. Citro et al., Protecting Participants, 8.
102. Citro et al., Protecting Participants, 35.
103. Citro et al., Protecting Participants, 143.
104. NBAC, Ethical and Policy Issues, 7.
105. Citro et al., Protecting Participants, 23.
106. Citro et al., Protecting Participants, 53.
107. Citro et al., Protecting Participants, 160.
108. Joan E. Sieber, "The Evolution of Best Ethical Practices in Human Research," Journal of Empirical Research on Human Research Ethics 1 (Mar. 2006): 1.
109. 參見Michael Fendrich, Adam M. Lippert, and Timothy P. Johnson, "Respondent

Reactions to Sensitive Questions," Journal of Empirical Research on Human Research Ethics 2 (Sept. 2007): 31-37, and Joan E. Sieber, "Protecting the Vulnerable: Who Are They?" Journal of Empirical Research on Human Research Ethics 3 (Mar. 2008): 1-2.

110. Philip Rubin and Joan E. Sieber, "Empirical Research in IRBs and Methodologies Usually Associated with Minimal Risk," Journal of Empirical Research on Human Research Ethics 1 (Dec. 2006): 3.
111. Rubin and Sieber, "Empirical Research in IRBs and Methodologies," 3.
112. Levine, "Comments on Proposed Revisions," copy in the author's possession.
113. Katz, "Ethical Escape Routes," 500.
114. Martin Tolich and Maureen H. Fitzgerald, "If Ethics Committees Were Designed for Ethnography," Journal of Empirical Research on Human Research Ethics 1 (June 2006): 71.
115. Linda Shopes, "Negotiating Institutional Review Boards," Perspectives: Newsletter of the American Historical Association (Mar. 2007): 3.
116. Richard A. Shweder, "Protecting Human Subjects and Preserving Academic Freedom: Prospects at the University of Chicago," American Ethnologist 33 (Nov. 2006): 516.
117. Cary Nelson, "The Brave New World of Research Surveillance," Qualitative Inquiry 10 (Apr. 2004): 211.
118. Edna Bonacich, "Working with the Labor Movement: A Personal Journey in Organic Public Sociology," American Sociologist 36 (Sept. 2005): 116; Donald L. Mosher, "Balancing the Rights of Subjects, Scientists, and Society: 10 Principles for Human Subject Committees," Journal of Sex Research 24 (1988): 378.
119. NBAC，草稿，39次會議，2000年4月6日，100；另見Dvora Yanow and Peregrine Schwartz-Shea, "Reforming Institutional Review Board Policy: Issues in Implementation and Field Research," PS: Political Science & Politics 41 (July 2008): 33-34.
120. Carol Rambo, "Handing IRB an Unloaded Gun," Qualitative Inquiry 13 (Apr. 2007): 361.
121. Jonathan Moss, "If Institutional Review Boards Were Declared Unconstitutional, They Would Have to Be Reinvented," Northwestern University Law Review 101 (Special Issue, 2007): 804.
122. Bledsoe et al., "Regulating Creativity," 606.
123. Nelson, "Brave New World of Research Surveillance," 216.

124. Bosk, "New Bureaucracies of Virtue," 198.
125. Scott Burris, "Regulatory Innovation in the Governance of Human Subjects Research: A Cautionary Tale and Some Modest Proposals," Regulation & Governance 2 (Mar. 2008): 80.
126. "Communication Scholars' Narratives of IRB Experiences," 227.
127. Will C. van den Hoonaard, "Is Research-Ethics Review a Moral Panic?" Canadian Review of Sociology and Anthropology 38 (Feb. 2001): 19-36; M. H. Fitzgerald, "Punctuated Equilibrium, Moral Panics and the Ethics Review Process," Journal of Academic Ethics 2 (Dec. 2005): 315-338.
128. Debra Viadero, "Security Checks of U.S. Education Contractors to Change," Education Week (2 Apr. 2008): 8.
129. Alice Dreger, "The Vulnerable Researcher and the IRB," Bioethics Forum, www .thehastingscenter.org/BioethicsForum/ [accessed 6 Oct. 2008].
130. Bosk, "New Bureaucracies of Virtue," 194.
131. HHS, Protecting Human Research Subjects, 3.
132. NBAC, Ethical and Policy Issues, 7, 9.
133. "Communication Scholars' Narratives of IRB Experiences," 221; Daniel Bradburd, "Fuzzy Boundaries and Hard Rules: Unfunded Research and the IRB," American Ethnologist 33 (Nov. 2006): 492-498.
134. Shea, "Don't Talk to the Humans," 32.
135. Bonacich, "Working with the Labor Movement," 116.
136. Shea, "Don't Talk to the Humans," 32.
137. Haggerty, "Ethics Creep," 410.
138. "Michaela," 對"Embodied Ethics Oversight,"的評論，2009年5月5日，Culture Matters, http://culturematters.wordpress.com (4 June 2009).
139. Bledsoe et al., "Regulating Creativity," 625.
140. Shea, "Don't Talk to the Humans," 30-31.
141. "Communication Scholars' Narratives of IRB Experiences," 210.
142. "Communication Scholars' Narratives of IRB Experiences," 214.
143. Mark H. Ashcraft and Jeremy A. Krause, "Social and Behavioral Researchers' Experiences with Their IRBs," Ethics & Behavior 17 (Jan. 2007): table 3; Viadero, "Security Checks"; Richardson and McMullan, "Research Ethics in the UK," 1122.
144. Shweder, "Protecting Human Subjects," 509.
145. John A. Robertson, "The Social Scientist's Right to Research and the IRB System," in Beauchamp et al., Ethical Issues in Social Science Research, 356.

146. Philip Hamburger, "The New Censorship: Institutional Review Boards," Supreme Court Review (Oct. 2004): 281. See also Kerr, "Unconstitutional Review Board?" 393-447.
147. Gunsalus et al., "Illinois White Paper."
148. American Association of University Professors, "Research on Human Subjects: Academic Freedom and the Institutional Review Board," www.aaup.org/AAUP/comm/ rep/A/humansubs.htm [accessed 28 Oct. 2009].
149. Katz, "Ethical Escape Routes," 504.
150. NBAC, transcript, 39th meeting, 6 Apr. 2000, 76-77.
151. Levine and Skedsvold, "Where the Rubber Meets the Road,"504.
152. Levine and Skedsvold, "Where the Rubber Meets the Road," 503.
153. Greg Downey, "Dr. Zachary Schrag on Ethics, IRB & Ethnography," Culture Matters, 20 Aug. 2007, http://culturematters.wordpress.com [accessed 2 Nov. 2008].
154. "Policy Regarding Human Subject Research in the Sociobehavioral Sciences," University of Pennsylvania Almanac, 3 Oct. 2006, www.upenn.edu/almanac/ [accessed 2 Nov. 2008].
155. Tuskegee Syphilis Study Ad Hoc Advisory Panel, Final Report of the Tuskegee Syphilis Study Ad Hoc Advisory Panel (Washington, DC: Department of Health, Education, and Welfare, 1973), 24.
156. National Commission, transcript, meeting #24, Nov. 1976, 175, NCPHS-GU.

結論

1. Venkatesh, Gang Leader for a Day, 206.
2. 作者訪談Ellis。
3. 作者訪談Gray。
4. President's Commission, transcript of proceedings, 12 July 1980, 333-340, PCSEPGU.
5. Jeffrey Cohen, "PRIM&R Thoughts," 21 November 2008, HRPP Blog, http://hrpp .blogspot.com [accessed 24 Dec. 2008].
6. Robert J. Levine, "Empirical Research to Evaluate Ethics Committees' Burdensome and Perhaps Unproductive Policies and Practices: A Proposal," Journal of Empirical Research on Human Research Ethics 1 (September 2006), 3.
7. Secretary's Advisory Committee on Human Research Protections, transcript, 16th meeting, 16 July 2008, 263-264.

專有名詞

專有名詞原文	中譯
A	
Academic Freedom Committee	學術自由委員會
Accreditation of Human Research Protection Programs, AHRPP	人類研究保護方案認證
Advisory Committee on Human Radiation Experiments, ACHRE	人體輻射實驗諮詢委員會
Agency for International Development	國際發展組織
Albuquerque Tribune	阿布奎基論壇報
Alcohol, Drug Abuse, and Mental Health Administration, ADAMHA	精神衛生管理局
American Association for the Advancement of Science, AAAS	美國科學促進會
American Association of Anthropology, AAA	美國人類學學會
American Association of Medical College	美國醫學院校協會
American Association of University Professors, AAUP	美國大學教授協會
American Council on Education	美國教育理事會
American Folklore Society, AFS	美國民俗學會
American Historical Association, AHA	美國歷史學會
American Political Science Association, APSA	美國政治科學學會
American Psychological Association, APA	美國心理學學會
American Social Science Association, ASSA	美國社會科學學會

American Sociological Association, ASA	美國社會學學會
American Studies Association	美國研究協會
April policy	四月政策
armchair approach vs. research approach	安樂椅方式與研究取向
Association of American Universities	美國大學協會
Australian National Statement on Ethical Conduct in Human Research	澳洲國家人類研究倫理行為聲明
B	
Belmont Report	貝爾蒙特報告
Brookings Institution	布魯金斯研究所
C	
Central Intelligence Agency, CIA	中情局
Code of Federal Regulations	聯邦規章準則
Collaborative Institution Training Initiative, CITI	訓練倡議合作組織
Committee for the Protection of Human Subjects	研究參與者保護委員會
Committee of Concern	關懷委員會
Committee on Academic Freedom and Tenure	學術自由與終身職委員會
Common Rule	人類研究受試者保護共同規範
Consortium of Social Science Associations	社會科學協會聯盟
D	
Declaration of Helsinki	赫爾辛基宣言
Democratic National Committee	民主黨國家委員會

Department of Agriculture	農業部
Department of Education	教育部
Department of Health and Human Services, HHS	衛生與公眾服務部
Department of Health, Education, and Welfare, DHEW	衛生教育福利部
Department of Housing and Urban Development	住宅和城市發展部
E	
Ethical and Policy Issues in Research Involving Human Participants	研究的倫理與政策議題
F	
Family Educational Rights	家庭教育權
Federal Register	聯邦公報
First Amendment	第一修正案
Food and Drug Administration, FDA	食物藥品管理局
Freedom of Information Office	自由資訊室
G	
General Accounting Office, GAO	審計部
Gulf War	波斯灣戰爭
H	
Hippocratic oath	希波克拉底氏誓言
House of Representatives committee	眾議院委員會
Human Research Committee, HRC	人類研究委員會
human subjects	（研究）參與者
Human Subjects Review Committee	人類受試者審查委員會
I	
Inauguration Day	總統就職日

Institutional Guide to DHEW Policy on Protection of Human Subjects	衛生教育福利部之參與者保護政策的制度指導
Institutional Review Board, IRB/IRBs	研究倫理審查委員會
J	
Journal of Policy History	政策史學刊
K	
Ku Klux Klan	3K黨
L	
Law and Society Association	法律與社會學協會
Lebanese Druze Muslim	德魯茲派穆斯林
M	
McCarthyism	麥肯錫主義
N	
National Academy of Sciences, NSA	國家科學院
National Advisory Health Council, NAHC	國家健康諮詢委員會
National Association of Practicing Anthropology	國家實用人類學學會
National Association of State Universities and Land－Grant Colleges	國家州立大學與贈地學院協會
National Bioethics Advisory Commission, NBAC	國家生物倫理諮詢委員會
National Commission	國家委員會
National Human Research Protection Advisory Commission, NHRPAC	國家人類研究保護諮詢委員會
National Institute of Mental Health, NIMH	國家心理衛生學會
National Institutes of Health, NIH	國家衛生研究院
National Research Act	國家研究法案

National Science and Technology Council	國家科學與技術委員會
National Science Foundation, NSF	國家科學基金會
Negro League Baseball	黑人棒球聯盟
New York Times	紐約時報
Norms for the Conduct of Research	研究指導規範
Nuremberg Code	紐倫堡守則
O	
Office for Human Research Protection, OHRP	人類研究保護室
Office for Protection from Research Risks, OPRR	研究風險保護室
Office of Education	教育辦公室
Office of General Counsel	科學政策辦公室／總諮詢辦公室
Office of Management and Budget	管理和預算辦公室
Office of Science and Technology Policy	科學與技術政策辦公室
Oral History Association Newsletter	口述歷史學會報刊
Oral History Association, OHA	口述歷史學會
Organization of American Historians	美國歷史學者組織
P	
Panel on Privacy in Behavioral Research	行為研究隱私小組
Policy and Procedure Order 129, PPO129	二月行政命令
President’s Commission	總統委員會
Privacy Act	隱私權
Project Camelot	卡米洛特工程
Public Health Service, PHS	公共衛生服務司
Public Responsibility in Medicine and Research, PRIM&R	醫學與研究公共責任協會

R	
research ethics boards,(REBs or REB)	研究倫理委員會
Research Ethics Framework	研究倫理框架
S	
snowball sample	滾雪球抽樣
Social Security Administration	社會安全局
Society for Applied Anthropology, SAA	應用人類學學會
Society for the Study of Social Problems	社會問題研究協會
Sri Lankan civil war	斯里蘭卡內戰
T	
The National Endowment for the Humanities	國家人文基金會
Tokem economies	一種行為療法，圖騰強化法
Tri－Council Policy Statement	三方會議政策聲明
Tuskegee Syphilis Study	塔斯基吉梅毒研究
W	
Wall Street Journal	華爾街日報
Woodrow Wilson Center	伍德羅威爾遜中心
Y	
Yellow Book	黃皮書

術語	校名
assistant director　副理事長 brainwashing　洗腦 Common Rule　一般性原則 deceptive experiments　欺瞞實驗 Division of Research Grants　研究補助部	Brigham Young University　楊百翰大學 Colorado State University　科羅拉多州立大學 Florida State University　佛羅里達州立大學

Funds　資助
Generalizable　普遍性
genetic manipulations　基因控制
institutional review　倫理審查
legally competent subjects　具行為能力之參與者
medical experimentation　醫療實驗
medical research　醫療研究
mind control　心靈控制
mind expanding techniques　思維擴展技術
organ transplants　器官移植
principle of institutional responsibility　機構責任原則
psychosurgery　精神外科
secret observation studies　祕密觀察研究
Social scientists　社會科學研究者
sterilization procedures　絕育手術
sterilizations of dubious propriety　可疑禮儀之節育
Subject　（研究）參與者
Surgeon General　局長
the good old days　美好的舊時光
Tuskegee Syphilis Study　塔斯基吉梅毒研究
uniform policy　統一政策
unobtrusive observation　非參與觀察
Harvard University　哈佛大學
Macquarie University in Australia　澳洲麥覺理大學
Northwestern University　西北大學
Ohio State University　俄亥俄州立大學
Rutgers University　羅格斯大學
Simon Fraser University　西門菲莎大學
South Florida　南佛羅里達大學
University of California, Berkeley　加州大學柏克萊分校
University of Alberta　阿爾伯塔大學
University of California　加利福尼亞大學或加州大學
University of California, Los Angeles, UCLA　加州大學洛杉磯分校
University of Chicago　芝加哥大學
University of Colorado at Boulder　科羅拉多大學波德分校
University of Illinois at Urbana－Champaign　伊利諾大學厄巴納—香檳分校
University of Maryland, Baltimore County　馬里蘭大學巴爾的摩縣分校
University of Memphis　孟菲斯大學
University of Michigan　密西根大學
University of North Carolina at Chapel Hill　北卡羅來納大學教堂山分校
University of Pennsylvania　賓夕法尼亞大學或賓州大學

趕緊加入我們的粉絲專頁喲！

教育人文 & 影視新聞傳播～五南書香

等你來挖寶

【五南圖書 教育／傳播網】

https://www.facebook.com/wunan.t8

粉絲專頁提供——

- 書籍出版資訊（包括五南教科書、知識用書，書泉生活用書等）
- 不定時小驚喜(如贈書活動或書籍折扣等)
- 粉絲可詢問書籍事項（訂購書籍或出版寫作均可）、留言分享心情或資訊交流

請此處加入按讚

國家圖書館出版品預行編目資料

倫理帝國主義／Zachary M. Schrag著; 戴伯芬等翻譯. ——初版. ——臺北市：五南, 2016.11
面； 公分
譯自：Ethical imperialism : institutional review boards and the social sciences, 1965-2009
ISBN 978-957-11-8779-2（平裝）

1.社會科學 2.研究方法 3.醫學倫理 4.美國

501.2 105015256

1H1C

倫理帝國主義
研究倫理審查委員會與社會科學

作　　者— Zachary M. Schrag
審 訂 者— 戴伯芬　蕭光志
譯　　者— 楊道淵　申宇辰　李青　馮靜
發 行 人— 楊榮川
總 編 輯— 王翠華
主　　編— 陳念祖
責任編輯— 李敏華
封面設計— 陳翰陞
出 版 者— 五南圖書出版股份有限公司
地　　址：106台北市大安區和平東路二段339號4樓
電　　話：(02)2705-5066　傳　　真：(02)2706-6100
網　　址：http://www.wunan.com.tw
電子郵件：wunan@wunan.com.tw
劃撥帳號：01068953
戶　　名：五南圖書出版股份有限公司

法律顧問　林勝安律師事務所　林勝安律師

出版日期　2016年11月初版一刷
定　　價　新臺幣480元

凝煉知識品味閱讀

凝煉知識品味閱讀